权威·前沿·原创

皮书系列为
"十二五""十三五""十四五"时期国家重点出版物出版专项规划项目

BLUE BOOK

智库成果出版与传播平台

广州蓝皮书
BLUE BOOK OF GUANGZHOU

广州青年发展报告（2022）
ANNUAL REPORT ON YOUTH DEVELOPMENT OF GUANGZHOU (2022)

主 编/涂敏霞 杨 成

社会科学文献出版社
SOCIAL SCIENCES ACADEMIC PRESS (CHINA)

图书在版编目(CIP)数据

广州青年发展报告.2022 / 涂敏霞,杨成主编. -- 北京：社会科学文献出版社，2022.11
（广州蓝皮书）
ISBN 978-7-5228-0812-3

Ⅰ.①广… Ⅱ.①涂… ②杨… Ⅲ.①青年工作-研究报告-广州-2022 Ⅳ.①D432.6

中国版本图书馆CIP数据核字（2022）第179135号

广州蓝皮书
广州青年发展报告（2022）

主　　编 / 涂敏霞　杨　成

出 版 人 / 王利民
组稿编辑 / 任文武
责任编辑 / 李　淼
文稿编辑 / 崔春艳
责任印制 / 王京美

出　　版 / 社会科学文献出版社·城市和绿色发展分社（010）59367143
　　　　　　地址：北京市北三环中路甲29号院华龙大厦　邮编：100029
　　　　　　网址：www.ssap.com.cn

发　　行 / 社会科学文献出版社（010）59367028
印　　装 / 天津千鹤文化传播有限公司
规　　格 / 开　本：787mm×1092mm　1/16
　　　　　　印　张：16.5　字　数：244千字
版　　次 / 2022年11月第1版　2022年11月第1次印刷
书　　号 / ISBN 978-7-5228-0812-3
定　　价 / 128.00元

读者服务电话：4008918866

版权所有 翻印必究

《广州青年发展报告（2022）》
编　委　会

主　　任　贺璐璐

副 主 任　李　劲　刘韵华　查晶晶

主　　编　涂敏霞　杨　成

编　　辑　罗飞宁　孙　慧　陈柳茵

本书编委　（以姓氏笔画为序）
　　　　　　冯英子　孙　慧　巫长林　李荣新　杨　成
　　　　　　吴小晋　何思敏　陈柳茵　邵振刚　罗飞宁
　　　　　　岳　嘉　胡　勇　涂敏霞　谢碧霞

主编简介

涂敏霞 女，广州市团校校长，广州市穗港澳青少年研究所所长，广州志愿者学院院长、《青年探索》杂志主编、教授。编著《广州青年发展报告》系列蓝皮书、《中国志愿服务典型项目研究》、《青少年压力现状与心理调适——穗、港、澳三地比较研究》和《社会服务管理改革创新与青年群众工作》等书籍20多本，主持参与国家级重点课题21项、省市级课题25项、跨地区比较研究课题30项，公开发表论文70多篇。

杨 成 男，广州市团校（广州志愿者学院）高级培训师、副教授，全国团属院校和基地优秀教师，广东思政工作专家组成员、中共广东省委社会主义核心价值观宣讲专家组成员、团中央首批精品培训项目获得者，国内历奇教育领域学术带头人，著有《经历·体验·成长》《历奇教育》等专著，公开发表论文20多篇，主持省部级研究课题多项。

摘 要

《广州青年发展报告（2022）》由一个总报告、六个分报告、一个专题报告组成。总报告指出，青年发展型城市秉承青年优先发展的理念，以满足青年发展需求为出发点，致力于以青年工作推动城市发展，并在深入分析青年发展型城市概念内涵、核心特征和指标体系的基础上，提出广州应从健全"青年发展型城市"组织领导体系、建立"青年发展型城市"多元投入机制、完善青年发展全周期政策体系、促进港澳及国际青年更好地融穗等方面高质量建设青年发展型城市。分报告对照《关于开展青年发展型城市建设试点的意见》中的各项任务目标要求，在科学抽样调查和深度个案访谈的基础上，对不同领域青年群体的发展状况和广州大学生创新机制等方面展开实证研究，同时还利用第七次全国人口普查数据整体呈现了广州青年人口发展状况与变化新特征。专题报告则重点对广州市"帮扶失业青年再就业"情况开展研究。

研究发现，广州青年人口数量创新高、增速回升；青年人口分布不平衡，核心城区青年人口密度大幅降低，乡村青年人口数量与比例显著下降；青年人口性别结构不平衡性加剧；青年人口的受教育程度较高；青年人口以未婚为主，晚婚趋势明显，二孩生育率显著上升，乡村、镇区青年生育水平明显高于城区；青年流动人口剧增，性别、年龄差异加大。对青年群体的调查发现，广州高技能人才呈现培养与企业需求、技术迭代发展等不相匹配的状况，产教融合程度有待提高，高技能人才学历认定有效衔接不足。广州高校青年教师的国家认同感、自豪感和社会责任感均较强，认可自身创新能

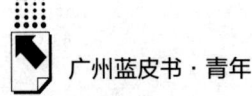

力，却面临心理压力大、部分高校人才流失率较高等问题。广州非遗传承青年的兴趣和责任感是其职业化的主要动机，工作收入易受外界因素影响，场地租金支出和产品销售压力成为其主要工作困扰。广州科技领域青年学历相对较高，政治倾向积极向上，自我提升需求强烈。广州大学生创新意愿较强，创新思维能力有全方位提升，但创新意识不明显，价值引领机制有待构建。广州失业青年工作稳定性不足，批发和零售与制造业为失业主要行业，摩擦性失业与周期性失业是最主要的失业原因，总体失业时间较短，形势较为乐观，就业信息或就业推荐是失业青年再就业的最大需求，资金支持、场租补贴等经济因素是主要的创业援助诉求，女性、大龄、低学历失业青年群体需重点关注。

整体来看，广州青年的发展机会与发展环境日益优化，发展条件与保障也越来越完善，广州青年对广州城市未来的发展规划与愿景充满信心。下一阶段，广州将围绕"城市对青年更友好、青年在城市更有为"的青年发展型城市建设目标，以青年需求为导向，让青年人引得来、留得住、用得好，实现青年发展和城市发展相互促进。

关键词： 广州　青年　就业

前　言

青年是整个社会力量中最积极、最有生气的力量，国家的希望在青年，民族的未来在青年。2022年习近平总书记在庆祝中国共产主义青年团成立100周年大会上发表重要讲话时强调，青春孕育无限希望，青年创造美好明天。《中共中央关于制定国民经济和社会发展第十四个五年规划和二〇三五年远景目标的建议》阐述了"十四五"时期经济社会发展的基本思路和重点任务，涉及青年发展事务和青年发展工作的众多议题，指引青年发展的前进方向。2022年4月，共青团中央等17部门联合印发了《关于开展青年发展型城市建设试点的意见》，部署试点建设青年发展型城市，该意见提出青年发展型城市是扎实推进以人为核心的新型城镇化战略，积极践行青年优先发展理念，更好地满足青年多样化、多层次发展需求的政策环境和社会环境不断优化的城市发展方式。广州入选全国青年发展型城市建设试点，将高质量建设青年发展型城市作为城市升级和焕发并永葆活力的重要任务和路径，让城市对青年更友好，青年在城市更有为。对照《关于开展青年发展型城市建设试点的意见》中的各项任务目标要求，在共青团广州市委员会的指导下，广州市团校、广州市穗港澳青少年研究所开展了"广州青年发展状况"课题研究，探讨如何建设高质量的青年发展型城市。在科学抽样调查和深度个案访谈的基础上，围绕广州青年高技能人才、广州高校青年教师、广州非遗传承青年、广州科技领域青年、广州大学生、广州失业青年等群体展开实证研究，同时还利用第七次全国人口普查数据整体呈现了广州青年人口发展状况与变化新特征。课题研究最终形成一个总报告、六个分报告、一

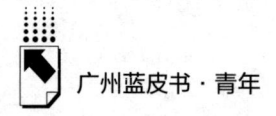

个专题报告，并编写出版《广州青年发展报告（2022）》（蓝皮书）。

在共青团广州市委员会指导下，广州市团校组织研究团队，持续开展广州青年发展状况研究，编写出版《广州青年发展报告》（蓝皮书），希望本书能够为党委和政府相关部门、青年工作机构做好青年工作提供决策参考，促进广州青年更好地成长与发展。

广州市团校

广州市穗港澳青少年研究所

2022 年 7 月

目 录

Ⅰ 总报告

B.1 高质量建设青年发展型城市的广州探索：内涵、指标与路径
……………………………………………… 广州市团校课题组 / 001

Ⅱ 分报告

B.2 广州青年人口发展状况与变化新特征………… 阎志强　钟英莲 / 043

B.3 广州青年高技能人才发展状况及培养路径研究
………………………………… 冯英子　谢碧霞　陈柳茵 / 080

B.4 广州高校青年教师发展状况研究
…………………………… 孙　慧　罗飞宁　李小娜　袁　珊 / 112

B.5 广州非遗传承青年群体发展研究
…………………………… 邵振刚　吴冬华　陈柳茵　何思敏 / 139

B.6 广州科技领域青年发展状况研究
…………………………… 巫长林　孙　慧　冯英子　陈柳茵 / 157

B.7 广州大学生创新创业机制研究
——以"挑战杯"项目为分析视角 …… 广州市团校课题组 / 175

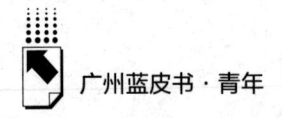

Ⅲ 专题报告

B.8 广州市"帮扶失业青年再就业"研究
　　　　　　　　　　　李荣新　林国康　曾群杰　宋文集　宋　婧 / 200

后　记 ……………………………………………………………… / 233

Abstract ……………………………………………………………… / 234
Contents ……………………………………………………………… / 237

总 报 告
General Report

B.1
高质量建设青年发展型城市的广州探索：内涵、指标与路径

广州市团校课题组[*]

摘 要： 青年发展型城市秉承青年优先发展的理念，以满足青年发展需求为出发点，致力于以青年工作推动城市发展，是新时代推动青年和城市高质量发展的战略选择。通过深入分析青年发展型城市概念内涵、核心特征和指标体系，本报告认为青年发展型城市蕴含友好、创新和开放三维发展体系。高质量建设青年发展型城市，广州应健全"青年发展型城市"组织领导体系，建立"青年发展型城市"多元投入机制，完善青年发展全周期政策体系，促

---

[*] 课题组成员：涂敏霞，广州市团校校长、教授，主要研究方向为青年与青年工作；胡勇，广州市团校研究中心主任、高级讲师，主要研究方向为党史党建；吴小晋，广州市团校教研部副主任、讲师，主要研究方向为共青团工作；孙慧，广州市团校助理研究员，主要研究方向为青年就业创业；冯英子，广州市团校讲师，主要研究方向为青年发展；邵振刚，广州市团校助理研究员，主要研究方向为志愿服务基础理论；曾志敏，中国工程科技发展战略广东研究院特聘研究员，主要研究方向为公共管理；柴茂昌，电子科技大学（深圳）高等研究院协议研究员，主要研究方向为科技与人才政策；陈柳茵，广州市团校研究实习员，主要研究方向为社会工作。

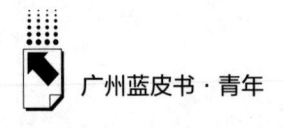

进港澳及国际青年更好融穗。

关键词： 青年　青年发展型城市　广州

"青年兴则国家兴，青年强则国家强。"以习近平同志为核心的党中央亲切关怀青年成长成才，鼓励青年群体努力成为党和国家事业薪火相传的接班人。2022年4月，共青团中央与其他16个职能部门联合出台《关于开展青年发展型城市建设试点的意见》，推动试点建设青年发展型城市，围绕青年多维度、多层次发展诉求，推动城市更好服务青年成长发展，助力青年建功城市高质量发展。广州入选全国青年发展型城市建设试点，将高质量建设青年发展型城市作为城市升级的重要任务和焕发并永葆活力的路径。

一　青年优先发展是青年在新时代新征程中建功立业的必然要求

（一）习近平总书记高度重视青年的优先发展

2022年5月，习近平总书记在庆祝中国共产主义青年团成立100周年大会上的讲话中指出，"青年是常为新的，最具创新热情，最具创新动力"，青年"担当使命任务，到新时代新天地中去施展抱负、建功立业，争当伟大理想的追梦人，争做伟大事业的生力军"。2022年6月，在香港回归祖国25周年之际，习近平总书记考察香港科学园并提出，国家和社会要为青年发展提供支持，"青年人是全社会最富有活力、最具有创造性的群体，也是推动创科发展的生力军。要为青年铺路搭桥，提供更大发展空间，支持青年在创新创业的奋斗人生中出彩圆梦"。

为深入贯彻落实习近平总书记关于青年工作的重要思想，党中央、国务院和团中央都高度重视并积极推动出台与青年发展相关的政策举措。《中长期青年发展规划（2016—2025年）》（简称《规划》）明确提出，"党和国家事业要发展，青年首先要发展"，并且"把青年发展摆在党和国家工作全局中更加重要的战略位置，整体思考、科学规划、全面推进，努力形成青年人人都能成才、人人皆可出彩的生动局面"。团中央《关于"十四五"时期推动〈中长期青年发展规划（2016—2025年）〉纵深实施的意见》明确指出，要深刻把握进入新发展阶段、贯彻新发展理念、构建新发展格局的时代内涵，推动"青年发展友好型"城市建设，"通过引领青年投身创新创造、产业振兴，弘扬社会文明新风尚、助力市域社会治理现代化，让青年对城市发展更有为"。

各级政府和共青团也出台了与青年发展相关的政策和规划。共青团广东省委制定出台《广东中长期青年发展规划（2018—2025年）》，提出大力支持有条件地方开展青年发展型城市建设，示范带动全省建设"活力广东"青年发展型省份，推广青年优先发展理念，营造对青年发展政策友好、公共服务友好、权利保障友好、成长空间友好、发展环境友好氛围。广州市委和市政府出台的《广州市中长期青年发展规划（2019—2025年）》明确指出，"坚持以青年为本，优化青年成长环境，服务青年紧迫需求，维护青年发展权益，促进青年全面发展，建成较为完善、具有广州特色的青年发展政策体系和工作机制"。

在青年优先发展的政策背景下，建设青年发展型城市被提上了各级政府的政策议程。2022年6月，包括广州在内的全国45个试点城市（含直辖市的市辖区）、99个试点县域入选全国青年发展型城市（县域）建设试点名单。根据部署，试点城市将从政策和项目层面出真招、出实招，努力解决青年"急难愁盼"问题，在青年宜学、宜居、宜业等方面，形成一批可复制、可推广的实践经验。随着全国试点城市的务实探索，这将有助于真正把党的青年工作的制度优势转化为实实在在的政策效能，让党的关怀传到青年心中、送到青年手中，并在新发展阶段，为城市高质量发展探索出新路子。

（二）城市发展依靠青年是城市发展的必然

第一，重视青年高质量发展是坚持以人为本城市发展道路的体现。人本主义理论指导下的城市发展观认为，城市的发展为人民。过往学者强调经济效率、生产效率之于城市发展的重要性，强调经济活力、生产活力带来城市的发展。但是，城市的核心和主体应当是人，而不是物。城市因人而诞生，因人而发展。建筑、交通、产业等只是在城市空间中的物质，都是为了服务人类活动以及人类互动产生的社会关系网络和文化价值。[①] 亚里士多德曾说："人们聚集到城市是为了生活，期望在城市中生活得更好。"城市不仅是物质生产活动、物质交易、资本流动的场域，更是人类生存、生活和发展的空间。物质只是构建城市的基础，人才是焕发物质活力的催化剂。

以人为本、以青年为本的城市发展建设路径有其历史必然性和历史渊源。工业革命兴起时，城市的发展、管理和规划受现代主义思潮影响，以效率优先为中心，城市服务于生产活动的扩张和资本的积累。在此背景下，大量工厂兴建和工人涌入城市，一系列城市问题显露出来，比如，环境污染、人居环境恶劣、住房短缺、流行病肆虐等问题。1933年，城市规划学家提出功能分区理论，但功能分区理论忽视了城市中人际互动和交往的重要性，造成了地区功能单一、社会阶层隔离、远距离通勤等现象。[②] 面对这些城市发展的问题，学者们开始进行城市发展的反思，以"人本主义"为代表的后现代价值理念开始指导城市的规划、建设和发展。学者们倡导在城市发展和建设中，注重对公共基础设施的建设和投入，设立适宜人类居住的城市环境标准，建设城市绿地系统满足人们亲近自然的需求。1977年12月，一批城市研究学者在古文化遗址马丘比丘山签署了《马丘比丘宪章》，其核心观

[①] 黄顺江：《城市社会背景下我国人本城镇化探索》，《城市发展研究》2014年第11期，第7~10页；康艳红、张京祥：《人本主义城市规划反思》，《城市规划学刊》2006年第1期，第56~59页。

[②] 王佳文、叶裕民、董珂：《从效率优先到以人为本——基于"城市人理论"的国土空间规划价值取向思考》，《城市规划学刊》2020年第6期，第19~26页。

点是，城市发展应当努力创造综合性多功能的生活环境，① 提高人类城市生活的质量，优化人类城市生活的体验。近年来，全球各地的城市在"以人为本"理念的指导下，开展了人类友好型城市的建设探索，比如建设老人友好型城市、儿童友好型城市和青年友好型城市等。这些实践均是城市在发展的过程中注重以人为本的体现。

我国目前的城市发展方向需要以人本主义的价值理念作为指导。在中国改革开放的几十年中，"效率优先"理念曾是地方政府发展城市的核心驱动力。然而，现阶段的城市发展需要反思过去仅仅强调效率的价值指向，从人本主义的价值理念出发，重新思考支撑城市发展的理论范式。2019年11月，习近平总书记在上海调研时指出，"城市是人民的城市，人民城市为人民。无论是城市规划还是城市建设，无论是新城区建设还是老城区改造，都要坚持以人民为中心，聚焦人民群众的需求"。在中国特色社会主义的发展道路上，人民是城市的主体，城市发展的根本目的是促进人民群众整体的发展，是不断增进社会福祉，为广大人民群众谋福利，城市发展的成果应当由人民共享。

简而言之，以人为本的城市发展理念是城市规划、建设和发展上百年的历史演进得出的结果。单纯强调"效率优先"的城市发展道路，不仅会丧失城市的活力，还会产生一系列社会问题，而以人为本是对"效率优先"的修正。以人为本的城市发展道路是坚持中国特色社会主义城市发展道路的体现，是中国特色社会主义城市现代化建设的体现。

第二，城市高质量发展离不开源源不断的青年力量，新时代青年是推动城市发展的主力军。首先，人口是城市发展效率和城市活力的重要来源。如何保持城市活力、如何提高城市发展的效率，一直是城市发展研究者们讨论的重点。大多数的学者们认为城市发展的驱动力是生产资料的丰富、生产工具的优化和生产力的提高。根据迈克尔·波特的国家竞争力发展四阶段模式理论②，可将一个国家或者地区的城市发展分为三种模式，即资源驱动型、

---

① 谭纵波：《城市规划》，清华大学出版社，2005。
② M. E. Porter, *The Competitive Advantage of Nations*, Harvard Business School Management Programs, 1993.

投资驱动型和创新驱动型[1]。资源驱动型和投资驱动型的城市发展模式强烈依赖物质生产资料和金融资本投入。在这两种城市发展模式下，土地、水和能源等自然资源以及金融资本是维持城市发展的动力。但是，这些实体物质大多数都不可再生、难以可持续获取，也难以持续稳定支持城市的发展。而城市发展的第三种模式是创新驱动型。创新驱动型城市的发展依赖知识和创新，需要科学技术的发展，需要生产工具的进步，需要生产经验的累积。而这些要素的产生都以人类的思考和创新活动为基础。诺贝尔经济学奖获得者罗伯特·卢卡斯指出，城市经济增长的核心内生动力并非源于实物资本投资，而是源于人力资本的投入和增长，由于人力资本的积累具有外部性，它同时能够增加其他经济要素投入的收益，从而实现整个城市经济可持续增长。[2] 这是保持城市活力的重要原因。知识的创造者与知识的载体——人将取代城市所拥有的其他资源（如土地、水资源、能源、房屋等），成为最重要的战略性资源。[3] 正如习近平总书记于2020年10月14日在深圳经济特区建立40周年庆祝大会上强调的那般，"发展是第一要务，人才是第一资源，创新是第一动力"。

其次，青年群体是城市发展的核心人力资源，是永葆城市发展活力的主力军。管理大师彼得·德鲁克于1954年在《管理实践》中明确界定人力资源的概念，认为人力资源拥有当前其他资源所没有的素质，即"协调能力、融合能力、判断力和想象力"。[4] 人力资源管理理论认为，人力资源需要有效的激励机制和管理手段的开发，人力资源的管理实践能够影响组织绩效的好坏。[5] 根据人力资源管理理论，一个城市的人力资源指的是，该城市中具

---

[1] 沈体雁、郭洁：《以人为本、集聚创新：中国特色新型城镇化研究》，《城市发展研究》2013年第12期，第147~150页。

[2] R. E. Lucas Jr, "On the Mechanics of Economic Development," *Journal of Monetary Economics* 1 (1988): 3–42.

[3] 赵曙明：《人力资源管理理论研究现状分析》，《外国经济与管理》2005年第1期，第15~20、26页。

[4] Peter F. Drucker, *The Practice of Management*, New York: Harper & Brothers, 1954.

[5] 赵曙明：《人力资源管理理论研究现状分析》，《外国经济与管理》2005年第1期，第15~20、26页。

有劳动能力的人口所拥有的能够被城市所利用,且对城市发展起作用的教育、知识、能力、技能、经验和体力等人力资本。

城市需要吸引具备劳动能力的青年人,需要更年轻的人口结构,才有可能拥有可持续开发利用且潜力较大的人力资源。现阶段我国主要城市的人口结构出现重大变革,城市提升活力需要调整城市的人口结构。随着城市老龄化和少子化程度的持续加深,劳动力资源数量持续下降,人口红利衰减,城市活力也会相应下降,城市发展减缓。① 尽管城市中仍然存在具备劳动能力的中老年人,但是这部分人的人力资源价值体量并不大,而且潜力较小、不可持续,对于城市的发展需要而言只是杯水车薪。相反,青年具有独特的品质、潜能和成长轨迹,是城市发展不可或缺的一环。

以青年群体为对象的相关研究发现,相对于其他群体,青年群体具有独特的思想、经济、社会、心理和文化属性,蕴含着丰富的人力资源价值。一是青年处于生命历程的上升期,具备很强的学习能力,接受新事物能力强。青年时期是学习的黄金阶段,青年能够通过学习快速获得较高的人力资本。二是青年具有创新精神、创新思维。青年人敢于冒险、朝气蓬勃、思想解放、思维敏捷、观念新颖、探索未知劲头足。这种青年群体的独有特征赋予青年的活力、激情和想象力,是国家和社会创新创业创造的重要活力源泉。也有统计数据显示,成功企业家的年龄正在趋于年轻化。可以说,青年是最富创新精神和最生机勃勃的群体,是创新创业的突击队和主力军。三是青年具备多元的消费能力及消费需求,这是维护城市活力的重要因素。简·雅各布斯在其代表作《美国大城市的死与生》中强调,人在街区进行小商业活动和消费活动,能够让街区的邻里之间产生来往和互动。这种活动进一步为城市街区提供社会资本、安全保护和文化价值,是城市活力的保障。② 四是青年是最具流动性的社会群体。相比于父辈,当代青年跨城市、跨行业、跨城乡甚至跨国流动的动机和机会更多。但是,城市对于流动性强的青年群体

---

① 闫臻:《青年友好型城市的理论内涵、功能特征及其指标体系建构》,《中国青年研究》2022年第5期,第5~12页。
② J. Jacobs, *The Death and Life of Great American Cities*, New York: Random House, 1992.

而言是一把双刃剑，城市有机会从其他地区吸引青年并为己所用，反过来，如果城市没有充分的制度保障和政策支持吸引青年扎根留下，青年容易流失至其他地区。

我国的新时代青年已经成长为推动城市发展的主力军。国务院新闻办发布的《新时代的中国青年》白皮书指出，新时代中国青年素质过硬、全面发展，理想信念坚定，身体素质、心理素质和知识素养不断提升。新时代中国青年在不同的行业和岗位上出新出彩、乐于奉献、敢于为先、敬业乐群，为城市发展贡献积极力量。青年"在平凡岗位上奋斗奉献"，"无论是传统的'工农商学兵''科教文卫体'，还是基于'互联网+'的新业态、新领域、新职业，青年在各行各业把平凡做成了不起、把不可能变成可能，将奋斗精神印刻在一个个普通岗位中"。"在体现综合国力、弘扬民族志气的重大工程之中"，"青年的身影始终挺立在最前沿"。[1]

简而言之，青年具备推动城市发展、提升城市活力的潜能。城市把握好青年群体的独特特征，便有可能发挥青年群体的优势，挖掘青年人的潜力，使青年人的价值为城市所用。

（三）青年已成为城市公共政策关注的重点

赢得青年，才能赢得城市未来。无论是在中国，还是在全世界，青年成为城市公共政策扶持的重点，许多城市都在出台与青年发展相关的政策，以吸引青年人落脚城市。在城市产业转型升级、经济增长点转向创新驱动的背景下，建设青年发展型城市是城市之间竞争的体现。

城市竞争的相关理论认为，城市之间的竞争就是城市互相争取其发展所需资源的多主体互动过程。具体指的是，在资源总量有限的前提下，竞争主体通过采取措施和手段吸收和占用尽可能多的资源，服务其自身的生存和发展。[2] 为了争夺城市发展所需的资源，某个区域内的城市政府会利用税收、

---

[1] 中华人民共和国国务院新闻办公室：《新时代的中国青年》（白皮书），2022年。
[2] 徐康宁：《论城市竞争与城市竞争力》，《南京社会科学》2002年第5期，第1~6页。

教育、医疗、养老、生态环境等政策手段，吸引资本和劳动力等流动性生产要素进入自身场域，以增强城市自身的竞争优势。[1]

青年群体是城市之间竞争的重点资源。城市需要竞争的资源种类广泛，包括土地和水等自然资源，也包括资本和市场等金融资源；还有地方城市政府之间相互竞争，竞争上级政府的财政资源、竞争上级政府的政策支持等。但是，在当前的人口结构之下，青年群体也是目前城市发展所急需的资源。

与大部分资源类似，青年资源是稀缺的，并且具有竞争性和排他性。稀缺性体现在青年群体资源的供不应求。在竞争互动中的城市对青年群体的需求远远大于一定时期内青年群体的供给。因为在一定的时间段内，青年人口资源的总量是不变的，所以一个城市增加了其对青年群体资源的占用，是以其他城市所能够使用的青年群体资源的减少或不增加为条件的，这是青年资源的竞争性。排他性指的是，当一个城市占用了一定单位的青年群体资源，其他城市很难同时占用这些单位的青年群体资源。

城市争相出台扶持青年发展的政策本质上是一种城市之间对青年群体资源的争夺。当青年成为城市高质量发展的必需资源，而青年群体资源具有稀缺性、竞争性和排他性时，城市需要采取服务青年和赋能青年的措施，为自身的发展赢得未来。

（四）广州建设青年发展型城市具有重大意义

作为拥有丰富的青年人才储备、深厚青年实践工作积淀的城市，广州在建设青年发展型城市中大有可为。建设青年发展型城市将成为广州城市更新改造、产业转换升级、城市发展工作取得进展的得力抓手，也是稳步推进广州"十四五"规划的重要政策举措。

第一，广州以青年发展实现老城市新活力。习近平总书记在视察广州期间，要求广州作为老城市不仅要实现新活力，还要在综合城市功能、城市文

---

[1] A. Breton, *Competitive Governments: An Economic Theory of Politics and Public Finance*, Cambridge University Press, 1998.

化综合实力、现代服务业、现代化国际化营商环境等城市建设方面出新出彩。青年成长中所形成的向上向外张力，使得青年群体在城市焕发新活力中能够发挥关键作用。青年善于重新利用城市老旧空间，进行城市社区微改造，不仅让老城市记住乡愁，还让老城市看到新未来。随着青年文化创意园等新型产业园区的不断完善，广州已经成为新兴青年群体的重要聚集地，比如，恩宁路永庆坊在微改造后，成为青年娱乐消费的新兴商区；红砖厂创意园和T.I.T创意园等创客空间成为青年在广州创作、创新、创造的追梦摇篮。

第二，青年创新创造引领广州创新发展。在广州助力粤港澳大湾区建设成为世界主要科学中心和国际科技创新中心的进程中，青年发挥着至关重要的作用。互联网、大数据、数字经济等催生了新经济业态，青年作为适应力强、接受速度快、接受程度高的群体，是经济社会结构深刻变革的主要推动力量。青年以聪明才智贡献国家、服务人民，奋力走在创新创业创优的前列，在创新创业中展现才华、服务社会。

建设青年发展型城市，能够培养和会聚一大批青年科技人才、青年技能工匠、青年实业家、青年实干家、青年创新创业者，有效充实广州劳动创造、创新创业的先锋力量，大幅提升城市生产制造活动和创新创业活动的活跃度。这将有助于广州在原始性科技创新、高价值创新和颠覆性创新领域产出更多成果，大大提升广州在国际创新领域的话语权和城市声誉。建设青年发展型城市，能够进一步推动广州产业转型升级，以知识、创新和技能引导广州的产业发展，促使广州高端制造业等在国际价值链占据更高位置，在回应国家重大工业创新需求的同时，有力拓展广州在国际产业链和新经济生态中的高价值空间，为广州占据国际制造业高地、成为国际科技创新中心提供重要的支持。建设青年发展型城市，还能够提升青年群体对地方产业发展和经济业态的适应性和参与度，从而促进青年群体良性成长、充分就业，并与城市高质量发展之间形成良性互动、同频共振的关系，为青年在城市发展中提供释放手脚、干事创业的机会。

第三，以青年为枢纽，强化广州在粤港澳大湾区的核心引擎作用和引领性地位。通过建设青年发展型城市，广州将持续巩固其在粤港澳大湾区内的青年人才供给中心的地位，并有机会借助更优质的青年发展政策体系构建更有吸引力的青年人才需求市场。更好地发挥广州在粤港澳大湾区对青年发展的引领作用，将其打造成为港澳青年融入大湾区成长发展的首选地，从而成为大湾区内最大的青年人才枢纽和人才资源集散地与栖息地。此外，通过建设青年发展型城市，广州将进一步密切与粤港澳大湾区各城市中的教育机构、科研机构、企业等，以及其他国际领先的教育机构、科研机构和知名企业之间的联系，这将大幅度提升广州在粤港澳大湾区网络中的地位，更大程度上发挥广州在大湾区区域发展网络中的领导作用。

二 青年发展型城市的概念内涵与核心特征

（一）青年发展型城市的概念

《关于开展青年发展型城市建设试点的意见》首次具体明确了青年发展型城市的实践内涵："青年发展型城市是指扎实推进以人为核心的新型城镇化战略，积极践行青年优先发展理念，更好满足青年多样化、多层次发展需求的政策环境和社会环境不断优化，青年创新创造活力与城市创新创造活力相互激荡、青年高质量发展和城市高质量发展相互促进的城市发展方式。"

青年发展型城市作为一种城市发展模式，不仅是城市转型的阶段性产物，也是城市创新升级的战略选择。其实质是改变传统城市中心主义的发展取向，强调城市与青年双重主体性共存的发展理念，从单一强调城市主体性到重视融入城市的青年主体性。这种城市发展理念契合了青年与城市的共生、共赢关系。换言之，青年发展型城市是指政府在城市建设与治理过程中关注青年生存福祉和发展需求，将青年发展的政策目标作为城市发展的重要目标之一，将服务青年纳入城市规划、建设和发展等重要议程中，并通过促进青年发展来促进城市发展，形成城市支持青年、青年反哺城市两者互相促进的发展模式。

青年发展型城市以青年和城市共同发展的理念为指导，在城市规划、政策设计和制度建设的推动下，以青年群众为主要对象，以城市的基础设施、公共服务、制度保障为基础，打造"育青年、促发展"的城市品牌和城市气质。此外，建设青年发展型城市有着丰富的公共政策意涵。在该政策体系中，城市（及政府）是政策实施的主体，青年是政策实施的客体，青年和城市高质量发展是政策实施的目标；满足青年多样化、多层次发展需求是实现这一目标的一揽子政策工具，保障青年优先发展是"顶层设计"下所采取和遵循的战略性路径。在政策实施过程中，青年高质量发展和城市高质量发展不断纵深推进。

青年发展型城市的概念有几个需要明确的地方。

首先，青年发展型城市的建设绝不是以牺牲其他群体的发展权益来换取青年群体的发展权益，而是在保障全体市民平等享有城市公共服务的基础上，着重关注青年群体发展，并且关注青年群体对促进城市发展发挥的作用。

其次，青年发展型城市的建设需要城市政府以及青年群众甚至全社会的共同努力，特别是对于青年群体而言，城市为青年提供发展的资源和平台，青年需要以积极进取的态度和奋发向上的实际行动为城市发展贡献力量。

再次，青年发展型城市的建设并不只是关注青年群体某一方面的发展，而是要关注青年全方位素质的发展。除了服务青年在城市创造创新中建功立业、实现人生价值之外，还要保障青年最基本的生存权益，包括教育、健康、消费和文化等方面的需求。

最后，青年发展型城市的建设并不只是关注某类群体的发展，而是要关注全体青年人的成长。城市政府不能仅仅将政策资源倾向优质的青年创造创新创业人才，还要把资源投向其他青年群众，比如青年务工人员、青年灵活就业人员、青年学生等。

（二）青年发展型城市的内涵

青年发展型城市具有丰富的理论内涵，可以从以下三个方面来理解。

1. 城市赋能青年

青年成长和发展需要呵护和赋能。青年拥有一颗忠心、一腔热血、一身本领，但仍然需要支持其大胆创新、大显身手、大展宏图的舞台。相对而言，处于职业生涯初期的青年阅历不广、资源不多、能力有限、起步困难，尤其是刚刚毕业就业的青年还面临住房、工作、家庭等多方面压力，在城市站稳脚跟和高质量发展并不是一件容易的事。城市（及政府）要敏于把握青年的脉搏，动态捕捉青年群体中变化的特征，依据青年工作方式和生活习惯的新变化、新特点，为青年营造更友好的环境，帮助青年优先发展。习近平总书记在庆祝中国共产主义青年团成立100周年大会上的讲话中指出，既把青年的温度如实告诉党，也把党的温暖充分传递给青年。要千方百计为青年办实事、解难事，主动想青年之所想、急青年之所急，充分依托党赋予的资源和渠道，为青年提供实实在在的帮助。

赋能的概念源自组织管理理论。从组织层面上看，"能"指的是组织的资源和权力[1]。赋能就是把原本属于组织集中的权力下放到组织成员身上，比如，成员参与组织决策、成员可以支配组织的资源[2]。从个体层面上看，"能"指的是个体获取并利用资源实现自身目标和价值的能力和内在动机。一方面，赋能就是为个体提供其所需要的资源以及学习、成长和发展的能力和机会[3]。另一方面，赋能也是改善个体的信念、增强其自我效能感，让个体对自己有能力实现自我目标和自我价值有足够的信心[4]。

城市赋能青年，为青年高质量发展提供广阔空间。城市通过公共服务保障、公共政策支持、治理制度建设、产业聚集效应等方式为青年提供其所需

---

[1] J. Pfeffer, *Managing with Power: Politics and Influence in Organizations*, Boston: Harvard Business School Press, 1992.

[2] 雷巧玲：《授权赋能研究综述》，《科技进步与对策》2006年第8期，第196~199页。

[3] R. M. Kanter, *Men and Women of the Corporation* (2nd ed.), New York: Basic Books, 1993.

[4] J. R. Blau, R. D. Alba, "Empowering Nets of Participation," *Administrative Science Quarterly* 27 (1982): 363-379; D. Bowen, E. Lawler, "The Empowerment of Service Workers: What, Why, How, and When," *Sloan Management Review* 33 (1992): 31-39; G. M. Spreitzer, "Psychological Empowerment in the Workplace: Dimensions, Measurement, and Validation," *Academy of Management Journal* 5 (1995): 1442-1465.

要的资源,提高青年学习、成长和发展的能力及机遇,增强青年的制度自信、文化自信和发展信念。首先,城市处于经济社会发展最前沿,是青年投身建设社会主义现代化强国和实现中华民族伟大复兴的前沿阵地,成为众多青年就业和生活的优先选择。城市为青年成长提供沃土,为青年成才塑造空间,为青年成功搭建广阔天地。其次,城市是实现思想引领、经济发展、生态建设、区域协调和社会保障等政策目标的关键场域,拥有完备扎实的产业体系和集群、丰富多样的生活服务、终身教育和持续学习的基础,具备为青年发展营造良好环境的条件和基础。

2. 明确青年发展的能力

青年发展到底需要什么能力?能力具体指的是什么?1998年的诺贝尔经济学奖获得者阿马蒂亚·森提出的"能力方法"理论可以帮助我们理解青年发展的能力。森的能力方法是指用"个人在生活中实现各种有价值的功能的实际能力"来评价生活质量。① 这个理论框架下的能力并不是指"某人是否满意",也不是指"某人能够支配多少资源",而是"某人实际能够做什么或处于什么状态"。② 在森理论框架下,"能力方法"的核心是功能(function)和能力(capability)。"功能"是指人在生活中的活动或所处的状态(doings and beings)。"能力"是指一个人能够实现的各种功能的组合。这些功能的组合由人们能够做到的活动和项目组成,或由"良好的营养状况,避免疾病带来的死亡,能够阅读、写作和交流,参与社区生活,公共场合不害羞等所组成"。能力大小反映个人对功能组合进行选择的自由度,具体指的是"一个人在不同的生活中做出选择的自由","能力是指一种最基本的自由,即一个人所拥有的能够给他带来何种生活的选择范围"。③

森主张用能力而不是用收入或效用来测量和对比个人福利,并且认为贫

---

① A. Sen, *Development as Freedom*, Knopf Doubleday Publishing Group, 1999.
② M. C. Nussbaum, *Women and Human Development: The Capabilities Approach*, Cambridge University Press, 2001.
③ 王艳萍:《阿马蒂亚·森的"能力方法"在发展经济学中的应用》,《经济理论与经济管理》2006年第4期,第27~32页。

困不是由于粮食短缺造成的,而是能力失败的结果,不平等不仅仅是收入不平等,而是经济不平等或能力不平等。森认为,追求经济的增长,应转变为扩展人们的能力。发展型公共政策的目标应当是人类可行能力的扩展,即给人们以自由和能力去做他们认为有价值的事情。他把对发展的重新定义用于构建公共政策框架,这种政策框架已经被包含在联合国开发计划署自1990年起连续编辑出版的《人类发展报告》里的人类发展指数中。可以说,森的理念帮助形成了《人类发展报告》概念框架和测量工具,人类发展指数也成为森的以人为本的发展观的具体体现。

在森的能力框架下,我们可以认为,青年发展型城市的建设应当是扩展青年发展的能力,使青年能够自主选择自己想要的工作和生活方式,以此实现自我价值和社会价值。

城市赋能青年是不断满足青年发展需求的过程。青年高质量发展是青年发展型城市的基本要求。青年高质量发展的过程,就是青年需求不断得到满足、成长价值不断实现的过程。基于马斯洛需求层次理论[1],青年的发展需求大体可以分为两个层面:一是有关生理、安全和社会交往等基本需要,包括青年在城市中获得就业、站稳脚跟、社会交往,获得稳定的生存、发展和娱乐空间等方面;二是青年不断创新创造、实现价值,最终赢得社会尊重和实现人生理想。基于此,城市保障青年高质量发展主要包括保障基本需求和赋能创新创造两个层面。青年发展型城市识别和重视青年的发展需求,强调青年发展之于城市发展的重要性,提供满足青年需求和服务青年发展的环境,提高青年发展在城市治理任务中的优先级,将青年发展提到政策议程上,在城市经济、社会、文化等领域的规划和发展都充分考虑青年的利益、需求和定位;更进一步,青年发展型城市为青年提供生活交际的扎实基础、向上发展的多元机遇、建功立业的宏大平台,让青年能够在城市安居乐业,从而为城市发展贡献自己的力量。

---

[1] 廖琪、张敏、何格、左璐、管若尘、陈晓旭、周鑫玲、苏杰:《促进青年发展的城市政策环境评价》,《中国青年研究》2022年第5期,第13~20、36页。

青年发展型城市的建设要把握青年发展的生命周期规律。根据《规划》对青年的定义，青年是14~35周岁的人口。青年处于人生承上启下的阶段，是最富有创新性的阶段。一般而言，青年的发展周期可以分为起步期、加速期和稳定期三个阶段，不同的阶段需要不同的能力、资源、机会以及动机。城市赋能青年，可以根据青年三个不同的发展阶段为其进行不同层面的赋能。

青年发展的起步期主要指的是青年接受义务教育、职业教育和高等教育的阶段。此时，涉及青年发展能力培育的是普惠性资源，包括思想引领、教育资源供给和健康医疗保障等。首先，城市通过各具特色的思想引领活动，铸魂育人，为青年塑造符合社会主义发展要求的人生观、价值观和世界观，让青年构建起对国家、制度和文化的自信。其次，城市为处于发展起步期的青年提供多元的、因材施教的教育资源。该阶段的青年需要从学校汲取专业知识和提升职业技能，为下一阶段的职业发展夯实基础。最后，该阶段青年的身心健康仍然处于发展和不稳定之中，城市能够为青年配备完善的健康监测服务和医疗保障体系，提供青年健康成长的良好环境。

青年发展的加速期指的是青年完成职业和高等教育后，进入职业生涯的初期，进行就业或创业。在这一阶段，青年的优势在于思维活跃、对未来充满憧憬、具有发展的冲劲。但是，在当下经济和社会发展的动荡期，社会中存在一些"慢就业"、"躺平"和"摆烂"等消极的发展理念，影响青年对自身职业的规划和对自身发展的信念。城市需要通过积极向上的思想引领、精准的就业择业帮扶和创新创业孵化支持等，为青年赋能，协助青年走出教育体系的"象牙塔"，迈出为国家、为社会和为城市做出贡献的第一步。

青年发展的稳定期指的是青年度过了职业发展初期，迈上职业发展和人生发展的新台阶。处于此阶段的青年，不仅面临巨大的养老托幼压力、具有婚恋交友的需求，还可能处于职业发展的瓶颈期、创业活动的关键生存期。一方面，城市能够通过出台养老政策、托幼政策以及组织青年婚恋交友活动，解决青年生活生存的后顾之忧，为青年全身心投入工作和创新提供制度保障。另一方面，城市能够通过优化劳动保障、提供转业服务、深化创新创业支持，以及通过推动新产业、新业态发展，集聚优质产业，形成规模经济效益，提供多元职业发展道路，为青年提供发展的大平台和大机遇，帮助青年平稳度过职业发展的瓶颈期。

简而言之，城市是青年发展的集聚场域，青年发展的起步期、加速期和稳定期三个阶段都从不同程度和不同维度上依赖其所在城市提供的支持政策。青年发展型城市的建设要覆盖青年发展的全周期。青年发展起步期阶段的目的是谋求成长，此阶段内城市供给的资源和精力要集中于提升青年的思想信念、知识技能、身心健康等核心能力；青年发展加速期阶段的目的是求发展，此阶段内城市提供的服务要精准把握青年就业、创业的重点和难点，解决青年求发展时"急难愁盼"的问题；青年发展稳定期阶段的目的是谋稳定，此阶段内城市要协助青年打开束缚青年发展"手脚"的人生"镣铐"，并降低青年未来进一步发展的不确定性和风险。

3. 青年发展服务城市发展

青年发展型城市的第三个内涵是，青年发展推动城市发展。城市高质量发展是青年高质量发展的必然结果。青年发展型城市本质是以青年为核心力量推动城市发展的城市发展方式。青年创新创造所产生的向上张力是城市高质量发展的动力来源。当青年在城市发展时，城市也将借青年之力，搭上发展的"快车"。青年在城市建设的过程中大有可为，青年为城市带来创新创意、扎实技能、多元观点和前沿思潮，城市将青年发展中的精力、智力、潜力和活力转换为自身发展的内驱动力。青年发展型城市通过不断提升对青年的吸引力和承载力，引聚四方青年人才力量为城市建设所用，从而实现青年发展与城市发展的有机融合和良性互动。

安东尼·吉登斯的结构化理论认为，位于结构之下的行动者具有能动性，能够在结构的约束下采取和调整自身的行动，并且在持续的实践中对结构进行改造和再生产。[①] 结构是能够约束个体行动的制度、规则和资源。更

---

① 〔英〕安东尼·吉登斯：《社会的构成》，李康、李猛译，生活·读书·新知三联书店，1998，第89~90、408页。

重要的是，结构体现在行动者的实践之中，离不开行动者的能动性。结构化理论有助于我们理解青年发展型城市的建设。结构化理论认为，青年推动自身发展的行为实践能够塑造城市发展的机制。从表面上看，建设青年发展型城市的目标是城市为青年的发展行动和实践提供外部结构，城市结构制约和支持青年的发展。比如，城市的经济生产方式、社会文化消费活动影响青年的生存状态和生活方式，城市的公共政策、公共服务又为青年的实践行动提供平台和保障。然而，从长远来看，城市结构之下的青年拥有发展的空间和地位，青年的发展行动将会影响城市结构。比如，青年独特的创新创业精神和能力能够带来巨大的经济社会效益，推动城市产业的转型升级和发展；[1]又如，青年踊跃投身乡村振兴伟业，有助于改变城乡结构、促进城乡一体化协调发展。相对于同时处于城市结构的其他社会群体，青年是最适应社会新现象和促进社会变革的先进生产力，有能力成为推动城市发展和变革的先锋。[2] 青年与城市高质量发展之间的关系如图1所示。

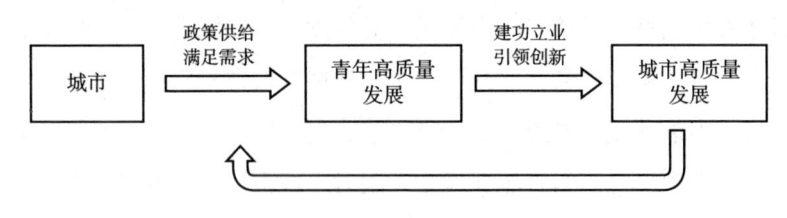

图 1　青年与城市高质量发展

总之，城市发展和青年发展相互激荡、相互促进、同频共振。通过城市赋能青年和青年服务城市，逐渐形成青年和城市相互促进、相互吸引并且最后融合共生的状态。随着青年发展型城市建设的不断推进，青年被培养成为建设城市、发展城市、繁荣城市的主力军，城市被打造成为青年建功立业、实现人生价值的首选之地，青年和城市共同成长，升华为城市的内在文化特质。

---

[1] 闫臻：《青年友好型城市的理论内涵、功能特征及其指标体系建构》，《中国青年研究》2022年第5期，第5~12页。
[2] 邓希泉：《青年发展理论的基本问题研究》，《中国青年社会科学》2018年第1期，第44~54页。

（三）青年发展型城市的核心特征

一是城市形成完备且开放的青年政策框架体系。作为一种城市发展的战略抉择，青年发展型城市表现为"顶层设计"之下有着清晰战略定位和完备政策举措支撑的完整政策框架。其中，顶层设计具体表现为党政领导机关的高度重视、组织领导机构的完善设置，以及青年发展的建章立制。在顶层设计的指引下，青年发展型城市能够充分调动各政府职能机构和社会力量的积极性，并且能够有效吸收社会公众和专家意见，推出广泛认可的青年发展型城市政策举措并持续保持政策更新，对青年发展型城市建设形成有力保障。

二是城市形成青年全面发展的多维生态体系。城市通过赋能青年成长与发展，解决青年在各个发展阶段面临的"急难愁盼"问题，打造满足青年多元化需求的生活环境，为青年在城市奋斗减少后顾之忧，将城市打造成为青年建功立业和实现人生价值的场域。与一般城市相比，青年发展型城市具备对青年成长发展良好的环境、开放兼容并包的城市文化精神和气质、"社区—城市—产业—创新网络"四位一体的发达创新创业生态，能够对青年构成强大的吸引力和吸附力。在社区层次上，青年发展型城市具有优质友好的生活居住环境，对居住者尤其是青年群体有着更高的融入度和多元化程度，更容易使青年与社区环境产生文化羁绊和归属感。在城市层次上，青年发展型城市具有可及性强、覆盖面广、普惠性高的公共服务，以及为中小企业和市场竞争提供良好支撑的营商环境。在产业层次上，青年发展型城市内部建有充分流动和开放的劳动力市场，并且具有相对完善的中介服务组织生态，建有局部完整的产业链和产业集群。在创新网络层次上，青年发展型城市的创新网络结构复杂且发达，创新创业活动合作性强，与城市创新创业生态形成互构的有机统一体。在上述条件下，青年发展型城市的生态体系能够满足青年群体的需求并形成留住人才的长期激励。

三是青年创新创业网络发达并形成国际影响力。青年发展型城市相比其他城市，应开始出现或具有以青年群体为主体的创新创业和创造网络。发达密切的创新创业网络是创新创业活动的直接呈现，也是产生重大和持续创新成果的来源。这不仅要求青年发展型城市拥有活跃的创新创业人才资源，更要求其拥有鼓励合作的创新创业氛围、不受限制的组织和地理空间区隔、成熟的创新创业中介组织和服务市场，以及完善的政产学研合作机制。在此基础上，城市依托活跃的青年创新创业活动，具有主动上探和参与全球高端价值链的能力和取向，青年创新创业活动进入全球价值链高位。城市在人才培养上具有更强的以全球创新创业青年为导向的人才发展价值观，可以为国际化创新机构和组织输送更多人才。青年通过在传统产业中进行技术创新、服务创新和管理创新等方式，带动既有中低端制造业革新和创造并探索高新技术和高端科技服务等领域，介入全球价值链过程。

四是青年成为各行各业的核心力量。在青年发展型城市发展模式的主导下，青年人被给予更充分的实践、创新、创造和建设的机会，也承担更具挑战性的城市建设责任。相比普通城市，在青年发展型城市中，各行各业中的核心团队和核心力量更加年轻，即青年成为各行各业的担当。这意味着，青年发展型城市的青年群体应当在知识储备、专业技能、创新理念、艰苦奋斗等方面具有城市建设和发展所需的特质。一方面，青年发展型城市的青年群体不仅应该比其他城市的同龄人更优秀，并且在与同一个城市内的其他群体相比时不落下风。另一方面，青年发展型城市中，各行各业注重对青年群体的培养和提拔，愿意为青年群体提供更多的锻炼机会，让青年群体更快、更早、更好地成为行业担当。

五是打造凝聚青年的城市氛围。《全球城市史》的作者乔尔·科特金认为，"一个伟大城市所依靠的是城市居民对他们的城市所产生的那份特殊的深深眷恋，一份让这个地方有别于其他地方的独特感情。最终必须通过一种共同享有的认同意识将全体城市居民凝聚在一起"。[①] 青年发展型城市具有

---

① J. Kotkin, *The City: A Global History*, Modern Library, 2006.

特殊的城市气质和城市氛围,青年群体紧紧地凝聚在城市的各类空间之中。青年群体成为城市对外宣传和吸引外来人口的响亮品牌。城市的其他居民因城市中青年群体的存在而愉悦,城市在青年群体中拥有积极的口碑,城市居民会主动以口口相传的方式,吸引更多青年群体前来城市发展和扎根。

三 国内国际城市推动青年发展的政策经验

(一)城市推动青年发展的政策经验

一是围绕不同类型的青年需求,整体构建青年发展型城市政策体系。近年来,党和政府明确提出"以人为本"的理念,这一理念对当代中国的城市规划、建设与发展的良性效应已经初步展现,越来越多的决策者和研究者关注城市发展中的青年问题,并不断提出改革创新策略。其中,传统一线城市青年的发展困惑主要在于工作压力大、"孤独感"突出、婚恋交友难、住房安居难、城市归属感弱等方面。为解决新时代一线城市青年的发展困惑,深圳结合不同类型青年的需求,构建了以青年发展为导向的整体性城市政策体系,重点从思想道德、教育、健康、婚恋、人才培养、就业与创新创业、文化、交流与合作、社会融入与社会参与、权益与预防犯罪10个方面提出了建设规划目标,形成了系统的青年发展城市综合配套政策框架,迈出了青年发展城市整体治理的关键一步。[1] 另外,深圳已经认识到,要通过党委、政府、社会和企业的多主体协调推进来建设青年发展型城市,才能实现青年发展事务的统筹治理。因此,深圳积极通过左右协调、上下联动、内外互动的整合方式形成整体性工作机制。不仅深圳市,其他城市也围绕青年所需所想完善各类服务体系。2022年7月,苏州

---

[1] 聂伟、余燕琪:《整体性治理与深圳青年发展型城市建设的纵深实践》,《中国青年研究》2022年第5期,第29~36页。

对全球人才承诺：你只需要一个背包、你只管奋勇向前，其他"包在苏州身上"。具体来看，苏州出台了专门面向青年群体的青年发展规划，将"青年发展型城市"工作目标纳入"十四五"规划，围绕青年思想引领、青年就业创业等 10 个青年发展重点领域，实施和组织"苏州市青少年暑托班""苏州文化惠青专项工程""新兴领域青年助力新经济发展""苏州国际精英创业周"等多种实事项目和特色活动，力争打造最优青年生活发展环境。

二是健全完善以吸引青年人才为目标的、更为包容的社会经济政策。国内有学者关注到，面对新时期经济社会发展的新态势，以及一线城市人口红利变化的新趋势，通过加强城市建设顶层规划与设计方案，并以青年人才普惠新政策的实施为突破口，可以破解严重的"城市病"。目前，我国"新一线城市"的政策大多聚焦在青年最关心的问题上，包括空间友好、住房援助、户籍、收入保障、就业促进和政府服务等。[①] 国内新一线城市相继破除人才引进、培养、使用等方面的障碍，健全完善符合当地实际、更为开放、更为包容的社会经济政策，如武汉市先后推出"留汉九条""三个一批""三个专项"等一系列创新举措，努力使留汉大学毕业生能就业、易创业、快落户、好安居；自"蓉漂计划""成都人才新政 12 条"出台以来，成都已落户 50 多万青年人才，带动 2020 年成都城市户籍人口老龄化率较 5 年前下降 0.68 个百分点。长沙的租房补贴、西安的伯乐奖、杭州的一次性生活补贴等，这些顶层政策设计的完善为新一线城市的青年安居乐业提供了合法性支持和制度性空间。

三是积极推动青年参与社会方面的活动，重视就业创业层面的设施建设和服务供给。城市青年发展政策既要满足青年的普遍需求，又要结合当地青年的特点和喜好，凝聚青年共识，激发青年活力，使青年对城市发展更有作为。有研究证明，我国一线城市的青年在环保、社区服务以及慈善捐款等社

[①] 朱峰、单耀军：《以人为核心的新型城市化与新时代青年发展》，第十四届中国青少年发展论坛，北京，2018 年 11 月 27 日，第 38~53 页。

会活动参与方面得分远高于新一线城市。① 具体来看，北京和上海建立了综合志愿服务平台，实名注册志愿者人数占常住人口比例超过20%。北京市出台《北京市志愿服务促进条例》，对突出贡献者进行奖励；上海建立了新时代文明实践中心，涵盖区、镇（街道）、村（居）三个层级，70%以上的志愿者和市民知晓新时代文明实践中心。另外，从就业创业服务的综合得分来看，北京、上海的得分也较高，就业创业咨询服务相对完善。一线城市在提供创业奖励和免费创业场所方面也相对优于新一线城市，覆盖人群更全面，奖励措施也更具体。

四是在"双创"背景下，落实落细各项政策，促进粤港澳大湾区青年融合发展，推动粤港澳大湾区成为有国际竞争力的一流湾区。与纽约湾区、旧金山湾区、东京湾区等世界级湾区相比，粤港澳大湾区注重发挥青年的集聚力量，展现出更加蓬勃的创新活力。在大众创业、万众创新升级的大背景下，大湾区九市不断出台各种政策，完善支持青年创新创业的机制。在财税政策方面，升级版"双创"积极推动减税降费落地，不断完善创新创业产品和服务的相关政策措施，鼓励更多资金流向科技企业孵化器、高校科技园、创客空间等创新创业集聚地。在金融支持方面，鼓励商业银行为创新创业提供有针对性的金融产品和差异化服务，充分发挥国家新兴产业投资引导基金的作用。② 此外，大湾区内各地市均有激励政策出台，如广州的《广州市黄埔区、广州开发区进一步支持粤港澳青年创新创业实施办法》、东莞的《东莞松山湖（生态园）港澳青年人才创新创业专项资金管理暂行办法》、佛山的《佛山港澳青年创业孵化基地建设实施方案》、肇庆的《贯彻落实省政府进一步促进科技创新若干政策措施的实施意见》等。

五是借鉴发达国家在建设青年发展型城市过程中的实践经验，重视增强

---

① 廖琪、张敏等：《促进青年发展的城市政策环境评价》，《中国青年研究》2022年第5期，第13~20、36页。
② 王鹏、张茹琪：《粤港澳大湾区青年融合交流的机遇及对策研究》，《特区实践与理论》2021年第3期，第80~86页。

公民权利对青年发展的重要作用。在发达国家，人文主义等后现代价值观对城市规划发展产生了深刻的影响，发达国家的城市根据不同类型、不同阶段青年群体的特点与需求，提供更有针对性的公共服务。比如，加拿大渥太华和萨里、澳大利亚布里斯班都实施了青年友好型城市发展战略，从青年发展的角度优化了体制机制和社会环境。华盛顿大学举办"创建青年友好型城市"研究论坛，在"城市可持续性和宜居性的各个方面都会对青少年产生重要影响"的问题上达成共识，认为应该倾听青年的声音和观点，以便更有效地使用公共资金，国外的一些研究仍然将研究目标聚焦在如何让青年更好地在城市就业和求学，例如，美国经济研究所发布了就业目的地指数，旨在为大学毕业生选择合适的城市提供参考，其研究结果显示，排名靠前的城市中，22~35岁的青年人口拥有学士学位的比例在47%~55%，但从全国范围来看，这一比例仅为30%。这表明，条件良好的城市需要并能够吸引大量年轻人。

（二）青年发展型城市的指标建构探索

构建青年发展指标体系、及时获得并更新青年发展数据和信息是有效推动青年发展型城市政策完善和评估青年发展型城市建设进程的重要基础。2017年中央发布的《中长期青年发展规划（2016—2025年）》明确提出，"规范和完善与青年发展有关的统计指标体系，收集、整理、分析相关数据和信息"。《规划》实施以来，共青团中央和全国不少城市积极探索构建与青年发展有关的评价指标体系。

在国内实践方面，《规划》统计监测指标体系共设指标39个，其中核心指标6个，重点指标33个，涵盖思想道德、教育、健康、婚恋、就业创业、文化、社会融入与社会参与、维护合法权益、预防违法犯罪、社会保障等十大领域，提出了若干促进青年发展的详细策略。深圳参照《规划》统计监测指标和《广东中长期青年发展规划（2018—2025年）》统计监测指标，以"深圳对青年更友好"和"青年在深圳更有为"为方向，从青年吸引力、青年承载力、青年参与力、青年引擎力四大维度构建了24个具体监测指标。山东共青团2021年10月发布的"山东省青年发展友好型城市建设指标体系"则从宜居、宜业、宜学、高效服务和青年满意5个维度，设计了3级26个指标。

在国际实践方面，一些国际组织和国家先后颁发相关政策推进青年发展的统计和监测。[1]《国际青年发展指数报告2021》确定健康与生活、教育与文化、就业与创业、家庭与社会、公共参与5个一级指标和17个二级指标，并选取85个国家进行测算，通过多维度、多层次的评估，立体综合呈现各国青年发展现状和存在的问题。美国"求职/求学目的地排行榜"评价体系从人口特征（Demographics）、生活质量（Quality of Life）和经济形势（Economic Climate）三个维度的9个核心指标分析了城市对青年的友好性问题。[2]

综合共青团中央、国内城市探索与国际经验，青年发展相关的指标体系主要包括以下三个维度：一是青年友好类指标，重在打造对青年友好的政策和城市环境，为青年在城市站稳脚跟提供支撑，确保基本公共服务供给，具体包含城市落户、就业、住房、婚恋等青年需求各个方面；二是青年创新类指标，重点打造青年创新创造和实现价值的舞台，通过丰富创新扶持体系，为青年成长和发展赋能，为青年实现人生价值开拓空间；三是开放引领类指标，即强调城市开放包容，对来自国内、国际的青年都有亲和力和吸引力，实现要素集聚。总体来看，事实上近年来城市与青年的互动也呈现这样的特点，国内青年发展型城市政策经历了从相对单一的福利政策吸引青年迁入到城市全方位、多领域的政策设计；从主要吸引高科技人才到服务青年整体发展。可以看出，当前国家更加关注青年对工作机会、职业发展、工作生活环境的深层需求，并开始推动文化娱乐、高端培训等深受青年喜爱并有利于他们成长的新兴业态（见表1）。

---

[1] 殷沈琴、张恽、于畅：《中国青年发展监测指标体系构建研究》，《青年学报》2020年第4期，第30~39页。

[2] 朱峰、章佳琪、蚁伊妮：《发达国家青年友好型城市的兴起之因、评价之策及经验启示》，《青年学报》2019年第2期，第71~80页。

表1 青年发展型城市相关指标体系维度梳理

指标维度	指标内容举例
青年友好类指标	城市就业质量、青年调查失业率、青年职业技能获证人数、住房保障水平、教育保障力度、文化服务效能等
青年创新类指标	青年贡献力、青年新注册公司数量、青年创新创业孵化载体数量、青年创业导师数量等
开放引领类指标	青年吸引力、青年高层次人才数量、港澳青年人才数量、人口活力等

资料来源：课题组根据国家及广东省中长期青年发展规划统计监测指标体系、山东"青年发展友好型城市"指标体系、珠海市青年友好型城市发展评价指标体系、深圳市青年发展型城市指数等有关政策文件或研究成果自行整理。

四 青年发展型城市蕴含友好、创新和开放三维体系

基于上文青年发展型城市的内涵特征、评价指标体系研究，本报告认为青年发展型城市蕴含了青年友好、创新和开放"三维一体"的框架体系（见图2）。

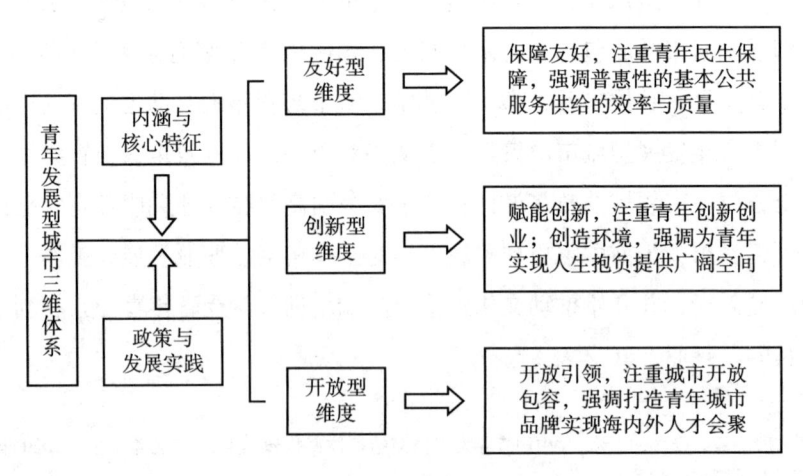

图2 青年发展型城市三维体系

（一）友好型维度：注重保障友好

友好型维度注重青年民生保障，满足青年发展基本需求，打造青年友好的政策和社会环境，强调普惠性的基本公共服务供给。青年尚处于能力培养和发展的阶段，城市发展和建设应当围绕促进青年高质量发展赋能青年，让城市对青年更友好。

青年发展与城市发展的良性互动具有重大时代价值。在新时代大力推进以人为核心的新型城镇化的过程中，必须保障青年在城市经济社会发展成果共享中的优先权，并给青年更好地为城市发展做贡献提供更加开阔的舞台。友好型维度旨在重新思考青年与城市的关系，将"人"重新带回城市发展的核心。友好型维度的功能特征可概括为主体性、包容性、流动性、参与性和可持续性五大方面。[①] 主体性强调以人为本的价值导向，青年作为城市建设发展的主力军，具备明显的带动作用；包容性关注城市不同类型青年群体的平等、参与和共享，并采取措施以缩小城市的"服务鸿沟"，如政策覆盖群体的扩大以及政策涵盖领域更为多元等；流动性注重的是与青年相关的各项资源的流动，如人口、物流、资金流、信息流、数据流等，这些城市资源的流动性越高，青年发展空间也就越大；参与性侧重的是如何建立制度措施，以积极引导青年适应、融入、参与城市建设的各个方面，勉励他们为构建社会治理共同体做出自己的努力；可持续性则强调城市未来发展的基础实力和支撑条件，城市可持续性领域越稳固，城市支持青年发展的力度越大。

青年发展型城市保障青年友好的行动具体体现在学习、健康、就业、创新、住房等方面的普惠性公共服务政策上，注重青年在奋斗过程中的基础民生保障，强调提升普惠性的基本公共服务供给的效率与质量，为青年在城市站稳脚跟提供支撑。在政策层面，《中长期青年发展规划（2016—2025年）》是首次从国家层面形成较为完整的青年发展政策体系，将青年发展上升到了

---

① 闫臻：《青年友好型城市的理论内涵、功能特征及其指标体系建构》，《中国青年研究》2022年第5期，第5~12页。

国家发展的战略高度上。2016年以来，全国多个城市掀起"抢人大战"，深圳、武汉、成都、西安、长沙等城市相继出台一系列吸引青年人才的政策举措，并以此为切入点，探索建设青年发展或友好型城市的路径和方法。目前，全国已有相当多的城市建立健全了针对青年人才的普惠性支持措施，并在市、县两级实施一套创新性、全面性的友好型城市发展规划，将青年需求体现在城市建设和公共设施等方面，将青年因素考虑进政策研究和社会管理等方面。

但是，从城市是否适宜青年发展的角度看，目前还存在许多难题，如青年受教育程度提高，但实践经验不足；青年人口流动频繁，但缺乏城市归属感；青年利益诉求越加多样，但现实压力加剧；青年创新意识增强，但资源能力欠缺；青年职业结构日趋多元，但权益保障有待完善；等等。为逐一解决青年所面临的这些难题，回应青年需求，反映广州城市与青年建立的友好型互动关系，本报告在厘清指标体系内容要点的基础上，拟构建青年友好型城市指标体系的内容要素模型，一方面关注城市为满足青年群体需求的投入，另一方面考察城市环境对青年的影响和效应。

根据上文对友好型维度功能特征的阐释，并综合考虑指标覆盖友好型维度内容的全面性，选取6个一级指标（社会保障、社会就业创业、社会参与、社会包容、人才流动与资源流动、社会环境）和18个二级指标构建友好型维度的指标体系（见表2）。

表2 友好型维度指标体系

目标	一级指标	二级指标
促进青年友好型城市政策环境	B1 社会保障	C1 最低生活救助
		C2 住房保障水平
		C3 教育保障力度
	B2 社会就业创业	C4 城市就业质量
		C5 青年调查失业率
		C6 青年职业技能获证书人数
	B3 社会参与	C7 青年参政人数比例
		C8 青年志愿者注册人数

续表

目标	一级指标	二级指标
促进青年友好型城市政策环境	B4 社会包容	C9 城市社会公平指数
		C10 常住外来人口规模
		C11 城市社会开放度
	B5 人才流动与资源流动	C12 人才流动率
		C13 城市大数据发展指数
		C14 城市物流经济规模
	B6 社会环境	C15 行政环境
		C16 经济环境
		C17 文化环境
		C18 宜居环境

友好型维度重点突出城市发展进程中对青年的社会保障力度，城市的就业创业环境，城市青年的社会参与程度，城市的社会公平性和社会开放性，城市青年人才流动性与资源流动性，以及青年发展所面对的行政、经济、文化、宜居等环境因素。这些内容分别对应的是最低生活救助、住房保障水平、教育保障力度、城市就业质量、青年调查失业率、青年职业技能获证人数，青年参政人数比例、青年志愿者注册人数，城市社会公平指数、常住外来人口规模、城市社会开放度，人才流动率、城市大数据发展指数、城市物流经济规模，行政环境、经济环境、文化环境、宜居环境。

（二）创新型维度：重在赋能创新

创新型维度关注青年创新创业创造，强调城市赋能青年创新创业创造，为青年实现抱负与价值提供广阔空间，青年担当进取、建功立业，为城市注入活力。城市以促进青年群体的创新创业创造发展为目标，在制度和政策设计、财政资源配置、城市建设规划、公共服务等方面优先保障青年创新创业创造。

创新是青年实现人生价值和理想的根本路径，也是更高层面需求。创新型维度意味着青年在创新创业创造活动中切实发挥"首创"作用，青年人被给予更充分的创新创业和创造机会，也承担更具挑战性的创新责任。青年发展型城市中的青年创新活动相比普通城市，具有更高的"首创性"特征，即创新活动应面向世界科技和商业前沿，面向国家重大需求，尤其强调原创性创新和自主性创新的重要性。

广州在全国首次提出"青年创新型城市"建设理念，并将其写入广州市"十四五"发展规划。根据发展模式的深化程度，青年创新型城市的建设阶段可以划分为三个层次。第一个层次，青年创新作为"城市功能"而出现。青年群体的创新创业和创造活动在城市中迸发出来，服务和推动青年创新成为一种良好的城市功能；第二个层次，青年创新作为"城市品牌"而出现，创新活动在城市中聚集，并开始对区域甚至全球价值链形成有效参与，城市开始具有青年创新的声誉和口碑。第三个层次，青年创新作为"城市气质"而出现，也就是说，青年创新已经演化为城市的内在文化特征。青年创新在一定程度上构成了一个可以自我维持、自我更新、自我呵护的生态系统，并与城市文化融为一体。①

广州建设"青年创新型城市"的内涵主要包括三大方面。一是准确把握"青年和城市"的关系。青年群体富有创新活力，但在创新创业过程中，面临缺乏项目甄别的判断力、缺乏资金启动的硬实力、缺乏管理运作的执行力等现实难题。城市应立足于不断拓展青年创新创业能力的维度为青年赋能。科技、经济等相关部门要通过构建青年"全生命周期"的创新创业精准服务供给体系，积极营造青年成长成才、创新创业的良好环境。广大青年要主动在危机中培育机遇，在变化中开辟新局，从科技创新中寻求答案，积极投身科技创新事业，奋发有为，在不断创新进取中回馈城市。二是以"创新"为关键要义。构建青年创新创业"全生命周期"精准服务体系，一方面要根据青少年成长周期特点，采取有针对性的措施，培养各年龄段青年的创新思维和创新能力，政府搭台、市场主导，支持青年从家庭、学校、社

---

① 李劲、柴茂昌：《青年创新型城市建设及指标体系构建研究——基于广州的实践探索》，《青年探索》2022年第2期，第69~79页。

会的全生命周期创新创造;另一方面,要从创新创业的生命周期出发,建立和完善涵盖创业期和成长期的"全生命周期"创新创业服务机制,为青年创业企业提供持续不断的发展动力。三是要突出广州在粤港澳大湾区青年及创新发展中的引领作用。与粤港澳大湾区其他城市的定位相比,广州的优势在于明确为"国家中心城市",因此,在青年创新人才(例如,高校在校生和毕业生数量最多)和教育创新集群规模(例如,高校、科研机构数量最多)等核心要素方面均处于领先地位。当下,广州应当发挥现有优势,积极引领建设粤港澳三地共融发展的大湾区青年创新创业共同体,将广州打造成为港澳青年在大湾区创新创业的首选地。

根据对广州建设"青年创新型城市"的内涵分析,以及考虑到青年在不同年龄阶段创新面临的挑战存在差异,本报告选取4个一级指标(青年创新起步阶段、青年创新成长阶段、青年创新成熟阶段、城市青年创新成效)和9个二级指标构建创新型维度的指标体系(见表3)。

表3 创新型维度指标体系

目标	一级指标	二级指标
促进青年创新型城市政策环境	B1 青年创新起步阶段	C1 青年创新能力
		C2 青年就业质量
		C3 青年起步扶持
	B2 青年创新成长阶段	C4 青年创新服务
		C5 青年创业支持
	B3 青年创新成熟阶段	C6 青年社会参与
		C7 青年公共服务
	B4 城市青年创新成效	C8 领导与工作机制建设
		C9 青年创新成果

青年创新起步阶段指标主要考量城市为青年创新提供良好初始环境支持的程度;青年创新成长阶段的青年创新人才已经具备了一定的能力和资源积累,这一阶段城市发展的任务是使青年的创新项目能持续推进;青年创新成熟阶段是一个创新相对稳定的时期,该阶段的创新青年在社会、家

庭以及工作中承担着多重角色，因此，赋能青年的方向也需要转变，要注重青年对社会公共服务的参与；设置"城市青年创新成效"的指标，是为了评估城市在青年创新的初始阶段、成长阶段和成熟阶段的工作成效，衡量城市青年创新体系的完善和青年创新成果的增加情况。[①] 9个二级指标包括：青年创新能力、青年就业质量、青年起步扶持、青年创新服务、青年创业支持、青年社会参与、青年公共服务、领导与工作机制建设、青年创新成果。

（三）开放型维度：加强开放引领

开放型维度关注城市开放包容，强调广州更好地发挥大湾区核心引擎作用，打造"近悦远来"的环境，更好地吸引包括港澳在内的海内外人才。

广州是一座拥有开放包容岭南文化基因的城市，拥有雄厚的商贸业、制造业基础。面向新时代，"千年商都"广州在改革开放中逐步成为打通中国与世界、开放与创新的"连接器"。开放的基因也打通了引进青年人才的"堵点"。目前，广州已在人才引进、人才培养、人才流动、人才协同发展等方面奠定了坚实的基础。2019年6月，广东省发布通知，明确在大湾区工作的境外高端人才、紧缺人才个税税负差额补贴标准为15%，按内地与香港个人所得税税负差额给予补贴。这一政策的出台，对广州广聚英才起到了积极的推动作用。2021年，广州按照职住平衡、就近建设、定向供应的原则，在高校、科研机构、高新技术产业开发区等人才密集区建设产权型或租赁型人才住房。2022年6月，国务院发布《广州南沙深化面向世界的粤港澳全面合作总体方案》，创建青年创业就业合作平台作为五大重点任务之一，为广州南沙进一步加快集聚青年人才创新创业提供了政策支撑。未来，南沙将进一步加大青年政策扶持力度，政策支持对象更加精准，青年人才安居保障更加完善。

---

① 李劲、柴茂昌：《青年创新型城市建设及指标体系构建研究——基于广州的实践探索》，《青年探索》2022年第2期，第69~79页。

本报告将从经济开放度、创新开放度、社会开放水平、文化开放水平四大方面构建开放型维度的一级指标体系，同时选择城市人均GDP、经济自由度、外贸依存度、青年创新能力指数、PCT专利数、近三年青年净流入数、青年社会组织数、青年人口吸引力指数、青年高层次人才数、粤港澳青年人才数、国际会议数11个方面构建开放型维度的二级指标体系（见表4）。

表4 开放型维度指标体系

目标	一级指标	二级指标
促进青年开放型城市政策环境	B1 经济开放度	C1 城市人均GDP
		C2 经济自由度
		C3 外贸依存度
	B2 创新开放度	C4 青年创新能力指数
		C5 PCT专利数
	B3 社会开放水平	C6 近三年青年净流入数
		C7 青年社会组织数
	B4 文化开放水平	C8 青年人口吸引力指数
		C9 青年高层次人才数
		C10 粤港澳青年人才数
		C11 国际会议数

在经济开放度方面，作为改革开放的前沿城市，广州要通过充分竞争来激发各经济主体释放经济活力，特别是在优化营商环境方面须持续发力，以"环境高地"实现区域经济高质量发展。近年来，广州市大力推行招商引资优惠政策，放宽企业引进青年人才的落户，打造营商环境新优势，增加企业注册和纳税申报的便利性，推出"一揽子"财税优惠政策支持中小企业发展。但在进一步提升经济活力上还存有一定隐忧，主要体现在"经济自由度"较低的问题。[①] 下一步需要进一步放松政府管制，让市场更加充分地发挥主导作用。

---

① 闫志攀：《广州建设全球活力城市的四个维度》，《开放导报》2020年第1期，第92~98页。

在创新开放度方面，广州市政府近年来出台了一系列创业就业优惠政策，建成以南沙"创汇谷"、粤港澳（国际）青年创新工场、天河区港澳青年之家为代表的32家港澳台青创基地，举办大学生创业大赛，开展青年人才交流活动等，力图吸纳更多的港澳青年进入广州发展。在诸多的政策利好和政府的强力推动下，港澳青年融入广州发展的工作初见成效。广州下一步应继续加大力度引进高科技创新团队、研发力量等，同时也要进一步营造良好的创新环境，加强专利保护，加快专利成果的转化利用。

在社会开放水平方面，城市发展的传统模式是"业兴人，人兴城"。提升综合城市功能的首要任务是吸引各类青年人才，让青年人才资源充分流动，并进入城市的生产体系运作当中，为城市功能的提升做出贡献。作为常年活跃在中国南方的"千年商都"，广州社会开放水平在国际领先，究其原因，主要是由于广州当前的入户政策是在一个相对宽松的背景之下，包括放宽部分青年人才的入户年龄条件、简化应届生办理入户流程、实施差别化入户政策等。

在文化开放水平方面，广州作为岭南文化中心的地位和功能，不断激发广州文化创新创造活力，持续激发文化自信的深沉力量，让广州这座老城更具吸引力。2020年10月，暨南大学文化遗产创意产业研究院策划主办"2020粤港澳大湾区青年创意设计（创意100）人才培训计划"，该计划旨在培养100位富有国际视野、家国情怀、社会担当、时代使命、高成长性的"种子创意人才"；2021年，广州南沙举办了首届文创大赛，吸引了粤港澳三地青年文化创意人才的广泛关注和参与，助力青年群体成为人文湾区建设的中流砥柱。接下来，要吸引青年文化创意人才来穗创新创业就业，政府需要进一步营造有利于青年人才创新的政策环境，让青年文化创意人才引得来、留得住、用得好。

五 广州高质量建设青年发展型城市的总体建议

（一）广州已开展的青年发展工作及成效

广州共青团按照习近平总书记的重要要求，贯彻以人民为中心的发展思想,以推动《广州市中长期青年发展规划（2019—2025年）》落实为出发点,以打造广州青年工作品牌为切入点,以回应社会关切为着力点,不断提升服务青年工作实效。

1. 规划领先：以青年发展规划为纲统筹推进服务青年工作

2020年4月,广州在全省率先发布《广州市中长期青年发展规划（2019—2025年）》,内容聚焦当前广州市青年成长发展迫切需求和关注的核心问题,涵盖了青年思想道德、教育、健康、婚恋、就业与创业、文化、青年社会融入与社会参与、青年权益保护与违法犯罪预防、青年交流与开放合作、青年发展政策与社会保障等10个领域,共提出39条具体措施,其中不乏广州创新提出的特色举措。

为推动规划落地实施,团广州市委推动建立健全市、区联动工作机制,在全省第一个召开市级青年工作联席会议,第一个实现市、区两级联席会议召开"全覆盖",两级联席会议上下联动、步调一致、形成合力,共同推动规划实施各项工作落细落实。同时,不断强化部门间协同工作机制,主责单位制订实施方案、加强统筹协调,参与单位主动衔接、密切配合,切实把党的关心、温暖送到青年中去。

为切实解决好青年的操心事、揪心事、烦心事,广州中长期青年发展规划实施工作第二次联席会议首次提出10个广州青年民生实事项目,充分满足青年对优质教育、优质就业、居住保障、精神情感支撑的诉求,不断增强广州青年的获得感、幸福感、安全感。编制了涵盖8项核心指标和44项重要指标的青年发展规划统计监测指标体系,加强对服务青年工作的指导、评估和督查。

同时,团广州市委积极推动《广州市中长期青年发展规划（2019—2025年）》与广州"十四五"规划纲要紧密衔接,将建设"青年创新型城市"写入纲要,并在纲要中专条体现"促进青年加快成长成才"重要项目,有效发挥规划引领带动作用。

2. 特色引领：打造以青年创新为特色的青年工作体系

广州高度重视青年创新创业工作,经过多年的实践和探索,构建了

"政策保障+平台支撑+项目创新+阵地建设+人才培育+资金扶持"的"青创广州3.0"服务体系。既充分体现了市委、市政府对青年工作的重视关心，也为进一步推动青年发展型城市建设奠定了良好的基础。

不断强化青年创新创业政策保障，2020年1月出台的《广州市中长期青年发展规划（2019—2025年）》中，明确提出建设"青年创新型城市"，并设置了"青年就业与创新创业"专条，为广大青年立足岗位创新创造、积极参与各类创业实践提供指引。2020年，团广州市委会同市科技局在全国率先推动《广州市青年创新创业促进条例》列入立法计划，通过法律保障维护青年在穗创新创业的合法权益。

不断夯实青年创新创业平台支撑。在线下，建成全国首家由共青团指导管理的公益性质的广州市港澳青年创新创业服务中心，总面积4200平方米，可同时容纳60个青创团队、270人进驻，面向穗港澳青年提供最长2年免租期和政策对接、融资对接、创业辅导、项目打磨、培训提升等服务，打造"一站式"港澳来穗青年创新创业服务平台，推动在全市11个区设立区级港澳青年创新创业服务中心，建立市区联动工作格局。在线上，开发了"一网一号"港澳青年创业就业综合服务平台（"青创汇"网站、"穗港澳青年创业就业"微信小程序），为来穗港澳青年人才提供政务服务、政策咨询、基地入驻、创业帮扶、就业指导、人才招聘、活动发布等一站式扶持服务。

持续增强青年创新创业项目影响力。搭建国际性的青年人才创新创业展示交流舞台，帮助青年分享交流、跨界合作。为创业青年量身打造了"青创杯""青创营""青创班""青交会""青创榜""青创汇"系列品牌。连续举办九届"青创杯"广州青年创新创业大赛，其中前八届"青创杯"大赛共吸引17831个国内外青年创业项目参赛，促成投融资金额逾15.2亿元；举办两届"青创榜"粤港澳大湾区青年创新创业人才榜样评选活动，共选树了84名青创榜样人才。

不断加强青年创新创业阵地建设。为提升青年人才创新创业成果转化，团广州市委等单位联合共建了60家广州青年就业创业孵化基地，总孵化面积逾70.7万平方米，可容纳4300多个创业团队入驻孵化，累计帮助创业青年对接场地逾1万人次，为逾600个创业团队提供14项系统孵化扶持服务。在广州重点打造100个青年众创空间、设立20个青年创新人才工作站等一批青年人才服务阵地，依托服务阵地提供政策咨询、项目入驻、创业培训、导师辅导、资金对接等系统孵化扶持服务。

提升青年创新创业人才培育体系。团广州市委发动200名知名企业家、创投大咖、高校学者和行业专家组成青年创业就业导师团，联合中山大学、暨南大学等院校常态化开展"青创班""领航班""青创工坊""青创训练营"四大品牌培训活动，培育青年企业家、初创青年逾1300人，组织各类参访交流、拓展培训等活动逾100场，服务逾5000人次，全面提升创业综合素养。探索"以赛代评"模式，推动开展"青创杯"第八届广州青年创新创业大赛，选拔青年创新创业人才榜样，给予项目资金、场地、政策、培训等扶持。

不断强化青年创新创业资金扶持。广州制定《关于落实"广聚英才计划"推动青年人才工作的实施方案》，每年遴选50名青创人才，给予人才项目5万~10万元资助，切实解决青年人才创新创业融资难题，拓宽青年创业融资渠道。设立粤港澳大湾区青年创新创业广州路演中心，常态化开展项目路演、投融资对接会等活动。联合广州股权交易中心优化"中国青创板—广州U创板"，推动636个项目成功上板。联合政府职能部门，推动建设青年创业政务服务"绿色通道"，帮助513个参赛创业团队获得政府补贴。在新冠肺炎疫情防控时期，联合广州银行推出30亿元规模的专项信贷额，帮助青年企业家获得贷款和融资额度逾10亿元。

3. 打造品牌：围绕青年刚性需求打造"花城有爱"工作品牌

团广州市委围绕青少年在城市生活和发展的刚性需求，打造"花城有爱"工作品牌，提供精准贴心服务。紧扣学习成才需求，发起"青春助学"项目和"红领巾基金"，为困境青少年发放助学金1409万元，会同市总工会开展"圆梦计划"，帮助近5000名在穗务工青年圆大学梦。紧扣实习就业需求，开展"展翅计划"，为广州高等院校大学生提供2.5万个实习见习优质岗位，举办99场"职得你来"等实习就业招聘会，为各类青年提供48万个就业岗位，"千校万岗"为家庭困难大学毕业生提供3100余人次就业规划、技能培训实习等就业帮扶。紧扣社会融入需求，会同市来穗人员服务管理局组织"来穗团圆"活动，帮助来穗务工青年的家属到广州团聚过年。紧扣婚恋交友需求，开展"落班有节目""青年集体婚礼"等婚恋交友品牌活动，服务6万多人次，"社区相亲阁"项目获评团中央青年婚恋服务优秀案例。

整合多方资源，鼓励全球青年到广州就业创业。团广州市委整合公寓酒店、行业协会资源，联合相关企业共建"湾区青年驿站"服务阵地，为在穗求职的毕业生（含港澳台）提供最长7天免费住宿、同城换房、短租服务、租金优惠，以及就业创业指导、志愿服务等"一站式"服务。除了帮助解决住房难题，团广州市委还助力毕业生高质量就业，推出了"广聚英才 乐业湾区"高校毕业生就业服务月活动，组织了"千企万岗"线上招聘、"直播探岗"、"创业云集市"等，发布了"职得你听"就业辅导系列微课程，并开展"乡村振兴"专项赛成果交流会暨专场招聘会。

团广州市委建设用好线下线上综合服务平台，努力打造服务青少年的暖心家园。建成80个志愿驿站、88个市级青少年活动阵地、167个青少年综合服务平台，广州市青年文化宫被共青团中央认定为首批全国示范性"青年之家"综合服务平台。广州市第三少年宫顺利竣工，广州市团校志愿综合楼投入使用，市青年文化宫改造升级成为粤港澳大湾区"青年家园"，市青年就业创业孵化基地改扩建项目升级为"广州市港澳青年创新创业服务中心"，枢纽作用和服务功能进一步增强。广州"青年之声"网上平台的活跃度指数位居全省前列；广州12355青少年服务台被最高人民检察院、共青团中央命名为"未成年人检察工作社会支持体系建设试点工作单位"。广州12355青少年服务台的社工邓铭辉提供热线服务数千小时，是许多青少年口中的"知心大哥哥"，成为团广州市委构建青少年服务平台过程中的一颗坚实的"螺丝钉"。

（二）面向未来的青年发展型城市建设着力方向

面向新时代，站在新起点，广州应结合《广州南沙深化面向世界的粤港澳全面合作总体方案》（简称《南沙方案》），以高起点、高标准推进南沙开发、开放为契机，高质量建设青年发展型城市，将广州打造成为面向世界的青年发展型城市标杆。

1. 加强领导汇聚合力，健全"青年发展型城市"组织领导体系

充分认识到未来城市之间的竞争不仅是产业的竞争，更是人口结构的竞争，将青年发展型城市建设上升为城市主要工作之一。

一是成立"青年发展型城市"建设领导小组。坚持"党管青年、党管人才、青年优先发展"的原则，完善党委领导、政府主责、共青团协调、各部门齐抓共管的工作格局。贯彻青年优先发展理念，将青年发展、青年友好和青年创新等相关政策纳入城市发展规划中。

二是发挥市级中长期青年发展规划实施工作联席会议作用。由团广州市委具体承担组织协调职责，定期召开一次全体会议，汇报、交流"青年发展型城市"建设的进展情况，沟通解决"青年发展型城市"建设过程中的问题。进一步完善区级青年工作联席会议机制，构建上下联动、左右联通的工作格局，确保规范高效运转。各成员单位和相关职能部门主动参与、主动谋划，在各自职责范围内协同推进"青年发展型城市"建设，形成促进"青年发展型城市"建设的强大工作合力。

2. 凝聚共识汇聚资源，建立"青年发展型城市"多元投入机制

一是充分发挥共青团的桥梁纽带作用。共青团是青年工作的重要责任主体，也是连接各类创新要素的桥梁纽带。全面推进共青团改革，健全党领导下的以共青团为主导的青年组织体系，提升基层青年组织的有效覆盖和引领作用，是青年发展型城市建设的重要基础。在联系服务方面，深入了解不同阶段、不同领域、不同行业的青年在个人发展和创新创业方面的重点需求与实际困难，收集、反映青年群体的利益诉求、意见建议。在资源整合方面，发挥团代表、委员来源广泛的优势，整合团代表和委员所在领域和所在单位的资源；同时发挥共青团联系广泛的优势，汇聚政府机关、科创企业、教育机构、科研机构、科技文化场馆、创新创业服务机构、青年社会组织等多元主体的优势资源，搭建起青年与青年、青年与政府、青年与社会、青年与企业、青年与创业导师之间的桥梁和纽带。

二是建立协同联动的多元投入机制。广泛动员社会力量关注和支持青年发展与创新创业，充分汇聚来自社会和市场多元主体优势资源，建立协同联动的多元投入机制，解决青年就业与创新创业难题。联合政府机关、企事业单位，主动对接高科技企业，推出"青年就业创业能力提升计划"，共建青年就业创业见习基地，为青年提供优质的实习、见习机会。拓宽青年就业渠道，加大驻穗高校应届毕业生就业支持力度，采取线上线下联动，搭建校企合作平台，举办多场面向驻穗高校大学生的专场招聘会。

3. 降低成本赋能创新，完善青年发展全周期政策体系

准确把握青年成长和发展过程中面临的实际困难和政策需求，建立分层聚焦的就业创业扶持政策体系，提升青年公共服务供给质量，解决青年成长过程中的"急难愁盼"问题。

一是强化青年基本公共服务保障。推进城市规划环境、教育环境、就业环境、居住环境、生活环境、健康环境、安全环境的质变，以城市高质量发展赋能青年发展型城市建设，让城市对青年更友好。[①] 完善青年住房保障体系，改善青年聚居区域的住房环境，探索青年保障性租赁住房政策，根据不同类型青年群体的多层次、多类型需求，撬动社会和市场资源，多维度、多渠道探索青年租房保障的创新路径，为高校年轻毕业生、新蓝领等新市民和青年人提供体面且有品质保障的租赁住房。完善幼托等教育资源，按照幼有善育、学有优教的目标要求，提升教育质量，为青年子女入学提供充足学位保障和个性化、多样化选择。加强3岁以下婴幼儿照护服务，大力新增各类托育服务机构，缓解青年养老托幼的压力。针对港澳青年在内地工作和生活需

---

① 孙久文、蒋治：《高质量建设青年发展型城市的科学内涵与战略构想》，《西安交通大学学报》（社会科学版），第1~13页。

求，补足完善有利于港澳学生在广州求学、就业、工作和生活的政策体系，加强基本公共服务保障，在青年住宿公寓、来往港澳通勤、港澳青年子女入托入学等方面提供便利条件，帮助港澳青年解决到广州工作的后顾之忧。

二是完善青年就业与创新创业政策体系。进一步加大青年就业帮扶力度，加大加密"广聚英才 乐业湾区"高校毕业生就业服务月活动力度和频次，采用多种形式组织"千企万岗"线上招聘、"直播探岗"、"创业云集市"，为广大青年与用人单位对接创造有利条件。进一步细化和加大青年驿站服务内容和力度，增加青年驿站的数量与层次类型，为全球青年来穗就业创业提供安居保障。多渠道打造科技创新孵化器，支持广州硅楼、硅巷及各类创业孵化器、加速器、众创空间、人才工作站和微小型企业创业创新基地、青年创新创业示范园区等阵地建设，形成梯级创业支撑平台体系。探索青年创业失败保障，大力营造勇于创新、宽容失败的氛围，激发青年创新活力。出台大学生创业担保贷款政策，简化大学生创业贷款流程，对满足政府创业项目审核要求的，可申请政府设立的创业担保基金提供担保的贷款，并建立创业失败代偿机制。

4. 改革机制引领开放，促进港澳及国际青年更好融穗

广州作为粤港澳大湾区核心引擎，推动南沙充分发挥引领示范作用，探索打造青年发展型城市"湾区典范"，举全市之力将广州南沙打造成为立足湾区、协同港澳、面向世界的重大战略性平台，吸引来自五湖四海的有理想、有才能的青年来广州、留广州、发展广州。

一是鼓励港澳青年来穗创新创业。进一步提升粤港澳（国际）青年创新工场等港澳青年创新创业平台环境，不断延伸服务的内容和质量。提升港澳青年创新创业孵化器数量与空间，出台政策积极鼓励现有创业孵化基地和众创空间等面向港澳青年开辟专门的空间区域。整合现有创新创业资源，加强各类创新创业资源对接，融合创新创业导师、市场化专门化服务机构、创业投资机构等各类创新创业资源，加大政策协同力度，构建全链条创业服务体系和全方位多层次政策支撑体系。探索在传统创新创业基础上，融入文化娱乐、社会生活等各类元素，将创新创业基地打造成为集约化、综合性创客社区和集办公场地、公寓住宿、社会交往等要素于一体的港澳青年创新创业街区。将《南沙方案》中关于港澳青年创新创业基地的优惠政策有步骤、有条件地扩展到全市，支持全市范围内符合条件的针对港澳青年的一站式创新创业平台按规定享受科技企业孵化器税收优惠政策。实施港澳青年实习资助计划，主动对接广州高科技企业，建设港澳青年见习、实习基地，定期组织港澳青年学生来穗重点和代表性企业参观或实习。为港澳青年来穗创业提供创业启动补贴、创业成本资助、培育企业资助等方面资金支持。为符合条件的港澳青年提供人才公寓、租房补贴、交通补贴、医疗服务等，推出更多便利港澳青年在穗工作生活的政策举措。

二是开展港澳青年交流活动。在南沙及条件成熟区域规划建设粤港澳青少年交流活动总部基地，创新开展粤港澳青少年人文交流活动，积极开展青少年研学旅游合作，打造南沙港澳青年交流品牌特色项目。以南沙自贸区为启动点，开发涵盖广州中山纪念堂、科普基地、广东民间工艺博物馆等重要研学点在内的粤港澳青年研学旅游精品路线。围绕革命教育、国情教育、历史文化、科技创新等主题，形成知识科普型、体验考察型、文化旅游型等不同形式的研学路线，打造粤港澳青年研学旅游示范基地。协同香港青年联会、澳门青年联合会、粤港澳大湾区青年协会等青年组织，定期轮值举办大湾区青年科技交流高峰论坛，促进青年科技创新成果展示交流。依托广州经典历史古迹、地标建筑、产业集聚区等文化资源和区域，开发研学旅游精品路线，定期举办港澳青年研学旅游活动，打造粤港澳青年研学旅游示范基地。

三是拓宽青年国际交往渠道。积极引进来自香港和澳门的世界一流高校和科研机构的优势学科在广州设立分校或共建新型研发机构，不断提升国际学术交流的能级水平和频次频率，为广州青年参与国际学术交流活动提供更高级的平台和更广泛的机会。增加广州与国际友好城市的青年交流活动，联合国际友好城市举办青年学习实践、体验营、训练营等交流活动，引进青年国际活动落户广州。举办"国际人才广州行"活动，加大在海外国际青年群体中宣传广州青年优惠政策的力度，加强对归国留学、来穗发展青年的服务和凝聚力，在全球塑造城市赋能青年优先发展的国际标杆。

分 报 告
Sub-Reports

B.2
广州青年人口发展状况与变化新特征

阎志强 钟英莲*

摘　要： 本报告使用1990~2020年四次全国人口普查数据，定量和比较分析了2020年广州青年人口的数量增长与区域分布、性别年龄结构、教育素质、婚姻生育和人口迁移流动状况特征，及其1990~2020年（30年）、特别是2010~2020年（10年）的发展变化新特征。针对青年人口发展存在的性别比偏高趋势加重、大龄青年特别是男青年大龄未婚问题较严重、城区青年妇女生育水平偏低等问题，报告提出实现青年人口长期均衡与可持续高质量发展的四点对策建议：加强妇女权益保护，监管、监测、引导、调节地区性别比的变化；加快培育青年适龄结婚、适龄生育的新婚育文化；鼓励发展生育服务产业和家庭母婴照护；开展广州青年人口发展中长期预测与规划研究。

---

* 阎志强，中山大学社会学与人类学学院、中山大学人口研究所副教授，硕士研究生导师，主要研究方向为人口与社会发展；钟英莲，广东财经大学经济学院经济统计系副教授，主要研究方向为经济社会统计。

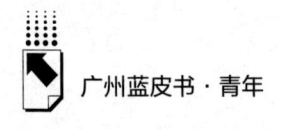

关键词： 青年人口　青年发展　广州

一　引言

　　青年发展是一个国家和地区发展的重要组成部分。党的十八大以来，中国特色社会主义进入新时代，我国已转向高质量发展阶段，社会建设全面加强。2017年4月，中共中央、国务院印发新中国历史上第一个国家级青年领域专项规划——《中长期青年发展规划（2016—2025年）》，为新时代中国青年发展提供根本政策指引。在世界百年未有之大变局和我国向第二个百年奋斗目标迈进过程中，新时代青年发展面临新机遇和新挑战。

　　青年人口是一个国家及其地区青年发展的关键的基础性要素。自2010年第六次全国人口普查以来，中国青年人口发展环境发生很大变化。国家部署、完善、优化了生育政策，以提高人口质量，促进人口长期均衡发展。2014年实施单独两孩生育政策，2016年实施全面两孩生育政策，2021年实施三孩生育政策。与长期改革开放和一孩为主的计划生育政策相伴相生的人口成长为新时代青年人口。研究新时代青年人口发展状况与变化新特征，掌握青年人口发展趋势与规律，对研究制定与完善青年发展战略、评估青年发展绩效、掌握青年需求、改善青年服务与管理，推动青年事业高质量发展具有重要意义。

　　2020年第七次全国人口普查是我国新时代开展的一次重大国情国力调查。广州市实施第七次全国人口普查，全面查清了全市人口数量、人口结构与分布、人口迁移与流动等状况。广州市统计局、广州市第七次全国人口普查领导小组办公室2021年5月18日公布的《广州市第七次全国人口普查公报》（第一~六号），给政府、社会各界、公众认识新时代广州市情市力、最新广州人口发展状况提供了初步的人口统计信息。丰富翔实的第七次全国人口普查数据汇编则提供了研究广州青年人口发展状况的最新、最全面的基础数据。

广州地处珠江三角洲，是国家中心城市、综合性门户城市、副省级省会城市、粤港澳大湾区重要发展城市、超大人口规模城市。研究广州青年人口发展不但能为广州青年发展的决策、规划和实践提供科学准确的人口信息支持，而且对全国类似地区具有参考意义。本报告主要使用广州市第七次全国人口普查（简称"七人普"）数据，结合第四次、第五次、第六次全国人口普查（简称"四人普""五人普""六人普"）数据，描述1990~2020年特别是2010~2020年广州青年人口数量增长与区域分布、人口自然结构状况、人口教育素质、人口婚姻生育和人口迁移流动状况与变化新特征，分析青年人口发展存在的问题并提出对策建议。基于人口普查具体项目与汇总数据的年龄规范，参考以往青年研究成果，本报告所指青年人口是15~34岁的常住人口[1]，与《中长期青年发展规划（2016—2025年）》所指的青年年龄范围（14~35周岁）接近。为便于分析陈述，每两次人口普查标准时间之间的时期，即1990~2000年、2000~2010年、2010~2020年，简称为"头十年"[2]、"前十年"、"新十年"。

二 青年人口数量增长及区域分布状况与变化

（一）青年人口数量创新高、增速回升，占全市人口比例创新低

根据"七人普"数据，2020年11月1日0时，广州青年人口为713.52万人，比2010年"六人普"增加161.41万人，平均每年增加16.14万人；新十年青年人口增长29.24%，年平均增长2.60%。与前十年相比，青年人

---

[1] 常住人口包括：居住在本乡镇街道且户口在本乡镇街道或户口待定的人；居住在本乡镇街道且离开户口登记地所在的乡镇街道半年以上的人；户口在本乡镇街道且外出不满半年或在境外工作学习的人。

[2] 确切地说，"四人普"至"五人普"时间为10年4个月。本报告计算年平均增长率采用10.33年时间间隔。

口增量翻倍，年平均增长率提高1.00个百分点。新十年广州青年人口规模再上新台阶，呈现快速增长态势。30年间，青年人口增加457.51万人，增长178.71%，平均每年增长3.48%。广州青年人口持续增长，呈现高量高速增长—低量低速增长—高量快速增长的波动变化态势。

青年人口是全市人口的重要组成部分，青年人口持续增长为全市人口持续增长做出了重要贡献。2020年广州青年人口占全市常住人口1867.66万人的38.20%。新十年青年人口增量占全市人口增量的27.02%，30年（1990~2020年）则占36.97%。庞大的青年人口意味着庞大的消费需求，有利于广州促进供给侧结构性改革，改善和增强双循环体系，做大做强产品和服务市场。作为15岁及以上劳动年龄人口中活力和创新力俱佳的部分，庞大的青年人口也意味着广州拥有丰富的劳动力资源优势，有利于满足广州经济社会发展的人才和劳动力需求。

值得注意的是，新十年青年人口占全市人口比例下降5.27个百分点，降幅比前十年增大；比2000年（47.38%）低9.18个百分点，比1990年（40.64%）低2.44个百分点，创30年最低。青年人口占比由大幅上升转向加速下滑态势，源于青年人口与全市人口每十年增长速度及其变化差异所致。30年间，青年人口年均增长3.48%，年均增长率比全市人口同期的低0.21个百分点，差异较小。头十年青年人口年均高速增长，年均增长率比全市人口同期的高1.62个百分点；前十年、新十年青年人口年均增速分别比全市人口同期的下降0.88个、1.33个百分点，差距拉大。尽管新十年青年人口年均增长率已止跌回升，但升幅（1.00%）低于全市人口（1.45%）（见表1、图1）。持续20年占全市人口比例下降，表明青年人口呈相对规模收缩趋势。

广州青年人口绝对规模扩大、增速波动和相对规模收缩的特点，是30年广州持续的经济社会发展、计划生育、迁移流动等人口管理政策与人口变动因素共同作用的结果。新十年，全国人口年均增长率低位续降（从0.57%到0.53%），全国和地区人口老龄化进程加快，不同生育政策时期出生人口队列接续退出，进入青年人口队列，青年后人口增长更快。2010年的青年人口是1975~1995年出生队列，2020年的青年人口是1985~2005年的出生队列。新十年广州青年人口增长来之不易，既有本地儿童人口加入，又有依靠区位优势以及实施国家赋予的区域优先发展战略而吸引的大量外地青年人口流入。

表1 1990~2020年广州青年人口数量增长与全市人口比较

指标	人口数量及占比(万人,%)				各时期增减(万人,个百分点)		
	1990年	2000年	2010年	2020年	1990~2000年	2000~2010年	2010~2020年
青年人口总量	256.01	471.09	552.11	713.52	215.08	81.02	161.41
全市人口	629.99	994.20	1270.19	1867.66	364.21	275.99	597.47
占全市人口比例	40.64	47.38	43.47	38.20	6.74	-3.91	-5.27

资料来源：1. 广州市人口普查办公室编《广州市1990年人口普查资料》，电子计算机汇总，1991；2. 广州市人口普查办公室编《广东省2000年人口普查资料汇编（广州市）》，广东经济出版社，2002；3. 广州市统计局、广州市人口普查办公室编《广州市2010年人口普查资料》，中国统计出版社，2012；4. 广州市统计局，第七次人口普查汇总数据。本报告以下表、图除特别注明的以外，资料来源相同。

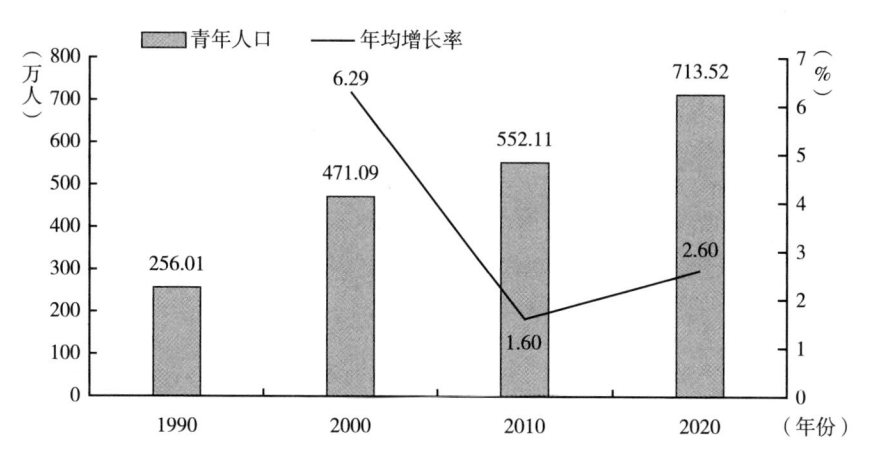

图1 1990~2020年广州青年人口数量与年均增长率

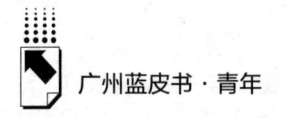

（二）青年人口分布不平衡性显著，部分城区集散疏密程度明显改变

人口区域分布，是人口在地理空间上的集散和疏密状况。区域范围类型是人口分布分析的基础。本报告从县级行政区域、城乡社区两种角度进行分析。广州县级行政区划多次调整，经2014年撤并区、撤县级市设区，形成全市11个区的行政区域格局。"六人普"和"七人普"的城镇、乡村按国家统计局2008年发布的《统计上划分城乡的规定》划分。通过比较分析各区青年人口数量及其占全市青年人口比例、人口密度以及城区、镇区、乡村青年人口数量及其占全市青年人口比例等指标数据（见表2、表3），可以发现2020年广州青年人口区域分布仍然呈现显著的不平衡状态，新十年不平衡性局部减弱、局部增强，具体体现在三个方面。

1. 全市超半数青年人口分布在三个超大、特大区，与中、小区之间青年人口数量差异悬殊

根据各区青年人口规模大小，可以将11个区分为五类：超大区、特大区、大区、中区、小区。2020年超大区（人口数量在150万人以上）仅有白云区；特大区（人口数量在100万~150万人）为天河区、番禺区。这三个区青年人口占全市青年人口比例均超过15%，合计占全市的53.41%。大区（人口数量在50万~100万人）为海珠区、花都区、黄埔，合计占全市的23.59%。中区（人口数量在30万~50万人）为增城区、荔湾区；小区（人口数量在30万人以下）为南沙区、越秀区、从化区，这五个区合计占23.00%。新十年各区青年人口数量、占全市青年人口比例两个指标的变化，可归纳为三种情况："双增"——白云区、番禺区、天河区、花都区，特别是前三个区增量显著；"一增一减"——黄埔区、荔湾区、增城区、南沙区、从化区、海珠区，这六个区青年人口数量虽不同程度增加，但占全市青年人口比例下降，特别是海珠区增加最少，比例降幅显著；"双减"——越秀区，青年人口数量减少超过10万人，比例减幅最大，该区是全市唯一人口负增长、人口老龄化最严重的核心老城区。

表2 2020年、2010年广州青年人口各区分布与变化

地区	人口数(人) 2020年	人口数(人) 2010年	人口数(人) 增减	占全市比例(%) 2020年	占全市比例(%) 2010年	占全市比例(%) 增减	人口密度(人/公里^2) 2020年	人口密度(人/公里^2) 2010年	人口密度(人/公里^2) 增减
广州市	7135173	5521104	1614069	100.00	100.00	0.00	960	743	217
荔湾区	364897	300009	64888	5.11	5.43	-0.32	6174	5076	1098
越秀区	269277	380770	-111493	3.77	6.90	-3.13	7967	11265	-3298
海珠区	590044	586808	3236	8.27	10.63	-2.36	6527	6491	36
天河区	1091632	739144	352488	15.30	13.39	1.91	11332	7673	3659
白云区	1633529	1070675	562854	22.89	19.39	3.50	2053	1345	708
黄埔区	513915	419953	93962	7.20	7.61	-0.41	1061	867	194
番禺区	1085553	662103	423450	15.21	11.91	3.22	2048	1249	799
花都区	579050	431746	147304	8.12	7.82	0.30	597	445	152
南沙区	284044	257263	26781	3.98	4.66	-0.68	362	328	34
从化区	247071	239341	7730	3.46	4.34	-0.88	125	121	4
增城区	476161	433292	42869	6.67	7.85	-1.18	295	268	27

注：为保证可比性，按照2020年人口普查时的行政区划范围调整2010年黄埔区、番禺区、南沙区人口数。计算青年人口密度统一使用2020年土地面积数，来自《2021广州统计年鉴》。

2. 核心城区青年人口密度大幅降低、部分中心城区与外围城区人口密度大增

各区土地面积相差悬殊，从化区土地面积为1974.5平方公里，越秀区仅为33.8平方公里。为准确反映青年人口分布的疏密程度，将各区青年人口与土地面积进行对比计算，每平方公里土地上的青年人口数即人口密度，并按人口密度高低分五级分析。2020年广州青年人口密度分级结果如下：稠密区（每平方公里超过1万人）仅有天河区；高密区（每平方公里在0.5万~1万人）包括越秀区、海珠区、荔湾区；中密区（每平方公里在0.1万~0.5万人）包括白云区、番禺区、黄埔区；低密区（每平方公里低于0.1万人）包括花都区、南沙区、增城区、从化区。天河区的青年人口密度是从化区的91倍。稠密区和高密区都位于中心城区，中、低密区位于外围城区和生态功能区。青年人口密度分布呈现从老城区为主的中心城区向外围城区梯度递减的基本态势，这与广州城区建设、产业推进、生态保护的空间布局基本一致。新十年10个区人口密度增加、增幅差异悬殊。天河区、荔湾区青年人口密度大幅度增加（超

过1000人/公里²），番禺区、白云区增幅也较大（超过700人/公里²），海珠区、南沙区、增城区、从化区增幅微小（小于40人/公里²）。仅越秀区1个区人口密度下降，降幅达3298人/公里²之巨，这与其位居城市核心，城区更新改造和转移非核心功能力度大、人口减少有关。

青年人口规模大、比例高、人口密度大的区多属于中心城区和外围城区，集中了众多的新住宅小区，劳动密集型企业、高科技企业、教育和服务业发展较快，较好地满足了青年人生活与发展的需求。

3. 青年人口进一步集聚城区，乡村青年人口显著"双减"

《统计上划分城乡的规定》所指城镇包括城区和镇区，乡村是城镇以外的区域。2020年，广州城镇青年人口为629.34万人，其中581.08万人居住在城区，48.27万人居住在镇区；84.17万人居住在乡村。新十年城区青年人口增加157.57万人，年均增长率显著高于镇区的年均增长率；乡村青年人口出现负增长。城区人口增长较快，与产业非农化进程和户籍制度改革有关，也与撤县级市改区、撤镇改街道等行政区划调整有关。

广州青年人口城镇化进程更多地表现为城区化或城市化过程。新十年青年人口比例变化的情形是城区有较大提高，镇区略有降低，乡村有明显降低。这与前十年镇区人口比例较大下降、乡村人口比例不变的情形有较大差别。分城乡二类看，城镇青年人口比例为88.20%、乡村为11.80%，分别比2010年提高、降低3.93个百分点。2020年广州青年城镇化率高于全市人口的城镇化率（86.19%），新十年的提升幅度亦高于全市人口的提升幅度（2.41%），广州青年人口为广州人口城镇化提质增效做出了积极贡献。

表3 2000~2020年广州青年人口城乡分布与变化

城乡	人口数(人)			占全市比例(%)			比例变化(个百分点)	
	2000年	2010年	2020年	2000年	2010年	2020年	2000~2010年	2010~2020年
合计	4710926	5521104	7135173	100.00	100.00	100.00	0.00	0.00
城区	3493307	4235022	5810769	74.15	76.71	81.44	2.56	4.73
镇区	476880	417289	482669	10.12	7.56	6.76	-2.56	-0.80
乡村	740739	868793	841735	15.73	15.73	11.80	0.00	-3.93

三 青年人口性别和年龄结构状况与变化

（一）青年人口性别结构不平衡性加剧

1. 青年人口性别比较高，升幅较大

人口性别结构是指人口中男性人口和女性人口分布及其比例关系，常用男性人口比重、女性人口比重、性别比（即每100名女性所对应的男性人数）来测量。2020年，广州男、女青年人口分别为386.16万人、327.36万人，分别占全市青年人口的54.12%、45.88%，性别比为117.96。这表明广州青年男多女少，具体表现为绝对数上男青年比女青年多58.80万人，结构相对数上男青年超过女青年8.24个百分点。性别比高于100的平衡值17.96，同时高于全市人口性别比（111.98）。新十年青年人口性别比升高幅度显著加大，而同期全市人口性别比下降2.45。青年人口性别比偏高趋势加重。

2. 低年龄组性别比显著较高

分年龄组来看，青年人口性别比基本上呈高—低—稍高的态势。从图2可知，2020年，低年龄组（15~18岁）、高年龄组（27~33岁）性别比均高于平均水平，前者显著较高；19~26岁、34岁组均低于平均水平。

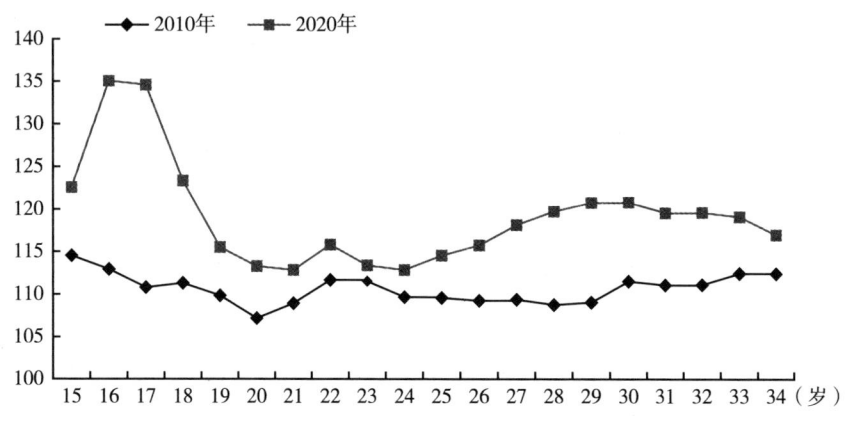

图2 2010年、2020年广州青年人口分年龄性别比（女=100）

从表4可知，2020年，15~19岁组性别比最高，20~24岁组最低，极差为10.66。新十年各年龄组性别比均有上升，15~19岁组升幅最大，特别是17岁、18岁升幅巨大。

表4　2000~2020年广州青年人口分年龄的性别比与变化（女=100）

年龄组（岁）	2000年	2010年	2020年	2000~2010年增减	2010~2020年增减
合计	107.94	110.30	117.96	2.36	7.66
15~19	90.33	111.45	124.29	21.12	12.84
20~24	105.84	109.67	113.63	3.83	3.96
25~29	115.16	109.21	117.76	-5.95	8.55
30~34	121.27	111.69	119.26	-9.58	7.57

3.镇区、乡村青年人口性别比显著高于城区

广州城乡青年人口性别结构存在较大差异。2020年青年人口性别比总体上呈现乡村性别比大于镇区性别比，镇区性别比大于城区性别比，乡村与镇区接近，二者与城区差异较大的态势。这与2010年镇区性别比较高的情形不同。城区、乡村各自的各年龄组性别比差异较小；镇区差异较大，而且明显呈现年龄越大、性别比越低的态势（见表5）。

表5　2020年广州城乡青年人口分年龄性别比与变化（女=100）

年份	年龄组（岁）	城区	镇区	乡村
2020	15~19	121.35	133.15	137.09
	20~24	110.82	127.58	127.20
	25~29	115.72	121.54	131.42
	30~34	118.17	117.50	127.61
	合计	115.83	124.41	129.87
比2010年增减	15~19	10.44	17.79	25.35
	20~24	0.87	10.57	21.73
	25~29	6.92	9.88	21.21
	30~34	7.83	-2.79	12.61
	合计	5.95	8.43	20.16

（二）青年人口年龄结构大龄化趋势加快

1. 15~19岁组青年人口比例显著偏低，青年人口年龄结构持续大龄化

人口年龄结构可以用各年龄组人口占全市青年人口的百分比来表示。2020年，15~19岁组的青年人口占比最低，30~34岁组的占比最高，极差为16.84个百分点。新十年15~19岁组、20~24岁组的占比降低，25~29岁组和30~34岁组的占比上升。结合前十年各年龄组的变化情况，广州青年人口年龄结构大龄化呈加速趋势（见表6）。

表6 2000~2020年广州青年人口年龄结构及其变动

单位：%，个百分点

年龄组（岁）	2000年	2010年	2020年	2000~2010年增减	2010~2020年增减
合计	100.00	100.00	100.00	0.00	0.00
15~19	22.13	17.58	13.77	-4.55	-3.81
20~24	26.94	33.73	26.84	6.79	-6.89
25~29	27.90	26.60	28.77	-1.30	2.17
30~34	23.02	22.09	30.61	-0.93	8.52

2. 城区、乡村青年人口年龄分布偏向高年龄组

2020年，广州城区、乡村青年人口年龄分布情况很接近，其中，较高年龄组分布比例较大，15~19岁组所占比例最小，不及30~34岁组的一半。城区、乡村青年人口呈现大龄化趋势，镇区青年人口年龄结构比较均衡。这与2010年城区、镇区、乡村青年人口高度集中在20~24岁组，且两头低、中间高的分布格局差异较大（见表7）。

表7 2010年、2020年广州青年人口分城乡年龄结构

单位：%

年份	城乡	15~19岁	20~24岁	25~29岁	30~34岁	合计
2020	城区	13.16	26.99	29.32	30.54	100.00
	镇区	21.01	28.53	22.21	28.25	100.00
	乡村	13.86	24.85	28.78	32.50	100.00
2010	城区	16.47	33.66	27.14	22.73	100.00
	镇区	20.37	31.32	25.84	22.47	100.00
	乡村	21.62	35.24	24.35	18.79	100.00

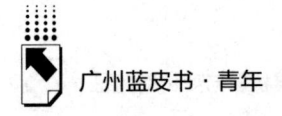

3. 青年人口金字塔呈底窄、中上部宽的形状

人口金字塔图形变化可以更直观地表现广州青年人口分性别、年龄分布的格局和变化。图3、图4显示的是以每一岁男、女青年人口各占全部青年人口比例的数据绘制的广州2020年和2010青年人口金字塔。

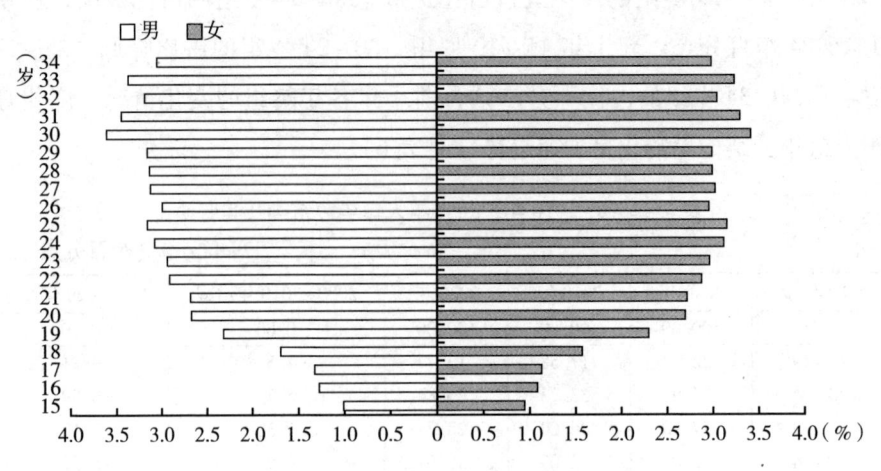

图3　2020年广州青年人口金字塔

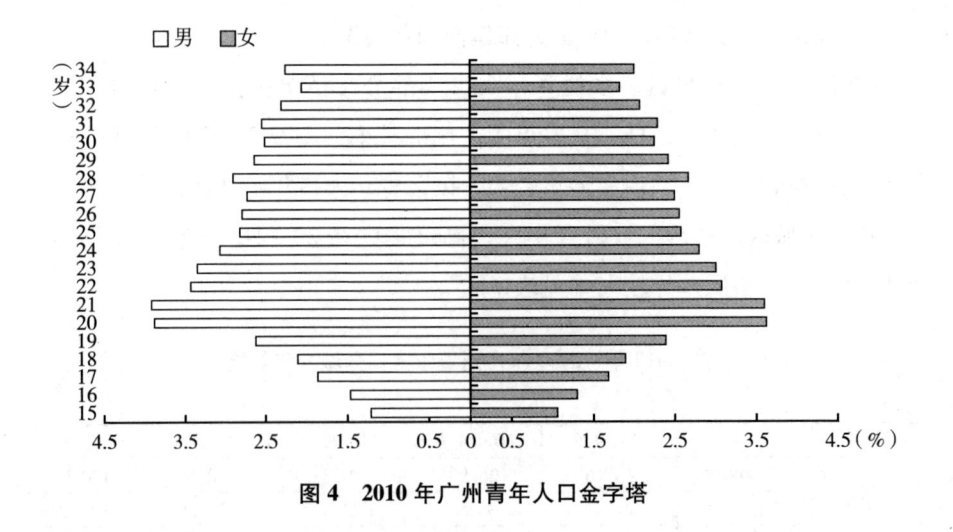

图4　2010年广州青年人口金字塔

2020年青年人口金字塔在15~25岁组逐龄向上明显加宽，比例从1%左右提高到3%左右；26~34岁组内陷与外扩交错，变化较小。与2010年相

比，青年人口金字塔下部显著收窄、中上部加宽。这说明在广州妇女生育率持续走低、老龄化程度加深的趋势下，青年人口大龄化趋势加速。结合2020年全市人口金字塔（见图5）底窄内陷的形状，15岁以下规模收缩，特别是10岁前后年龄组凹陷很深，广州未来青年人口增长潜力减弱。

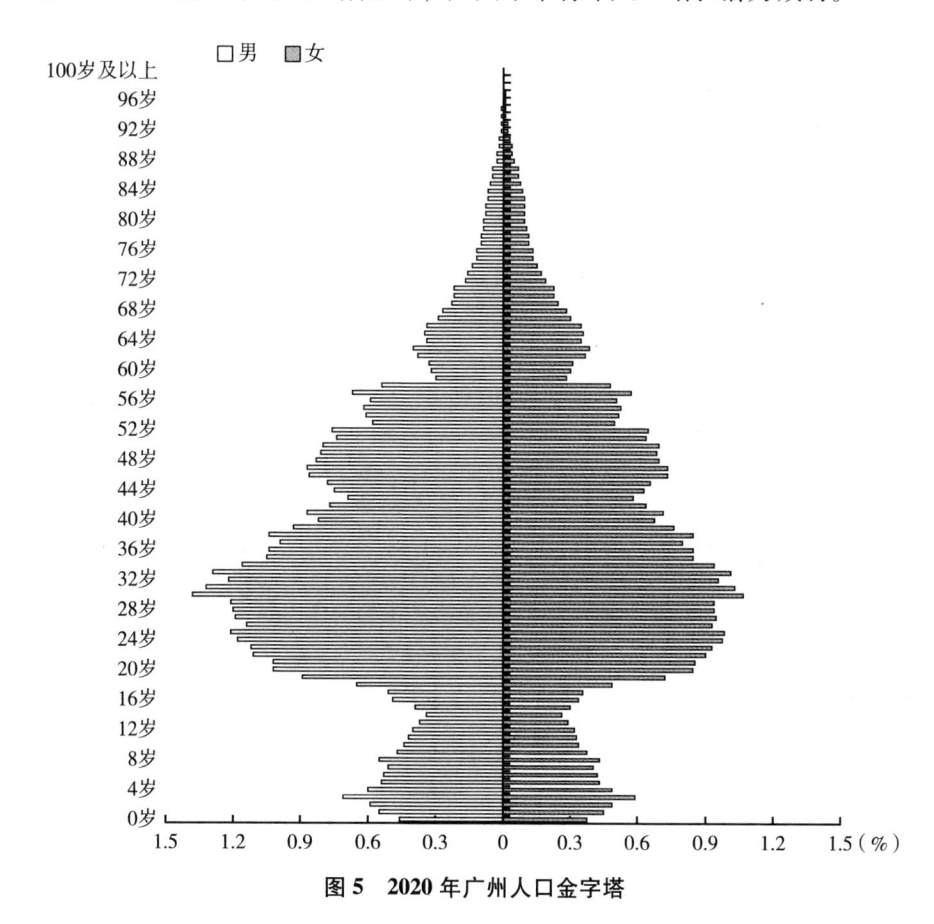

图5 2020年广州人口金字塔

四 青年人口教育素质状况与变化

（一）青年人口的受教育程度构成转变为以高层次为主

2020年青年人口中，受教育程度人数排前3位的分别是高中（203.59万

055

人)、初中(173.39万人)、大学专科(162.44万人),占比分别为28.53%、24.30%、22.77%。与2010年相比,初中的比例大幅度降低,大学专科、大学本科的比例有较大幅度上升。大专及以上教育程度人数为320.93万人,占比达44.98%,比2010年的占比提高14.31个百分点。青年人口已较普遍接受各级高等教育,标志着青年人口的受教育程度构成发生根本转变。1990年以来青年人口的受教育程度构成在不断改善和优化,以初中为主、高中第二的中低格局结束,以高等教育为主的受教育程度构成格局开始形成。2020年广州青年人口平均受教育年限①为12.79年,超过高中毕业年限,进入大学水平(见表8)。

表8 广州青年人口受教育程度构成与变化

受教育程度	2020年人数（人）	比例(%) 1990年	比例(%) 2010年	比例(%) 2020年	各时期比例增减(个百分点) 1990~2010年	各时期比例增减(个百分点) 2010~2020年
未上过学	9067	0.64	0.13	0.00	-0.51	-0.13
学前教育	3502	—	—	0.05	—	—
小学	143433	17.60	3.37	2.01	-14.23	-1.36
初中	1733944	41.45	36.82	24.30	-4.63	-12.52
高中	2035949	32.59	29.01	28.53	-3.58	-0.48
大学专科	1624418	3.95	14.58	22.77	10.63	8.19
大学本科	1412252	3.77	14.28	19.79	10.51	5.51
硕士研究生	152874		1.81	2.14	—	0.61
博士研究生	19734			0.28		

注：历次人口普查划分受教育程度（或文化程度）不尽相同，本表按2020年人口普查项目和指标解释分类。未上过学，1990年为不识字或识字很少；1990年单列中专，相当于高中，已归入高中；1990年没有单列研究生，包含在大学本科中；2000年、2010年单列研究生，包括硕士与博士；2020年增加学前教育，单列硕士研究生、博士研究生；2010~2020年硕士研究生比例变化包含博士硕士研究生。

（二）女青年受教育程度构成优于男青年

从绝对规模看，2020年，从小学到大学专科的受教育程度，广州男青年

---

① 平均受教育年限是将各种受教育程度折算成受教育年限计算平均数得出的，具体的折算标准是：未上过学、学前教育＝1年，小学＝6年，初中＝9年，高中＝12年，大学专科＝15年，大学本科＝16年，硕士研究生＝19年，博士研究生＝23年。

人数都比女青年多，尤其是初中、高中程度分别多30万人左右；大学本科、硕士研究生程度，女青年的人数超过男青年。从构成看，男青年受教育程度比例由高到低依次为高中、初中、大学专科、大学本科，女青年则是高中、大学专科、大学本科、初中；男青年初中、高中比例显著高于女青年，女青年大学本科、大学专科比例明显高于男青年。由此可见，女青年更多地接受高等教育。大学专科及以上受教育程度人口，男青年为157.36万人，女青年为163.56万人，女青年比男青年多6.20万人；男、女青年接受高等教育比例分别为40.75%、49.96%，差距约10个百分点（见表9）。新十年女青年受教育状况加快改善，受高等教育程度提高尤其显著，呈现女强男弱的态势。2020年平均受教育年限，男青年为12.62年，女青年为13.08年，相差0.46年。

表9　2020年、2010年广州青年人口分性别受教育程度构成与变化

受教育程度	2020年人数（人）男	2020年人数（人）女	2020年人数（人）男女差值	2020年比例 男（%）	2020年比例 女（%）	2020年比例 男女差值（个百分点）	2010年比例 男（%）	2010年比例 女（%）	2010年比例 男女差值（个百分点）
未上过学	5325	3742	1583	0.14	0.11	0.03	0.13	0.13	0.00
学前教育	1813	1689	124	0.05	0.05	0.00	—	—	—
小学	83157	60276	22881	2.15	1.84	0.31	3.22	3.54	-0.32
初中	1033284	700660	332624	26.76	21.40	5.36	37.29	36.31	0.98
高中	1164372	871577	292795	30.15	26.62	3.53	29.69	28.25	1.44
大学专科	822443	801975	20468	21.30	24.50	-3.20	13.81	15.43	-1.62
大学本科	670652	741600	-70948	17.37	22.65	-5.29	14.09	14.49	-0.40
硕士研究生	69314	83560	-14246	1.79	2.55	-0.76	1.77	1.85	-0.08
博士研究生	11232	8502	2730	0.29	0.26	0.03	—	—	—

（三）20~24岁青年人口超过半数具有高等教育程度

各级教育适龄人口不同，相同年龄人口教育积累也有差别。15~19岁、20~24岁组是青年人口接受教育的主要年龄段。2020年广州15~19岁组青年受教育程度以高中为主，初中、大学专科居次；20~24岁组青年受教育程度

构成比例由高到低依次为大学专科、大学本科、高中，且比例接近；25~29岁组则依次为高中、初中、大学专科，且比例接近；30~34岁组初中占较大比例，高中、大学专科、大学本科的比例递减显著。将大学专科及以上合并看，接受高等教育的青年中，在20~24岁组的占比为55.39%，在25~29岁组的占比为45.72%，在30~34岁组的占比为39.9%。与2010年相比，各年龄段初中比例大幅度降低，15~19岁、25~29岁组尤其显著；15~19岁组大学专科和大学本科的比例大幅度提高，20~24岁、25~29岁组的大学专科比例提升幅度也较大。这种差异与转变说明，新十年在普及高中教育的基础上，广州促进了高等教育快速发展，并在经济持续高速发展和产业转型中大力吸引高学历人才（见表10）。

表10 2020年广州青年人口分年龄受教育程度构成与变化

单位：%，个百分点

年份	年龄组（岁）	未上过学	学前教育	小学	初中	高中	大学专科	大学本科	硕士研究生	博士研究生	研究生小计
2020	15~19	0.13	0.19	1.57	19.17	44.52	18.55	15.84	0.01	0.01	0.02
	20~24	0.13	0.04	1.19	18.50	24.76	27.91	25.26	2.14	0.08	2.22
	25~29	0.13	0.02	1.80	24.93	27.40	23.81	18.77	2.70	0.43	3.13
	30~34	0.13	0.02	3.13	31.10	25.72	19.17	17.73	2.58	0.42	3.00
比2010年增减	15~19	-0.05	0.19	-1.72	-18.39	0.23	11.12	8.61			0.00
	20~24	0.03	0.04	-1.57	-11.88	-1.38	8.75	5.36			0.66
	25~29	0.00	0.02	-1.14	-15.01	1.53	9.12	5.15			0.31
	30~34	-0.03	0.02	-1.75	-11.23	0.71	6.03	5.63			0.61

广州青年人口受教育程度构成的改善，既反映出广州青年人口素质的较大提高，也促进了全市整体人口素质的提高。这为青年人口的生活和工作发展奠定了良好的基础。

五 青年人口的婚姻状况与变化

人口普查调查了15周岁及以上的普查对象的婚姻状况，因此15~34岁组的青年人口都是婚龄人口。婚姻状况指被登记人在普查标准时点的实际婚姻状况,分为未婚、有配偶、离婚、丧偶。人口普查的婚姻是指事实婚姻,不是单指法律意义上的婚姻,对不到法定结婚年龄,或未办理结婚手续而同居、实际结婚的人,根据其在普查标准时点的实际情况,按照被登记人的申报选填。本报告因采用人口普查长表,抽样调查了10%的住户。

(一)青年人口以未婚为主、有配偶为辅的婚姻状况构成格局基本稳定

青年人口婚姻状况构成是指青年人口中,处于未婚、有配偶、离婚和丧偶状况的人口分布比例及其关系。从表11可以看出,2020年广州青年人口的婚姻状况呈现以未婚为主、有配偶居次的基本格局,离婚、丧偶比例很低。这反映出儿童成为青年、达到法定婚龄、从单身未婚到初婚以及婚姻存续的事实历程。新十年青年人口婚姻状况构成变化微小,保持高度稳定性。这与前十年未婚比例上升、有配偶比例下降的婚姻状况变化趋势有很大不同;与头十年未婚比例、有配偶比例几乎保持未变的稳定状态相似,区别在于2020年的未婚比例、有配偶比例分别达到1990年以来的最高值和最低值,其差值也达到最大值。

表11 1990~2020年广州青年人口的婚姻状况及其变化

单位:%,个百分点

婚姻状况	1990年	2000年	2010年	2020年	比例变化		
					1990~2000年	2000~2010年	2010~2020年
未婚	57.11	57.01	62.66	63.13	-0.10	5.65	0.47
有配偶	42.57	42.57	36.98	36.03	0.00	-5.59	-0.95
离婚	0.23	0.34	0.33	0.82	0.11	-0.01	0.49
丧偶	0.09	0.07	0.03	0.02	-0.02	-0.04	-0.01

(二)青年人口婚姻状况的性别差异明显且基本稳定

由表12可知,2020年青年人口的婚姻状况构成存在明显的性别差异。主要表现为男性比女性"一高一低",即未婚比例高、有配偶比例低;相对

地，女性比男性"一低一高"，即未婚比例低，有配偶比例高。男性未婚比例比女性高10.87个百分点、有配偶比例低10.52个百分点。这说明男青年结婚普遍晚于女青年。除了受男比女晚两年的法定最低结婚年龄以及男大于女的传统习俗的影响，也受到前述青年人口性别比偏高的较大影响。

新十年青年人口的婚姻状况构成的性别差异格局基本未改变。这与前十年未婚比例、有配偶比例男女差异扩大，头十年男女差异缩小的变化显著不同。30年间，男性未婚比例波动性上升、女性未婚比例均匀上升，有配偶比例相应降低，男女差异从缩小到扩大到趋稳。不过，新十年男女离婚比例上升相对加快，这种现象值得重视。

表12 1990~2020年广州青年人口分性别的婚姻状况

单位：%，个百分点

婚姻状况	性别	1990年	2000年	2010年	2020年
未婚	男	62.97	60.44	67.58	68.15
	女	50.49	53.44	57.33	57.28
	男女差值	12.48	7.00	10.25	10.87
有配偶	男	36.78	39.25	32.14	31.17
	女	49.11	46.03	42.22	41.69
	男女差值	-12.33	-6.78	-10.08	-10.52
离婚	男	0.20	0.28	0.27	0.68
	女	0.27	0.40	0.40	1.00
	男女差值	-0.07	-0.12	-0.13	-0.32
丧偶	男	0.06	0.03	0.01	0.01
	女	0.13	0.11	0.05	0.03
	男女差值	-0.07	-0.08	-0.04	-0.02

（三）青年人口结婚集中在中高年龄，晚婚趋势明显

青年人口分年龄婚姻状况分布的规律性很强，年龄越大，未婚比例越低、有配偶比例越高。从表13看，2020年15~19岁、20~24岁组的未婚比例均超过90%，25~29岁、30~34岁组的未婚比例分别比上一个年龄组大幅度减少，

同时有配偶比例大幅度增高。这意味着大部分青年人在这两个年龄组脱离单身并结婚、组建新家庭；同时婚姻存续问题渐显，婚姻解体的风险上升。这种差异格局总体上与2010年相似，不同的是，25~29岁、30~34岁组的未婚比例仍然较高、有配偶比例较低，特别是30~34岁组青年有26.22%未婚，比例提高了10.53个百分点。1990年以来，除了15~19岁组，其他年龄组未婚比例持续大幅升高，表明青年集中结婚的年龄不断延后，晚婚趋势强劲。

表13 1990~2020年广州青年人口分年龄婚姻状况

单位：%

年龄组（岁）	1990年	2000年	2010年				2020年			
	未婚	未婚	未婚	有配偶	离婚	丧偶	未婚	有配偶	离婚	丧偶
15~19	99.41	99.68	99.59	0.41	0.00	0.00	99.65	0.35	0.00	0.00
20~24	80.91	85.28	88.63	11.34	0.03	0.00	92.49	7.45	0.06	0.00
25~29	33.38	33.60	46.11	53.55	0.30	0.03	60.06	39.31	0.61	0.01
30~34	9.41	10.25	15.69	83.15	1.07	0.08	26.22	71.74	2.00	0.04

分性别看（见表14），2020年女性结婚年龄的集中程度高于男性，除了15~19岁组，相同年龄组男青年未婚比例均高于女青年，特别是25~29岁、30~34岁组。30~34岁组男青年32.59%未婚，女青年18.66%未婚。新十年女青年20~24岁组未婚比例增幅均大于男青年，表明女性晚婚趋势较男性明显。青年人口，特别是青年妇女推迟结婚，甚至在青年时期没有结婚的现象增多，对青年妇女生育乃至未来生活和工作安排会产生较大影响，需要对此引起重视。

表14 2010年、2020年广州青年人口分年龄分性别婚姻状况及其变化

单位：%，个百分点

年份	年龄组（岁）	未婚		有配偶		离婚		丧偶	
		男	女	男	女	男	女	男	女
2010	15~19	99.82	99.33	0.17	0.67	0.00	0.00	0.00	0.00
	20~24	93.34	83.52	6.64	16.44	0.02	0.04	0.00	0.00
	25~29	54.93	36.67	44.80	62.92	0.25	0.36	0.02	0.05
	30~34	19.41	11.65	79.68	86.92	0.87	1.30	0.03	0.14

续表

年份	年龄组（岁）	未婚 男	未婚 女	有配偶 男	有配偶 女	离婚 男	离婚 女	丧偶 男	丧偶 女
2020	15~19	99.86	99.40	0.14	0.60	0.00	0.00	0.00	0.00
	20~24	95.46	89.17	4.51	10.73	0.03	0.10	0.00	0.00
	25~29	68.18	50.62	31.36	48.56	0.46	0.80	0.00	0.03
	30~34	32.59	18.66	65.70	78.91	1.68	2.37	0.02	0.06
2020年比2010年增减	15~19	0.04	0.07	-0.03	-0.07	0.00	0.00	0.00	0.00
	20~24	2.12	5.65	-2.13	-5.71	0.01	0.06	0.00	0.00
	25~29	13.25	13.95	-13.44	-14.36	0.21	0.44	-0.02	-0.02
	30~34	13.18	7.01	-13.98	-8.01	0.81	1.07	-0.01	-0.08

（四）低教育程度的青年结婚较普遍、婚姻状况性别差异更大

不同受教育程度的青年人口婚姻状况存在差异。初中及以下受教育程度的青年结婚较普遍，随着受教育程度提高，男、女婚姻状况差异由巨大转向趋同。总体上，小学及以下、初中程度的未婚比例、有配偶比例分别明显低于、高于高中和高等教育程度。这种受教育程度婚姻状况差异的性别表现不同。小学及以下、初中程度的青年未婚比例、有配偶比例的性别差异巨大，男青年多数未婚，女青年多数有配偶。高中、大学专科、大学本科程度差异缩小，男性未婚比例大于女性。研究生程度性别基本无差异。从男青年不到半数结婚、女青年大部分结婚，到男女大部分未婚，一定程度上反映了低学历男性结婚难、高学历女性结婚难的现象。受教育程度低的青年人口离婚比例稍高，各种受教育程度的女性离婚比例均高于男性（见表15）。

表15 2020年广州青年人口分性别分受教育程度的婚姻状况

单位：%

受教育程度	未婚 小计	未婚 男	未婚 女	有配偶 小计	有配偶 男	有配偶 女	离婚 小计	离婚 男	离婚 女	丧偶 小计	丧偶 男	丧偶 女
小学及以下	42.90	55.66	26.01	55.26	42.90	71.62	1.76	1.40	2.24	0.08	0.03	0.13
初中	49.21	59.30	34.88	49.56	39.67	63.63	1.20	1.02	1.45	0.03	0.02	0.04

续表

受教育程度	未婚			有配偶			离婚			丧偶		
	小计	男	女	小计	男	女	小计	男	女	小计	男	女
高中	66.37	71.48	59.44	32.78	27.81	39.52	0.84	0.70	1.02	0.01	0.00	0.02
大学专科	68.21	72.21	64.10	31.09	27.29	34.98	0.69	0.49	0.90	0.01	0.01	0.02
大学本科	69.35	71.11	67.75	30.10	28.49	31.57	0.53	0.39	0.65	0.01	0.01	0.02
硕士研究生	65.85	66.64	65.21	33.62	33.04	34.10	0.52	0.30	0.70	0.01	0.03	0.00
博士研究生	63.09	63.21	62.93	36.59	36.64	36.51	0.27	0.15	0.44	0.05	0.00	0.11

六 青年人口生育状况与变化

生育是婚姻的重要目的和结果。常用一年内育龄妇女（15~49岁的女性人口）生育孩子数与育龄妇女人数对比计算生育率指标，如一般生育率、年龄别生育率、孩次别生育率、总和生育率等系列生育率指标，测量、比较、分析研判生育水平、生育模式状况和变化趋势。女青年是育龄妇女中生育能力强的年龄段，对育龄妇女生育水平产生直接影响。本报告分析采用的生育数据来自"五人普"、"六人普"和"七人普"的长表调查项目汇总结果（10%的抽样调查数据）。

（一）青年妇女一般生育率高于全市育龄妇女，二孩生育率显著上升

2020年，广州青年妇女一般生育率为52.51‰（表示平均每一千名女青年生育约53名婴儿），比全市育龄妇女一般生育率38.13‰高14.38个千分点。这说明青年人口是生育的主力军。从孩次别生育率看，一孩、二孩、三孩生育率分别为27.62‰、20.87‰、4.02‰，一孩生育率最高，与二孩生育差异不大。

与2010年相比，青年妇女一般生育率升高16.89个千分点，主要受二

孩生育率升幅较大影响。新十年一孩生育率微降，二孩生育率升高13.60个千分点，三孩生育率升高3.45个千分点。这与前十年孩次别生育率普降，其中一孩生育率降幅较大的变化趋势明显不同。青年妇女一般生育率回升，特别是二孩生育率显著上升，显然得益于2014年和2016年先后实施的单独两孩和全面两孩生育政策（见表16）。

表16 2000~2020年广州市青年妇女与育龄妇女一般生育率比较

单位：‰，个千分点

年份		生育率	一孩生育率	二孩生育率	三孩生育率
2000年	青年妇女	39.34	30.48	7.27	1.59
	育龄妇女	28.59	21.86	5.47	1.26
2010年	青年妇女	35.62	27.78	7.27	0.57
	育龄妇女	26.07	19.44	5.98	0.65
2020年	青年妇女	52.51	27.62	20.87	4.02
	育龄妇女	38.13	18.19	16.49	3.44
2010年比2000年增减	青年妇女	-3.72	-2.70	0.00	-1.02
	育龄妇女	-2.52	-2.42	0.51	-0.61
2020年比2010年增减	青年妇女	16.89	-0.16	13.60	3.45
	育龄妇女	12.06	-1.25	10.51	2.79

（二）晚育、高峰期较长的低生育模式，较高年龄组二孩生育率升幅显著

年龄别生育率不仅可以反映不同年龄青年妇女的生育水平，精确比较不同时期相同年龄青年妇女生育水平，还可以反映青年妇女的生育模式。2020年广州青年妇女生育模式属于晚育、少育、生育高峰期较长的低生育模式。生育高峰（生育率≥70‰）集中在26~31岁组年龄，峰值为28岁的90.3‰。2020年的生育曲线几乎完全覆盖2010年，即在2010年曲线上方。与2010年相比，除了15~24岁组很接近外，25岁以后，差距明显拉大，由相同的生育峰值年龄（28岁）时相差15.22个千分点到33岁时相差30.09个千分点。2020年的生育高峰期较2010年增多4个年龄。这说明2020年各年龄生育率普

遍较高，特别是较大年龄组生育率更高。与 2000 年相比，2020 年的生育曲线向右向上偏移，峰值生育年龄推迟 2 岁，峰值生育率小幅上升约 3 个千分点，峰值前生育率明显较低，但峰值后生育率显著提升，升幅大于较 2010 年的升幅（见图 6）。

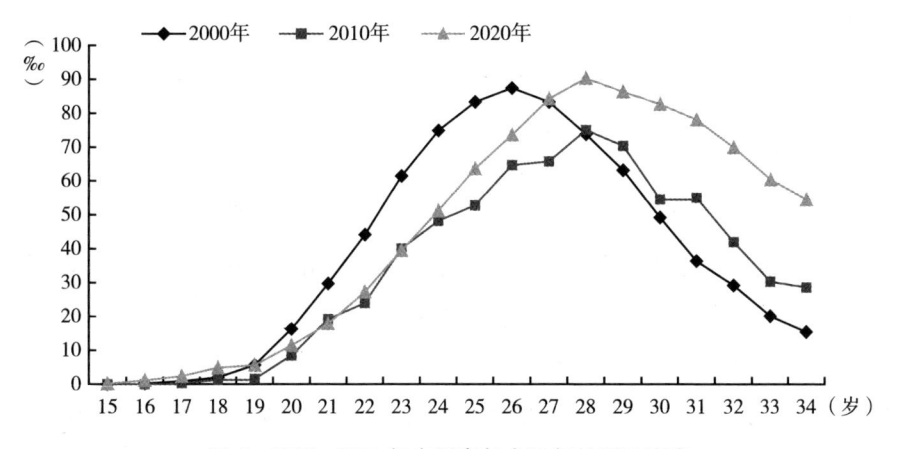

图 6 2000~2020 年广州青年人口年龄别生育率

新十年青年妇女年龄别生育率的主要变化还体现在年龄别一孩、二孩生育率曲线差异上（见图 7）。2020 年一孩生育率曲线基本上在 2010 年之下，低龄（15~20 岁）微升、中高龄普降，差距较小；年龄别二孩生育率普遍提

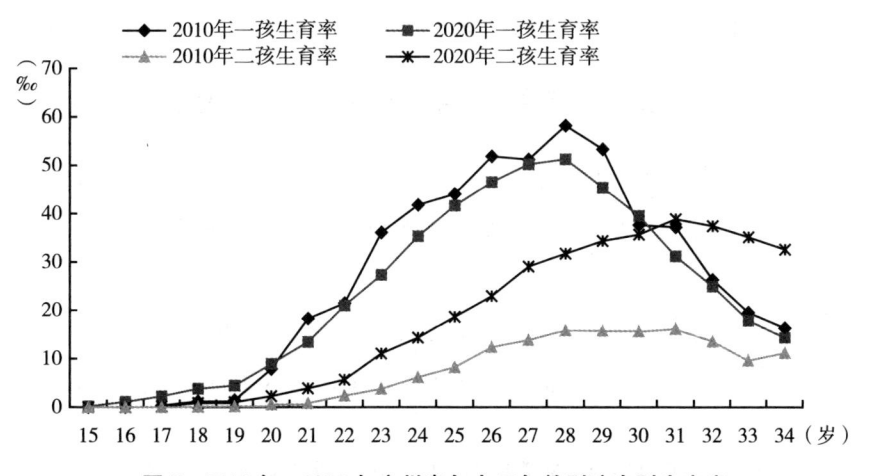

图 7 2010 年、2020 年广州青年人口年龄别孩次别生育率

高，曲线基本上在2010年之上，随年龄增加差距逐渐加大，24岁以后差距加大，特别是30~34岁组差距显著，差值超过20个千分点。2014~2015年实施单独二孩政策、2016~2020年实施全面两孩政策，较多符合条件的大龄妇女生育二孩，新十年较高年龄段妇女二孩生育率变化趋势反映了优化生育政策对提高生育率的影响效果。

（三）青年累计生育率止跌回升

一般生育率易受妇女年龄结构的影响，年龄别生育率是多数值指标，比较生育水平时分别存在偏差较大、不简便直观的缺陷。为此，常采用将年龄别生育率转换为总和生育率或累计生育率的综合指标方法。育龄妇女每一岁生育率之和为总和生育率（TFR），累加之至34岁即为青年妇女累计生育率[①]，综合反映全市育龄妇女生育水平或青年妇女生育水平。四次人口普查数据表明，头十年、前十年广州育龄妇女生育水平持续下滑，TFR从1.82下降到0.82再到0.81，从较低于生育率更替水平（2.1）迅速达到极低水平（≤1.3）并趋于稳定；2020年TFR达到1.14，与2010年相比，升幅为0.33，新十年生育水平止跌回升。广州青年累计生育率为0.92，新十年提升0.24，占TFR的80.58%，为全市育龄妇女生育水平提高做出了贡献（见表17）。但是新十年累计生育率占TFR的比重比2010年降低3.48个百分点，相对贡献减弱，说明青年妇女较多晚育，青年后生育还有潜力可挖。

（四）乡村、镇区青年生育水平明显高于城区，镇区大幅度提升

2014年之前，由于长期实行城乡有别的生育政策，加之城乡经济社会发展的不平衡性，广州育龄妇女生育水平和生育模式存在城乡地区差别，青年妇女也不例外。

2020年，广州城区、镇区、乡村青年妇女累计生育率分别为0.87、1.10、1.22，城区生育水平低于镇区生育水平，镇区生育水平低于乡村生育

[①] 常由千分率转换为个，行文时常省略，便于直观理解平均每位妇女生育孩子数。

水平，而且城区、镇区与乡村的生育水平差异较明显。新十年城乡青年妇女生育水平有不同幅度上升，镇区升幅（0.45）最大，城区升幅（0.22）最小。分城乡青年妇女累计生育率占 TFR 比例有差异，虽然城区小于镇区、乡村，但新十年增幅（7.19%）较大。考虑到城区青年妇女规模庞大，其生育水平上升对全市育龄妇女生育水平提高的贡献较大。

青年妇女分年龄生育率分布形态城乡差异较大。2020 年，虽然生育峰值年龄均在 25~29 岁组，但 20~24 岁组生育率乡村明显高于城区和镇区，25~29 岁、30~34 岁组乡村、镇区接近，二者显著高于城区。2020 年城区年龄别生育率分布形态几乎与全市重合，这符合广州青年人口城区化水平高的特点，城区青年妇女生育主导全市的生育状况。新十年 25~29 岁、30~34 岁组城乡生育率均明显上升，镇区增幅最大。在全市青年妇女总体低生育模式下，乡村的晚育和少育程度低于镇区的，镇区的又低于城区的（见表 17）。

表 17　2020 年广州分城乡青年人口生育率与变化

年份	城乡	15~19 岁（‰）	20~24 岁（‰）	25~29 岁（‰）	30~34 岁（‰）	累计生育率（个）	TFR（个）	占 TFR（%）
2020	合计	3.42	30.39	79.80	69.76	0.92	1.14	80.58
	城区	3.28	27.01	74.03	68.84	0.87	1.08	79.92
	镇区	1.61	39.03	104.97	74.08	1.10	1.33	82.67
	乡村	5.89	52.86	110.64	73.69	1.22	1.45	83.62
比 2010 年增减	合计	2.60	3.49	14.18	27.01	0.24	0.33	-3.48
	城区	2.41	4.46	11.32	26.16	0.22	0.20	7.19
	镇区	0.90	4.35	47.67	37.03	0.45	0.54	0.23
	乡村	5.22	6.69	22.17	27.22	0.31	0.39	-1.82

注：按总和生育率表计算。

七　青年人口流动状况与变化

迁移流动是当代青年重要的人口特征，反映青年社会变迁，也是影响青年人口增长和结构变动的重要因素。人口普查提供居住地与户口登记地所在的乡镇街道不一致且离开户口登记地半年以上的人口，即人户分离的人口。对这部分青年人口的基本状况及其离开户口登记地原因（指居住地与户口登记地不一致的原因）的比较分析，能够清楚地掌握广州青年人口流动的基本特征与变化趋势。

（一）青年流动人口剧增，城区化水平更高

1. 青年流动人口数量大规模增加，占青年人口比例持续增加，占全市流动人口比例降至50%以下

2020年广州青年流动人口为553.81万人，占青年人口的77.62%。青年流动人口比2010年增加207.84万人，占比上升14.96个百分点。相比前十年，青年流动人口大规模增加、增速加快，青年人口流动化程度继续加深。青年流动人口占全市流动人口的48.06%，下降8.22个百分点。2000年以来，青年流动人口每十年的年均增长率明显低于全市流动人口（6.38%、6.48%），占比降幅很大，非青年化趋势延续。其原因之一是（地）区内非青年人户分离人口的更大规模增长、总体人口老龄化不断加深。（见图8、表18）

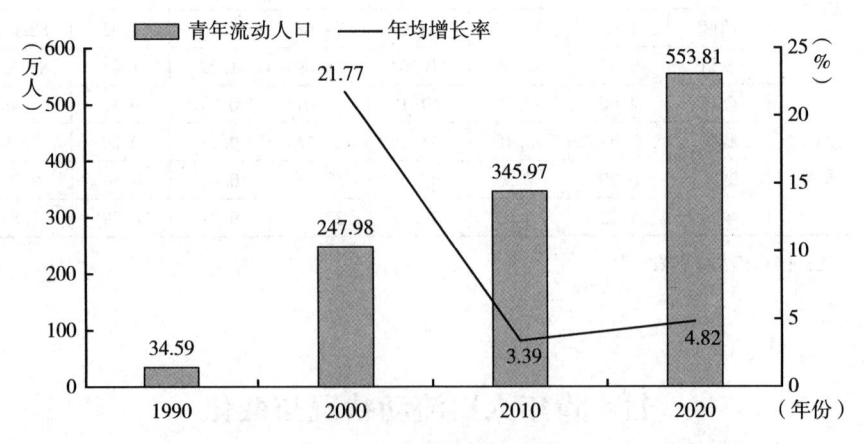

图8 1990~2020年广州青年流动人口数量与年均增长率

表 18　1990~2020 年广州青年流动人口增长与全市比较

指标	1990年（万人,%）	2000年（万人,%）	2010年（万人,%）	2020年（万人,%）	各时期增长量（万人,个百分点）			各时期增长率(%)		
					1990~2000年	2000~2010年	2010~2020年	1990~2000年	2000~2010年	2010~2020年
青年流动人口数量	34.59	247.98	345.97	553.81	213.39	97.99	207.84	616.91	39.52	60.07
占青年人口比例	13.51	52.64	62.66	77.62	39.13	10.02	14.96			
占全市流动人口比例	71.03	74.85	56.28	48.06	3.82	-18.57	-8.22			

2. 绝大部分青年流动人口居住在城区

2020 年，居住在城区、镇区、乡村的青年流动人口分别为 471.75 万人、36.23 万人、45.83 万人，分别占 85.18%、6.54%、8.27%。青年流动人口城镇化率高达 91.72%，高于青年人口城镇化水平（88.20%）。青年流动人口城乡分布存在性别差异，女青年比男青年居住在城区的比例高 1.90 个百分点，居住在镇区、乡村的比例相应下降，其中在乡村的比例低 1.41 个百分点（见表 19）。

表 19　2020 年广州青年流动人口分性别城乡分布

单位：人，%

城乡	青年流动人口数量			性别比	青年流动人口占比		
	合计	男	女		合计	男	女
城区	4717477	2566299	2151178	119.30	85.18	84.33	86.23
镇区	362334	205884	156450	131.60	6.54	6.77	6.27
乡村	458276	271130	187146	144.88	8.27	8.91	7.50
合计	5538087	3043313	2494774	121.99	100.00	100.00	100.00

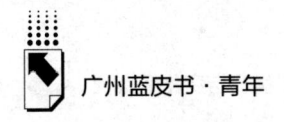

（二）青年流动人口性别比高于青年人口，大龄化程度持续

1. 青年流动人口性别比较高，升幅显著

2020年，广州青年流动人口中，男性304.33万人、女性249.48万人，性别比为121.99，比10年前提高了9.95；比全市青年人口性别比高4.03。2000年以来，青年流动人口男性化趋势显著。青年流动人口性别比的城乡差异很大，2020年乡村高达144.88，比城区高25.58（见表19）。

2020年，青年流动人口分年龄性别结构存在差异，主要表现为20~24岁组的性别比比30~34岁组的低许多。与2010年相比，20~24岁组增幅显著小于其他年龄组。与2000年高年龄性别比远大于低年龄性别比（偏低）的差异相比，2020年分年龄段的性别比普遍较高、差异相对小些（见表20）。

表20　2000~2020年广州青年流动人口分年龄性别比及其变动

年龄组（岁）	性别比			变动情况	
	2000年	2010年	2020年	2000~2010年	2010~2020年
合计	108.20	112.04	121.99	3.84	9.95
15~19	68.78	110.88	125.46	42.10	14.58
20~24	98.98	109.12	112.75	10.14	3.63
25~29	126.35	110.71	121.29	-15.64	10.58
30~34	147.17	119.69	131.14	-27.48	11.45

注：女=100。

2. 青年流动人口快速大龄化

2020年青年流动人口年龄结构的差异体现在最低年龄组与较高年龄组之间，15~19岁组分布最少，其他三个年龄组分布几乎相同，分别超过最低组的一倍。这与2010年、2000年较集中分布于20~24岁、25~29岁组的年龄结构显著不同。15~19岁组青年流动人口占比在前十年较大降幅基础上微降，20~24岁组大幅度降低，30~34岁组大幅上升。与前十年青年流动人口年龄结构趋年轻化相反，新十年青年流动人口年龄结构呈现快速大龄化趋势（见表21）。

与青年人口年龄结构相比，2020年青年流动人口相对年轻些，15~19岁、20~24岁、25~29岁组分别高0.12、1.85、0.31个百分点，30~34岁组低2.27个百分点。这对延缓广州青年人口年龄结构大龄化趋势产生直接影响。

表21 2000年、2010年、2020年广州青年流动人口年龄结构及其变动

年龄组(岁)	比例(%)			变动情况(个百分点)	
	2000年	2010年	2020年	2000~2010年	2010~2020年
合计	100	100	100	0	0
15~19	17.96	14.54	13.89	-3.42	-0.65
20~24	31.49	36.16	28.69	4.67	-7.47
25~29	29.88	27.50	29.08	-2.38	1.58
30~34	20.67	21.80	28.34	1.13	6.54

（三）工作就业为主导、学习培训居第二位的青年人口流动原因

"七人普"的"离开户口登记地原因"分为10种：工作就业、学习培训、随同离开/投亲靠友、拆迁/搬家、寄挂户口、婚姻嫁娶、照料孙子女、为子女就学、养老/康养、其他，与"六人普"相比，原因分类有较大变化。"工作就业"取代"务工经商"和"工作调动"，"随同离开/投亲靠友"取代"随迁家属"和"投靠亲友"，新增"照料孙子女""为子女就学""养老/康养"三种。为保证可比性，2010年数据按2020年原因分类调整。

1. 大部分青年为工作就业流动，其次为学习培训流动

2020年青年流动人口中，因工作就业而发生流动的占比高达71.80%；居第二位的流动原因是学习培训，占比17.06%，两项合计为88.86%。第三到第七位的流动原因依次为拆迁/搬家、其他、随同离开/投亲靠友、婚姻嫁娶、寄挂户口，占比在1%~4%。为子女就学、照料孙子女占比很小。与全市流动人口相比，青年更多因工作就业、学习培训而流动，拆迁/搬家、随同离开/投亲靠友、照料孙子女的原因较弱，因婚姻嫁娶而流动的比例与全市流动人口接近（见表22）。

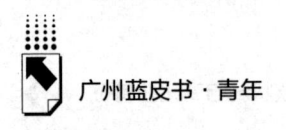

表22 2020年青年人口流动原因与全市人口比较

单位：%

指标	合计	工作就业	学习培训	随同离开/投亲靠友	拆迁/搬家	寄挂户口	婚姻嫁娶	照料孙子女	为子女就学	养老/康养	其他
青年	100.00	71.80	17.06	2.06	3.98	1.21	1.63	0.02	0.15	0.00	2.10
全市	100.00	64.51	10.50	5.69	8.53	1.84	1.68	1.74	0.32	0.83	4.35
差值	0.00	7.28	6.56	-3.63	-4.56	-0.63	-0.06	-1.72	-0.17	-0.83	-2.25

与2010年相比，工作就业、学习培训、拆迁/搬家、寄挂户口的流动原因均略增加1个百分点，随同离开/投亲靠友降幅较大，婚姻嫁娶有所降低（见表23）。

表23 2020年、2010年青年人口流动原因变化

单位：%，个百分点

年份	工作就业	学习培训	随同离开/投亲靠友	拆迁/搬家	寄挂户口	婚姻嫁娶
2020	71.80	17.06	2.06	3.98	1.21	1.63
2010	70.79	15.85	5.77	2.98	0.17	2.31
2020年比2010年增减	1.01	1.21	-3.71	1.00	1.04	-0.68

2. 男青年流动更注重工作就业，女青年流动更多兼顾社会原因

青年人口流动原因存在性别差异。虽然工作就业、学习培训、拆迁/搬家均为男女青年第一位、第二位、第三位的流动原因，但男性工作就业原因显著强于女性，女性学习培训、拆迁/搬家原因则强于男性。女性婚姻嫁娶原因更是明显强于男性（见表24）。

表24 2020年广州青年人口分性别的流动原因与变化

单位：%，个百分点

性别	合计	工作就业	学习培训	随同离开/投亲靠友	拆迁/搬家	寄挂户口	婚姻嫁娶	照料孙子女	为子女就学	养老/康养	其他
男	100.00	74.91	15.97	1.87	3.75	1.12	0.27	0.01	0.09	0.00	2.00
女	100.00	67.99	18.39	2.29	4.25	1.32	3.28	0.04	0.23	0.00	2.21
男-女	0.00	6.92	-2.42	-0.42	-0.50	-0.20	-3.01	-0.03	-0.14	0.00	-0.21

10年间，女性流动原因变化较大，主要表现是学习培训升幅较大、随同离开/投亲靠友和婚姻嫁娶降幅更大。这表明女青年流动追求较多的个人发展（见表25）。

表25 2020年、2010年分性别青年人口流动原因变化

单位：%，个百分点

年份	性别	工作就业	学习培训	随同离开/投亲靠友	拆迁/搬家	寄挂户口	婚姻嫁娶
2020	男	74.91	15.97	1.87	3.75	1.12	0.27
	女	67.99	18.39	2.29	4.25	1.32	3.28
2010	男	74.00	15.64	4.75	2.88	0.16	0.40
	女	67.19	16.07	6.91	3.09	0.17	4.46
2020年比2010年增减	男	0.91	0.33	-2.88	0.87	0.96	-0.13
	女	0.80	2.32	-4.62	1.16	1.15	-1.18

3. 15~19岁组青年的第一流动原因转变为学习培训，其他年龄组工作就业为主，25岁以后拆迁/搬家、婚姻嫁娶较多

人口流动原因与青年生命周期不同阶段即不同年龄组的特定发展任务具有很大相关性，接受初、高中教育的学龄固定，大学教育的学龄也相对集中，就业年龄涉及青年全阶段且与上学呈互补关系、趋向延后。2020年15~19岁组青年以学习培训（62.99%）为第一流动原因、工作就业（25.34%）为第二位流动原因，这与2010年工作就业（45.86%）位居第一、学习培训

(36.01%)位居第二的情况迥然不同;20~24岁组则呈现二者大升—大降的反变趋势,工作就业位居第一、学习培训位居第二的流动原因格局形成。这与越来越多15~19岁组青年异地择校完成初中义务教育、高中教育,以及上大学密切相关。20~24岁组属于大学、研究生学龄,受高校分布和工作就业选择双重影响。25~29岁、30~34岁组因工作就业流动的占比进一步上升且相对稳定;学习培训的占比降至很低,退出第二位原因,让位于拆迁/搬家,同时婚姻嫁娶居第三位流动原因。表明该阶段青年在寻求更好工作的同时,为结婚成家、改善居住环境的流动增多,进而获得安居乐业的生活(见表26)。

表26 2020年广州青年流动人口分年龄的流动原因与变化

单位:%,个百分点

年份	年龄（岁）	工作就业	学习培训	随同离开/投亲靠友	拆迁/搬家	寄挂户口	婚姻嫁娶	其他
2020	15~19	25.34	62.99	4.93	3.25	0.75	0.04	2.54
	20~24	65.81	26.23	1.97	2.83	0.84	0.45	1.81
	25~29	86.21	2.18	1.59	4.20	1.62	2.01	2.09
	30~34	85.84	0.53	1.23	5.27	1.39	3.20	2.16
比2010年增减	15~19	-20.52	26.98	-7.80	0.41	0.56	0.00	0.21
	20~24	2.25	-1.90	-2.21	1.17	0.72	-0.30	0.21
	25~29	1.95	0.88	-3.27	0.92	1.42	-1.82	-0.19
	30~34	3.45	0.16	-3.69	0.40	1.20	-1.30	-0.59

八 总结与建议

(一)新十年青年人口发展状况的主要特征与变化趋势

1. 广州青年人口规模再上新台阶,走出前十年增长低谷,呈现高增长量、较快增速的态势

青年人口持续增长为全市人口持续增长做出了重要贡献,有利于广州保持经济和市场的充足有效需求，有利于广州保持高质量发展的优势劳动力的充裕供给。但新十年青年人口增速低于全市人口增速，因而占全市人口比例延续前十年降势，达到30年最低值，表明青年人口相对规模较快收缩，保持其合理比例面临一定不确定性。

2. 青年人口行政区分布、城乡分布呈现显著的不平衡状态，集散疏密局部改变明显

核心城区青年人口集聚和密度大幅度减弱，部分中心城区、外围城区集聚和密度增强，青年人口城镇化、特别是城区化进程加速。青年人口分布不平衡性及其变化与广州调整完善城区功能、推进产业升级、生态保护的空间布局基本一致。

3. 青年人口性别结构男多女少的不平衡性加剧，年龄结构大龄化加速

性别比升幅显著，低年龄组性别比偏高突出，镇区、乡村青年人口性别比显著高于城区。低年龄组青年人口比例显著偏低，城区、乡村青年人口年龄分布偏向高年龄组。青年人口金字塔转变为底窄、中上部宽的形状。青年人口性别年龄状况变化是在长期出生人口性别年龄结构基础上生育率持续走低、儿童人口比例降低、流动人口年龄性别选择性的综合累积结果。未来青年教育、婚姻、就业的资源配置与区域布局应考虑不同性别、不同年龄的差异性需求。

4. 青年人口教育素质显著提高，高等教育为主的受教育程度结构形成

约45%的青年人口接受大学教育，青年人口的受教育程度构成由中高层级为主转变为高层级为主。广州青年人口平均受教育年限为12.79年，进入大学水平。女青年受教育程度构成优于男青年。反映了新十年广州在普及高中教育的基础上促进了高等教育快速发展，高学历青年人才引进政策效果显著。有利于广州科技创新，经济社会高质量发展。

5. 青年人口以未婚为主、有配偶为辅的总体婚姻状况构成格局、性别差异格局基本稳定，晚婚趋势明显

青年人口总体未婚比例高、有配偶比例低，以及男性比女性未婚比例高、有配偶比例低的稳定格局，与前十年差异扩大化的趋势显著不同。大龄青年

未婚比例显著增加，女性晚婚趋势较男性明显。随着受教育程度的提高，男、女婚姻状况的巨大差异转为趋同。一定程度上反映了低学历男性和高学历女性结婚难的现象。新十年男女离婚比例上升相对加快，这值得引起重视。

6. 青年妇女生育水平显著回升，低生育模式呈现晚育、高峰期加长的态势

青年妇女一般生育率、累计生育率升幅明显，扭转了前十年、头十年的下降趋势。二孩生育率、特别是较高年龄组二孩生育率上升显著。乡村、镇区青年生育水平明显高于城区。青年妇女生育水平止跌回升，为全市育龄妇女生育水平提高，特别是二孩生育率提高做出显著贡献。但是新十年青年累计生育率占总和生育率的比重降低 3.48%，相对贡献减弱，说明青年妇女愈加倾向于晚育，在最佳生育年龄生育有较大潜力可挖。

7. 青年流动人口规模再创新高、增长加快，青年人口流动化程度继续加深；青年流动人口进一步集聚城区；青年流动人口增长与分布的性别年龄差异较大

青年流动人口剧增，占青年人口比例持续增加。绝大部分青年流动人口居住在城区，青年流动人口城镇化率高于青年人口。女青年比男青年更倾向于流向城区。青年流动人口性别比偏高，男性化趋势显著。青年流动人口大龄化加速。青年流动人口是青年人口增长的主要来源，提高了青年人口城镇化水平，拉高了青年人口的性别比，同时减缓了青年人口大龄化趋势。

8. 青年流动原因发生较大变化，工作就业第一、学习培训第二的流动原因趋于增强，流动原因的性别年龄差异加大

青年工作就业、学习培训、拆迁/搬家、寄挂户口的流动原因占比均增加，随同离开/投亲靠友降幅较大，婚姻嫁娶有所降低。男青年流动原因更加高度集中于工作就业，女青年流动更多兼顾学习培训、拆迁/搬家等社会原因。15~19 岁组青年流动原因由工作就业位居第一转变为学习培训位居第一。25 岁以后年龄组因工作就业流动原因进一步上升并相对稳定，同时拆迁/搬家、婚姻嫁娶成为居第二位、第三位的流动原因。这反映出新时代流动青年接受更多教育培训以提高综合素质和就业竞争力，较晚进入劳动力市场，开始职业生涯和安排家庭生活的生命周期变化。

新十年广州青年人口增长与区域分布、性别与年龄结构、教育素质、婚姻状况、生育状况、人口流动状况变化特征具有一定的趋势性意义。这些特征受到改革开放后出生人口队列规模变化、年龄结构持续老龄化、婚姻和生育模式转变及其青年生命周期任务调整、人口流动区域分化等人口因素影响，以及产业结构转型，教育、区域高质量发展新格局等经济社会因素影响。未来这些因素还将发挥作用，同时受持续两年多的全球新冠肺炎疫情大流行等超预期因素的影响，青年人口数量包括青年流动人口数量持续大规模增长面临较大不确定性，结构性特征延续或平稳变化的可能性较大。

（二）青年人口发展面临的主要问题

1. 青年人口性别结构不平衡性加剧

青年总体性别比显著高于全市人口性别比，而且升幅显著；各年龄组性别比普遍偏高，尤其是低年龄组性别比偏高突出；城区人口性别比显著偏高。性别比失衡严重，主要是受长期出生人口性别比偏高堆积效应和占青年人口大多数的青年流动人口性别比偏高的影响。性别比长期偏高容易加剧大龄男青年结婚难的问题，不利于家庭与社会和谐。

2. 大龄未婚问题，特别是男性大龄未婚问题较严重

30~34 岁组的大龄青年 26.22% 未婚，比 2010 年提高 10.53%。30~34 岁组男青年 32.59% 未婚，女青年 18.66% 未婚。受教育程度较低的男性大龄未婚现象严重。高中及以下受教育程度的男性未婚比例比女性高 15 个百分点以上，大学专科男性未婚比例比女性高 8.11 个百分点，大学本科、硕士研究生男性未婚比例比女性的未婚比例分别高 3.36 个百分点、1.43 个百分点。男性大龄青年，特别是较低受教育程度的男性大龄青年结婚难现象比较严重。

3. 城区青年妇女生育水平偏低

虽然城区青年妇女生育水平止跌回升，但 2020 年累计生育率为 0.87，明显低于镇区（1.10）、乡村（1.22）；而且增幅（0.22）最小，明显低于镇区（0.45）、乡村（0.31）。城区青年妇女累计生育率占育龄妇女总和生育率的比重为 79.92%，小于镇区、乡村，贡献率相对不足。对于 25~29 岁、30~34 岁

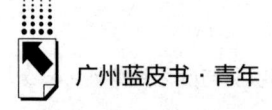

生育旺盛组的年龄别生育率来说，城区妇女均显著低于镇区、乡村。城区青年妇女生育水平偏低，直接与其未婚较多和晚育相关，实质上深受低生育意愿、注重新生活方式、工作竞争激烈和养育成本高的较大影响。

（三）促进青年人口长期均衡与可持续高质量发展的对策建议

1. 加强妇女权益保护，监管、监测、引导、调节地区性别比的变化

政府依据《中华人民共和国妇女权益保障法》，清理规范、实施、评估、监管有关教育、婚姻、就业、卫生健康等领域性别平等政策措施，提升保护妇女合法权益的力度和广度。坚持查处和打击非医学需要鉴定胎儿性别和非医学需要选择性别终止妊娠行为，建立人口性别结构状况的监测机制。在区域经济社会规划中纳入相关性别动态平衡指标。协调人才引进政策、青年政策、性别平等政策和家庭发展政策，鼓励不同性别青年人口资源的合理流动和优化配置，推动区域婚姻市场、劳动力市场平衡、有序发展。

2. 加快培育青年适龄结婚、适龄生育的新婚育文化

积极宣传、学习、落实2021年6月中共中央、国务院印发的《关于优化生育政策 促进人口长期均衡发展的决定》和2021年8月全国人民代表大会常务委员会修订的《中华人民共和国人口与计划生育法》，依法清除教育、就业、居住等领域减损青年婚姻生育自主权的障碍。学校教育应科学引导青少年认知生命历程中婚姻与生育需求的重要价值，营造家庭生活与职业生涯平衡、与时俱进的社会氛围。在人才引进、流动人口落户中加入更多人文关怀元素，创新联谊形式为适龄男女牵线搭桥，促进适龄婚配，解决大龄青年特别是大龄男青年的结婚成家问题，提升城区新青年的幸福感和获得感。

3. 鼓励发展生育服务产业和家庭母婴照护

为实现适度生育水平，发挥三孩生育政策作用，需要探索生育支持与配套政策落地的具体形式。政府主导与市场机制相结合，完善生育服务体系建设。保障青年的基本生育福利，扩大生育服务的有效供给，满足青年群体不同层次的生育服务需要。增加政府投入，整合、优化、扩充卫生健康和托幼服务资源，鼓励有条件的企事业单位、社区、社会组织、家庭开展生育健康、母婴护理、托幼照顾服务。提供津贴或居住、户籍、减税等方面的优惠与便利，鼓励亲属发挥在青年生育抚幼中的代际支持作用。

4.开展广州青年人口发展中长期预测与规划研究

结合国家与地区人口发展战略（中长期发展规划）研究、编制或修订的最新成果，充分开发利用第七次全国人口普查数据，对广州青年人口发展进行中长期预测研究，在此基础上研究编制青年人口发展规划。在未来全国人口总量减少、出生人口增长平稳、人口老龄化加剧的新人口国情背景下，做好有关广州青年人口发展的政策集成。应针对区域分布、性别结构、年龄结构不平衡性，加强引导、服务与管理，并协调青年教育、婚姻、就业、生育等社会政策，提高政策效率，同时充分运用在全国统一大市场形成过程中要素资源自由流动、有效配置的体制机制，促进青年人口长期均衡与可持续高质量发展。

B.3
广州青年高技能人才发展状况及培养路径研究

冯英子 谢碧霞 陈柳茵*

摘 要： 本报告依托2022年4~5月在广州市内开展的实证调查情况，对当前广州青年高技能人才发展现状，包括工作基本情况、技能情况、社会认同及现实需求等进行分析，进而发现其职业成长及培养过程中存在的问题主要为新经济形态较为自由的工作氛围与制造业相对传统的工作模式对青年职业选择形成了较为明显的"推拉效应"；高技能人才培养与企业需求、技术迭代发展等不相匹配，产教融合程度有待提高；高技能人才学历认定的有效衔接不足。未来要通过提升高技能人才的社会认同度、构建产学研用一体化育才模式、探索多元化的用才导向以及加大公共服务的供给力度等途径来加速构建全链条的青年高技能人才培养体系。

关键词： 青年 高技能人才 培养路径

一 前言

（一）研究意义

2022年4月27日，习近平总书记在致首届大国工匠创新交流大会的贺

---
* 冯英子，广州市团校讲师，主要研究方向为青年发展；谢碧霞，广州市团校副教授，主要研究方向为青年政策；陈柳茵，广州市团校研究实习员，主要研究方向为社会工作。

信中指出,"技术工人队伍是支撑中国制造、中国创造的重要力量","各级党委和政府要深化产业工人队伍建设改革,重视发挥技术工人队伍作用,使他们的创新才智充分涌流"。早在"十一五"期间,国务院就颁发了《高技能人才培养体系建设"十一五"规划纲要(2006年—2010年)》,要求从国家经济发展战略出发,从生产力发展的客观规律出发,大力加强高技能人才队伍建设,促进职业培训事业发展,多渠道、多形式地培养大批适应现代化生产和建设需要的高技能人才。

2021年,"建设青年创新型城市"明确写入广州"十四五"规划纲要,纲要中专条体现"促进青年加快成长成才"重要项目。2022年,广州市《政府工作报告》中首次提出"坚持产业第一、制造业立市"。要推动产业高质量发展、制造业转型升级,离不开"人"这个关键性要素,尤其是高技能人才作为城市创新、产业创新中当仁不让的战略人才资源,广州应当致力于培养其更好地成长成才,解决他们的"急难愁盼"问题。本报告旨在针对高技能人才的技能水平、职业发展、迫切需求等内容开展摸底调查,从而提出适切的培养路径建议。

(二)研究对象概念界定

1. 目前常用的高技能人才概念

根据中共中央组织部、人力资源和社会保障部联合印发的《高技能人才队伍建设中长期规划(2010—2020年)》,高技能人才是"指具有高超技艺和精湛技能,能够进行创造性劳动,并对社会做出贡献的人,主要包括技能劳动者中取得高级技工、技师和高级技师职业资格的人员"。由于我国的技能人才仍然主要存在于第二产业岗位,是生产一线、工作现场或基层部门的实用型人才,我们应当在这样的层面上理解高级技能人才,才能准确地界定当前高级技能人才的概念。[①] 综合已有研究成果,高级技能人才一般是指经过专门培养和训练掌握了当代较高水平的应用技术、技能和理论知识,

---

① 高存艳:《高级技能人才概念释义》,《现代技能开发》2003年第4期,第5~6页。

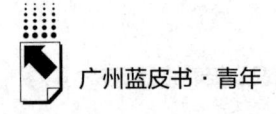

并具有创造性能力和独立解决关键性问题能力的高素质劳动者。

2. 本报告的高技能人才概念界定

本报告结合政策文本、学界研究、现实情况，将广州青年高技能人才定义为：35岁以下，在广州居住或工作半年以上，取得高级技师（一级工）、技师（二级工）、高级工（三级工）职业资格或职业技能等级证书的人员，也包括具有相应能力的人员（如在企业中从事高技能岗位但并未取得证书的人员）。

（三）调研基本情况

结合《中国制造2025》划定的十大重点领域及2022年广州市政府工作报告中提到"构建现代产业体系"当中的五大新兴支柱产业，课题组在抽样时将样本框置于新一代信息技术产业、高档数控机床和机器人、航空航天装备、海洋工程装备及高技术船舶、先进轨道交通装备、节能与新能源汽车、电力装备、农机装备、生物医药及高性能医疗器械、数字创意、新材料与精细化工11个行业之内，再进行分层抽样，每个行业中抽取1~2家企业，同时兼顾国有、合资、民营企业，共计派发3000份问卷，回收有效问卷2855份，有效回收率为95.1%。课题组赴广州市人力资源和社会保障局、广州市总工会开展工作座谈会，了解广州市高技能人才总体情况；赴7家企业召开多场企业座谈会，收集到反映一线真实情况的丰富素材。

经统计分析，样本特征表现为：性别比上，男女比例差异大，约为95比5；群体年龄年轻化，平均年龄为26.90岁；政治面貌方面，中共党员占比4.17%，有32.29%的受访者为共青团员，六成受访者为群众；从户籍地来看，近五成受访者为广州本地人，八成以上为省内户籍，广州市户籍占比超过一半，相比广州在职青年中本地户籍的占比（60.00%）[①] 略低一些；53.77%的受访者为高中、中专、技校类学历，36.74%的为大专学历，8.48%的为本科学历，学历背景符合当前就业市场上企业对技术工人、高技能人才招聘的实际情况，样本具有代表性（见表1）。

---

① 涂敏霞、杨成主编《广州青年发展报告（2021）》，社会科学文献出版社，2021。

表1 样本基本情况（$N=2855$）

项目	类别	频数(份)	占比(%)
性别	男	2705	94.75
	女	150	5.25
政治面貌	中共党员(含预备党员)	119	4.17
	共青团员	922	32.29
	其他民主党派人士	3	0.11
	群众	1811	63.43
户口所在地	广州本地户籍	1413	49.49
	广州市外珠三角地区户籍	121	4.24
	除珠三角地区外的广东省内户籍	762	26.69
	广东省外户籍	559	19.58
受教育程度	小学及以下	1	0.04
	初中	6	0.21
	高中、中专、技校等	1535	53.77
	大专	1049	36.74
	本科	242	8.48
	本科以上	22	0.77
年龄	年龄介于17~35岁，平均年龄26.90岁		

二 广州青年高技能人才成长发展现状

（一）工作基本情况

1. 工作年限与时长：受访青年从事本工作年限平均为5.39年，平均每周工作5.53天，每天工作时间为8.60小时

数据显示，受访的广州青年高技能人才从事本工作年限平均为5.39年。工作年限与技能人才的技能等级存在关联，根据广州市人力资源和社会保障局职业技能鉴定的相关公告，目前高级工（三级工）资格有多种条件报考，既可以凭借积累工作年限来达到报考条件（在本职业连续工作6年），还可以

通过参加系统培训获得结业证书为凭证来报考（经本职业高级正规培训达到规定标准学时数），还有技工院校对口专业的学生毕业后工作1~2年即符合报考条件。如需获得技师（二级工）、高级技师（一级工）等级资格证书则需要更多职业年限和工作成果的积累。由此可见，培养1名高技能人才需要时间、培训资源等成本的投入，是一个专业化、职业化、长期性、系统性的工程。

在每周工作天数方面，受访青年的平均工作天数为5.53天，其中，占比最高的是每周工作6天，为53.45%，其次是工作5天，占比为43.92%，每周工作7天、4天及以下的占比较低，分别为1.44%、1.19%。超过五成（54.89%）的调查对象每周工作时间在6天以上。此外，调查还显示高技能人才每天平均工作时长为8.6小时。结合每周工作天数、每天工作时长，可以推断出调查对象的工作时间较长，加班较多。根据《广州青年发展报告（2021）》调查显示①，61.3%的广州青年每周工作5天，35.6%的广州青年每周工作超过6天，可见青年高技能人才与广州青年整体相比，日常工作强度偏大、身体消耗多。结合访谈来看，除了在生产旺季需要赶工之外，还有部分青年是"主动加班"，几位受访青年谈道："反正回到宿舍也没有事情做，多加班可以拿加班工资，现在加班工资给的比较多。"由此可见，在一定的经济利益驱动下，青年人有主动加班的意愿，但同时用人单位如果为追求利润而过于"激励"青年加班，容易对他们身心健康、社会参与带来负面影响。

2. 工资收入：平均年收入集中在5万~15万元，与广州市平均工资水平基本持平，影响工资水平的主要因素是职务、技能等级和工作绩效，超过七成受访青年每月收支平衡或有盈余

调查显示，42.56%的受访青年收入为5万~10万元，37.16%的受访青年收入为10万~15万元，15万元以上的占比为8.93%。综合来看，近八成受访青年的年均税后工资（扣除"五险一金"后，含奖金、绩效等）集中在5万~15万元；有46.09%的受访青年全年税后工资在10万元以上。根据广州市

---

① 孙慧、冯英子：《广州青年就业发展状况研究》，载涂敏霞、杨成主编《广州青年发展报告（2021）》，社会科学文献出版社，2021。

统计局 2021 年 6 月发布的调查数据显示，2020 年广州市在岗职工年平均工资（税前工资）为 135138 元。综合来看，当前青年高技能人才的平均工资和广州市平均工资水平基本持平。从行业上来看，生物医药及高性能医疗器械、海洋工程装备及高技术船舶行业、电力装备、新材料与精细化工的收入整体相对较高，5 万~15 万元的比例分别为 84.72%、84.62%、84.16%、83.33%；收入较低的行业是轨道交通装备，5 万~15 万元的比例仅为 67.09%。

值得注意的是，受访者普遍认为，在企业里，职务/岗位是影响工资水平的最重要因素，综合得分为 4.11 分（最高分 5 分，得分越高说明越重要），而非技能等级（3.81 分）。关于影响工资水平的最重要因素的受选比例则更加明显，高达 25.46% 的受访青年认为职务/岗位是最重要因素，仅 8.83% 的受访者认为技能等级是最重要因素；除此之外，工作绩效（19.33%）、学历（13.35%）、工作资历（12.12%）也是较为重要的影响因素；同类人员市场工资水平受选比例非常低，仅为 2.56%（见表 2）。

表 2　影响工资水平的因素

选项	平均综合得分（分）	最重要因素（受选比例%）
职务/岗位	4.11	25.46
技能等级	3.81	8.83
工作绩效	3.80	19.33
工作资历	3.61	12.12
学历	3.23	13.35
工作贡献	2.69	7.64
领导满意度	1.98	10.47
同类人员市场工资水平	0.70	2.56
其他	0.06	0.25

注：平均综合得分是根据所有填写者对选项的排序情况计算得出的，它反映了选项的综合排名情况，得分越高表示综合排序越靠前。计算方法为：选项平均综合得分 =（Σ 频数×权值）/本题填写人次。

进一步分析发现，职务/岗位和工资水平存在显著相关关系（r=0.191，p<0.01）。一线工人工资主要集中在 5 万~10 万元，占比为 46.13%，10

万~15万元的为37.03%，1万~5万元的为12.72%，15万元以上的仅占4.11%。工段长/小组长/班长的收入主要集中在10万~15万元，占比为39.84%，其次是15万元以上，占比为37.91%；5万~10万元、1万~5万元的占比分别为19.23%和3.02%。通过数据对比我们可以发现，工段长/小组长/班长的收入与其他岗位的收入相比是较高的，收入在10万元以上的占比达到77.75%（见表3）。

表3 职务/岗位与工资水平

单位：%

职务/岗位	1万~5万元	5万~10万元	10万~15万元	15万元以上	F
一线工人	12.72	46.13	37.03	4.11	
工段长/小组长/班长	3.02	19.23	39.84	37.91	
车间主任/主管	4.00	28.00	36.00	32.00	0.191**
厂长/经理	33.33	0.00	33.33	33.33	
其他	8.77	49.12	26.32	15.79	

注：** 表示 $p<0.01$。

结合访谈，部分受访青年提道："虽然已经获得了高级工资格证书，但还未被聘用到相应级别的岗位；工资也没有得到提升，而仅仅是给予一次性的奖励/补贴。"说明当前青年高技能人才的工资水准还没有较为稳定、统一的等级核定标准，受企业内部的分配政策、用人政策影响较大。

调查显示，超过7成受访青年每月收支平衡或有盈余，其中，49.11%的调查对象有盈余，收支平衡的占比为26.94%，入不敷出的占比为23.96%。结合高技能人才的年收入状况来看，超过5成的受访青年的收入未达到10万元，入不敷出的受访青年超过2成。由此可见，高技能人才也是坚持量入为出的消费观，根据自身收入水平决定消费能力，提前做好收支筹划（见图1）。

3. 工作岗位：超过八成的受访青年为一线工人，参与单位新品开发或技术改造的仅占少数

在本次调研中，84.27%的受访青年为一线工人，担当一定职务的人仅

图1 每月盈余状况

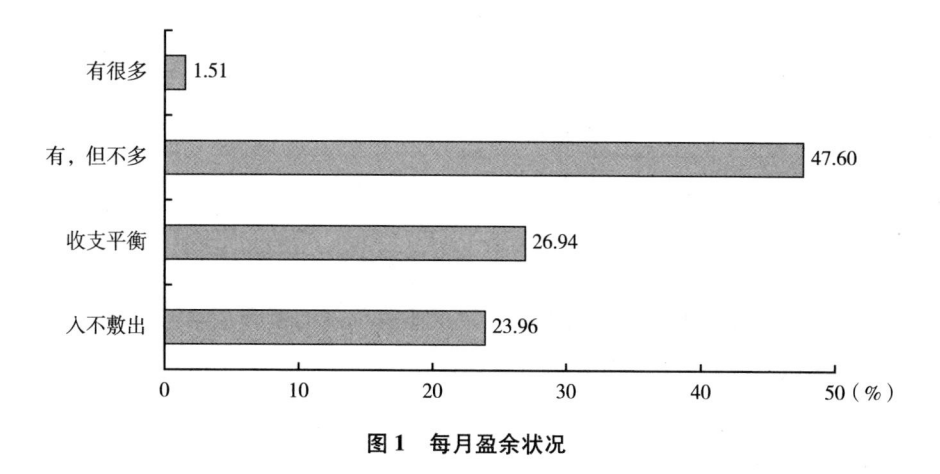

类别	比例(%)
有很多	1.51
有，但不多	47.60
收支平衡	26.94
入不敷出	23.96

占15.73%。其中担当工段长/小组长/班长的为12.75%，厂长/经理占比为0.11%，其他占2%。85.39%的受访青年并未参与单位新品开发或技术改造，不愿意参与的仅占1.26%。参与单位新品开发或技术改造的占比为13.39%，其中参与并担任主要成员的占比为2.59%。

进一步分析发现，89.65%的一线工人并未参与单位新品开发或技术改造；8.93%的一线工人可以参与新品开发或技术改造，其中参与的占比为7.11%，参与并担任主要成员的占比为1.83%。1.41%的一线工人并不愿意参与。

在创新参与或参与并担任主要成员方面，厂长/经理的参与度最高，其后依次是车间主任/主管、工段长/小组长/班长。由此可见，担任的职务越高，在新品开发或技术改造的参与度越高（见表4）。

表4 职务、创新参与情况交叉情况

单位：%

职务/岗位	参与并担任主要成员	参与	未参与	不愿意参与
一线工人	1.83	7.11	89.65	1.41
工段长/小组长/班长	5.22	27.20	67.03	0.55
车间主任/主管	20.00	44.00	36.00	0.00

续表

职务/岗位	参与并担任主要成员	参与	未参与	不愿意参与
厂长/经理	33.33	33.33	33.33	0.00
其他	8.77	43.86	47.37	0.00

4. 晋升通道：近八成受访青年表示企业有正常的晋升技术等级制度，但仅超过五成的受访青年认为该制度行之有效

调研数据显示，将近 8 成（79.40%）的受访青年表示企业有正常晋升技术等级制度，其中 53.31% 的受访青年认为该晋升制度是行之有效的，26.09% 的受访青年认为尽管有制度，但效果不佳。12.86% 的受访青年认为不好评价，没有的仅占 7.74%。因此，绝大多数企业都有正常的晋升技术等级制度并发挥了正向的作用（见图 2）。

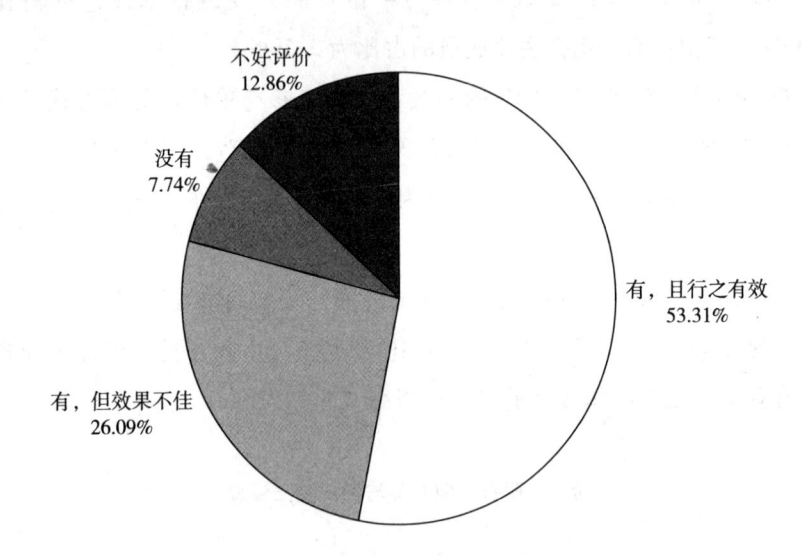

图 2　企业是否有正常晋升技术等级制度

通过把所在企业性质及企业是否有正常晋升技术等级制度进行交叉分析发现，混合所有制企业的晋升技术等级制度满意度最高，60.66% 的调查对象认为是行之有效的，其后依次是国有或国有控股企业、私有/民营或私有/民营控股企业，占比分别为49.27%、50.00%。集体所有或集体控股企业的占比最低，为41.58%，与满意度最高的混合所有制企业相比，相差将近20个百分点（见表5）。

表5 所在企业性质、是否有正常晋升技术等级制度交叉情况

单位：%

企业性质	有,且行之有效	有,但效果不佳	没有	不好评价
国有或国有控股	49.27	34.02	6.45	10.26
集体所有或集体控股	41.58	29.70	19.80	8.91
私有/民营或私有/民营控股	50.00	29.55	6.82	13.64
外资所有或外资控股	45.51	29.21	12.36	12.92
混合所有制	60.66	22.09	4.99	12.26
不知道	36.84	20.61	16.67	25.88

（二）技能学习及职业发展

1. 近五成受访青年通过企业自评取得技术等级，技能类型以现场技能型为主

调研显示，将近5成的受访青年通过企业自主评价进行职称评定，通过政府人社部门、社会机构/团体鉴定的均超过2成（见图3）。其中技能类型属于现场技能型（产品安装、调试、维修等）的占比为35.03%，技术技能型（产品装配、调试、验收等）的占比为27.01%，技艺技能型（对运输、生产设备操作以及直接对物品进行加工）的占比为24.03%，综合技能型（单件生产、产品开发、研制过程中加工、组装、改进）仅占13.94%。而根据企业访谈，许多管理者都谈到"现在最需要、最紧缺的就是复合型技工，以及生产线的维护技工。"

根据在广州市人力资源和社会保障局的访谈，课题组了解到按照国家人社部门的部署，2021年起，部分职业技能评价不再由人社部门进行职业技能等级认定，改为由社会化机构进行等级认定。市人社局从2021年开始就持续推动广州市企业职业技能等级认定工作，2021年12月刚公布的第六批

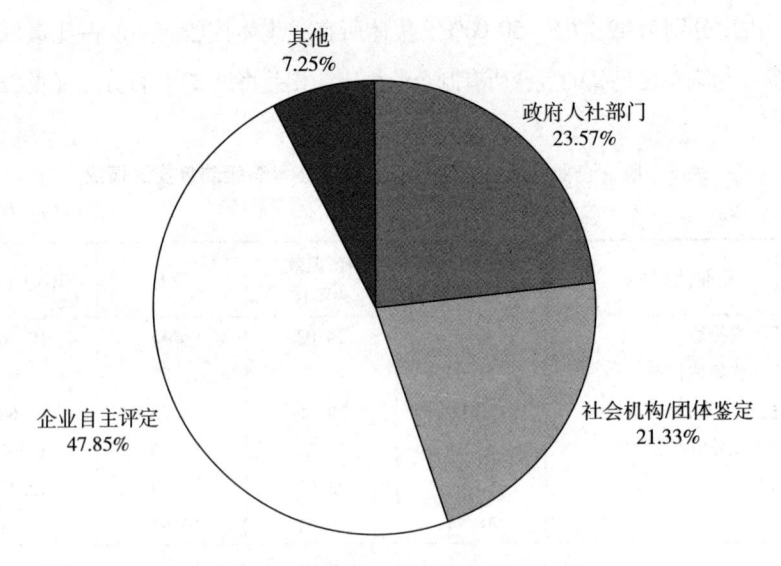

图3 青年获得技能等级证书的渠道

企业职业技能等级认定机构就囊括了广州丰田汽车特约维修有限公司等30家企业，通过各种渠道发动的各类企业和相关机构约200家，涉及建筑业、制造业、信息化产业、制药业、港口交通、城市排水、金融电子等各行业企业机构。由此可见，向市场、企业释放更多活力和权限，将大大有助于青年人才的技能成长。

2.受访青年普遍认为熟练的操作技能是最重要的能力，仅五成受访者认为现有知识和技能满足工作要求

调查显示，受访青年认为当前高技能人才重要的能力主要是熟练的操作技能（累计占比为69.57%）、创新思维与能力（累计占比为58.94%）、学习能力（累计占比为43.96%）、掌握跨领域的专业知识（累计占比为39.89%）等。具体来看，53.98%的受访者认为高技能人才首要能力，即第一重要的能力是熟练的操作技能，14.40%的受访者认为创新思维与能力是最重要的；第二重要的能力中，24.83%的受访者选择了掌握跨领域的专业知识，24.27%的受访者选择了创新思维与能力；第三重要的能力中，创新思维与能力（20.07%）、综合处理各种信息的能力（17.76%）、学习能力（16.78%）受选比例较高（见表6）。

表6 高技能人才重要的能力

单位：%

选项	第一重要	第二重要	第三重要
熟练的操作技能	53.98	7.95	7.64
创新思维与能力	14.40	24.27	20.07
学习能力	9.84	17.34	16.78
掌握跨领域的专业知识	9.14	24.83	5.92
综合处理各种信息的能力	3.64	10.54	17.76
良好的人际关系处理能力	3.22	4.97	11.49
了解国内外技术前沿问题	2.52	5.64	10.68
整合资源能力	1.19	2.49	5.88
高超的创造能力	1.89	1.93	3.75
其他	0.18	0.04	0.04

综合来看，42.8%的受访者认为自己现有的知识和技能可以满足工作的要求；12.99%的受访者表示完全可以满足，有22.49%的受访者表现得对自身能力不那么自信，认为说不准，体现出相当一部分的青年人对自我的能力在职场上的等级水平缺乏清晰的认知，在职业规划上容易呈现迷茫、无力的状态，如得不到有效的指导，则极可能演变为"躺平"的工作和生活态度。同时，还有21.71%的受访者直接表示自己的能力无法满足岗位工作要求，结合访谈可知，出于学历背景、人才竞争及所在企业性质等主客观因素的不同，部分青年技术工人接触不到优质的培训资源、学习平台，职业发展空间狭窄，无法在自身能力提升、职业发展上获得充足的支持，这一痛点在中小型私营企业中更为突出。访谈中，还有一些企业管理者谈道："现在的孩子家庭条件比较好，可能不如以前的工人愿意吃苦，拿着一份稳定的工资，就满足于现状。如果想在职业技能上有长足的进步，个人的努力也非常重要。"

3."学徒制"是青年高技能人才获得技能的最重要渠道，亦是最有效渠道

调查显示，受访者认为所拥有技能主要来自师傅带徒弟（51.03%）、技

术培训（19.37%）以及自我学习（19.19%）。同时，受访者也同样认为获得技能的最好模式是岗位学习，"师傅带徒弟"（54.08%）；其后依次是在生产一线集中培训（18.49%）、短期脱产培养（10.40%）和单位组织集中授课（10.05%）（见图4）。

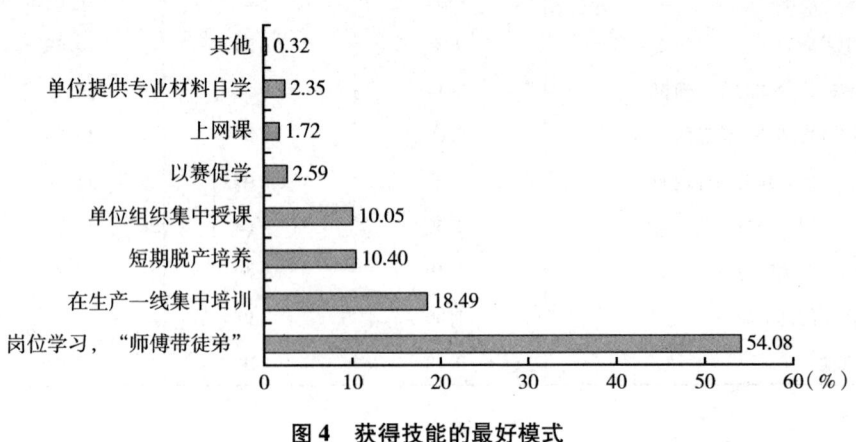

模式	比例(%)
其他	0.32
单位提供专业材料自学	2.35
上网课	1.72
以赛促学	2.59
单位组织集中授课	10.05
短期脱产培养	10.40
在生产一线集中培训	18.49
岗位学习，"师傅带徒弟"	54.08

图4 获得技能的最好模式

2021年人力资源和社会保障部联合多部门印发《关于全面推行中国特色企业新型学徒制加强技能人才培养的指导意见》，要求以产教融合、校企合作为重要手段，面向企业全面推行新型学徒制培训，进一步扩大技能人才培养规模。随之广东省将新型学徒制培训作为深入实施职业技能提升行动、提高技能人才培养质量的重要措施在全省全面推行实施，2019~2021年，广东省新型学徒制累计备案培训约13.4万人次。2022年4月，广东省人力资源和社会保障厅等多部门下发《关于全面推行中国特色企业新型学徒制加强技能人才培养的通知》，培养主体责任由企业承担，企业与技工院校、职业院校、职业培训机构、公共实训基地等教育培训机构采取企校双师带徒、工学交替等模式共同培养学徒。综上所述，"学徒制"推动青年技术工人快速成长，从过去、现在乃至未来在高技能人才培养中都是重要路径。

4.受访青年参加培训的动机来自领导支持、职业追求，获取专业领域信息的主要渠道是参加专业培训及互联网

数据显示，超过五成的调查对象认为领导的支持和鼓励是促进自己参加学习培训的积极因素，可见上级的支持和同意，能让调查对象更投入地参加培训。排名第二位、第三位的积极因素为对提升技术的职业追求、职位晋升的需求，分别占47.74%和41.12%（见图5）。

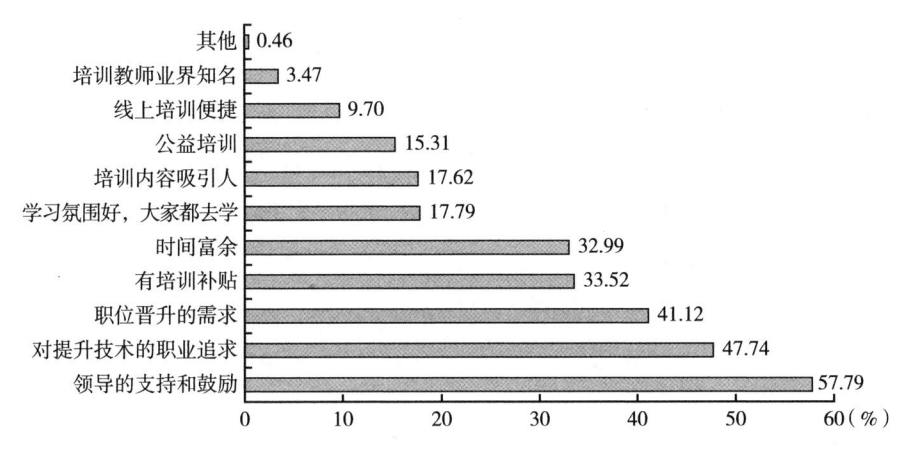

因素	百分比
其他	0.46
培训教师业界知名	3.47
线上培训便捷	9.70
公益培训	15.31
培训内容吸引人	17.62
学习氛围好，大家都去学	17.79
时间富余	32.99
有培训补贴	33.52
职位晋升的需求	41.12
对提升技术的职业追求	47.74
领导的支持和鼓励	57.79

图5 促进青年参加培训学习的积极因素

超过五成（53.73%）的调查对象认为专业培训是获取专业领域信息的主要渠道，其后依次是互联网和学术或技能交流，分别占47.36%和45.60%。由此可见，在互联网时代，互联网已经成为仅次于专业培训的获取专业领域信息的重要手段（见图6）。

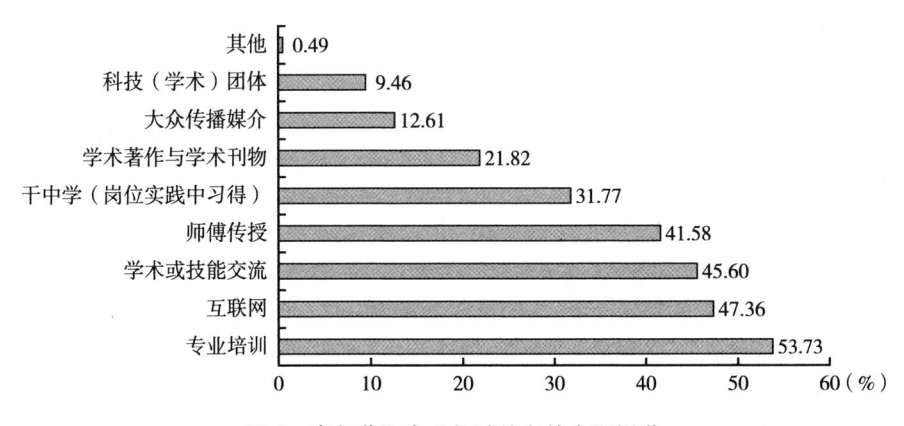

渠道	百分比
其他	0.49
科技（学术）团体	9.46
大众传播媒介	12.61
学术著作与学术刊物	21.82
干中学（岗位实践中习得）	31.77
师傅传授	41.58
学术或技能交流	45.60
互联网	47.36
专业培训	53.73

图6 青年获取专业领域信息的主要渠道

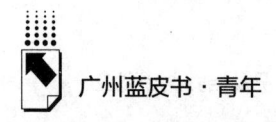

5. 广州青年高技能人才技能学习意愿强烈，认可技能学习对职业发展的作用，关注跨工种的技术交流，对职业前景总体上富有信心，但也有对新技术冲击替代人工的担忧

课题组具体测量了广州青年高技能人才的技能学习意愿、对技能的态度和认知、对新技术的看法、对职业发展前景的看法等内容。按照受选比例从高到低来看，73.03%的受访青年有强烈的学习知识、提升技能的意愿；57.37%的受访青年表示技能水平/等级是与自己的薪资/绩效/奖金提升密切相关的；55.24%的受访青年认为技能水平提升与职位晋升密切相关；51.73%的受访青年对职业发展前景充满信心；50.75%的受访青年觉得自己的专业在当前岗位能够充分发挥；有51.49%的受访青年认为跨工种的技术交流对提升/创新技术有非常重要的作用；42.38%的受访青年认同单位中跨工种的技术交流非常顺畅；49.14%的受访青年认为单位能够注意到自己的出色表现，给予了充分施展才华的空间；39.58%的受访青年认为目前的薪酬水平与之付出的劳动非常匹配；38.67%的受访青年认为自己很了解广州市对高技能人才的各类政策；有36.05%的受访青年担心新技术、新机器的应用会影响生计（见表7）。

表7 广州青年高技能人才技能认知

单位：%

选项	极不符合	较不符合	中立	比较符合	非常符合
我非常想学习知识、提升技能	1.23	1.37	24.38	34.85	38.18
我的薪酬水平与劳动付出非常匹配	4.03	12.26	44.13	25.92	13.66
我的专业在当前岗位能够充分发挥	3.57	6.97	38.70	30.61	20.14
参与培训和学习显著提升我的工作效率	1.16	2.94	32.71	37.93	25.25
技能水平/等级与我的薪资/绩效/奖金提升密切相关	2.45	4.90	35.27	32.57	24.80
我的技能水平提升与职位晋升密切相关	2.52	5.18	37.06	32.82	22.42
比赛获奖/创新成果与我的薪资/绩效/奖金密切相关	2.45	4.17	38.60	32.78	22.00
单位能够注意到我的出色表现，给予了我充分施展才华的空间	2.73	5.18	42.94	30.33	18.81

续表

选项	极不符合	较不符合	中立	比较符合	非常符合
单位中跨工种的技术交流非常顺畅	2.94	6.80	47.88	27.53	14.85
跨工种的技术交流对提升/创新技术有非常重要的作用	2.00	3.75	42.77	32.82	18.67
我对职业发展前景充满信心	2.73	5.08	40.46	31.94	19.79
我很了解广州市对高技能人才的各类政策	4.76	10.12	46.44	24.48	14.19
我担心新技术、新机器的应用会影响我的生计	3.82	7.18	52.96	22.14	13.91

综上所述，未来在推动青年高技能人才之间跨工种的技术交流上要持续下功夫，在相关高技能人才的政策宣导上要扩大覆盖范围，不断完善技能人才的培养体系，加大力度培养能够适应新技术变革的复合型技术工人。

6. 行业忠诚度较高，七成以上受访青年表示近一年内不考虑转行，仅两成受访青年表示新兴行业对自己有吸引力

调查显示，有82.28%的受访青年表示近一年不考虑转行，呈现对行业较高的忠诚度，这与去年本课题组开展的普通产业工人调研情况有一定差异，说明随着技能水平的提升，技术工人更愿意留在现有行业发展。当前，我国的新就业形态蓬勃发展，各种灵活的就业模式吸纳了许多劳动力。根据国家统计局今年上半年发布的数据，灵活就业人员已达到约2亿人。值得注意的是，中国当前就业人口为7.5亿人，这意味着，灵活就业人口占总就业人口的26.67%。本次调查也了解了高技能人才对新兴行业的态度，有25.74%的受访青年认为新兴行业（如网约车司机、外卖员、网络主播）很有吸引力，原因主要是工资高（58.91%）、工作时间自由（47.76%）、工作环境好（47.48%）、付出与收入成正比（31.70%）（见图7）。

7. 受访青年对未来的担忧主要为年龄大了体力跟不上、工资涨幅低以及自动化变革淘汰人工岗位，最期待提高薪酬待遇

调查显示，高达67.29%的受访青年对自己年纪大了之后，体力跟不上

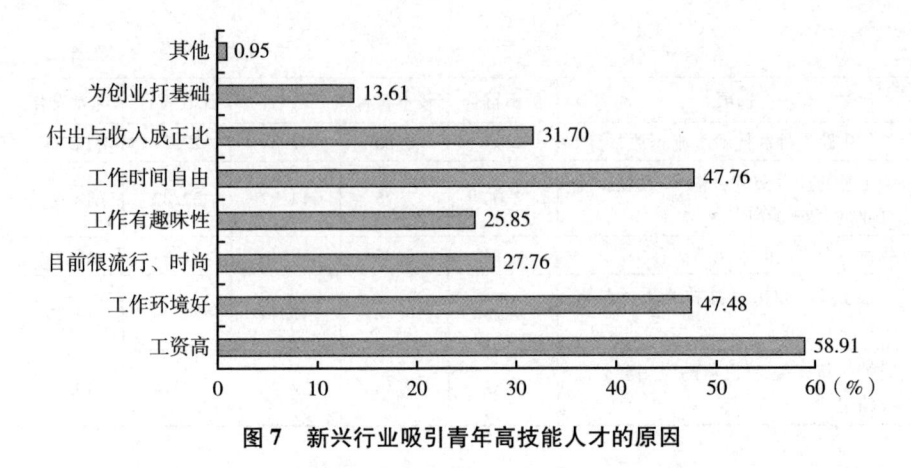

其他	0.95
为创业打基础	13.61
付出与收入成正比	31.70
工作时间自由	47.76
工作有趣味性	25.85
目前很流行、时尚	27.76
工作环境好	47.48
工资高	58.91

图7　新兴行业吸引青年高技能人才的原因

岗位工作强度表示了担忧，65.11%的受访青年觉得工作压力不断增大，但工资的上涨幅度太慢，并不尽如人意；还有48.27%的受访者担忧自动化生产的变革会淘汰越来越多的人工岗位；33.52%的受访者认为新技能、技术的快速发展带来的挑战很难应对；有24.73%的受访者表示看不到晋升的空间。在访谈中，许多青年高技能人才谈到人工智能、新技术的发展虽然会对个人职业发展有一定冲击，但这是产业升级的必由之路，还是要"化压力为动力"，学习、掌握更多技能，成为复合型人才、专业性人才，主动作为来适应行业发展的步伐。

当问及"在职业发展方面，期待获得什么帮助"时，受访青年认为排在第一位的依次是提高薪酬待遇（54.40%），多举行专业技能培训（32.08%），智能化、新科技的学习机会（4.76%）；排在第二位的依次是提高薪酬待遇（27.25%），劳动权益获得切实保障（25.35%），智能化、新科技的学习机会（16.84%）；排在第三位的依次是劳动权益获得切实保障（26.36%），拓宽产业工人职业发展路径（22.16%），智能化、新科技的学习机会（21.79%）（见图8）。综合来看，提高薪酬待遇是高技能人才最期望的，累计占比为88.14%；第二是劳动权益获得切实保障，累计占比为56.25%；第三是多举行专业技能培训，累计占比为52.42%。

图8 职业发展方面想获得的帮助

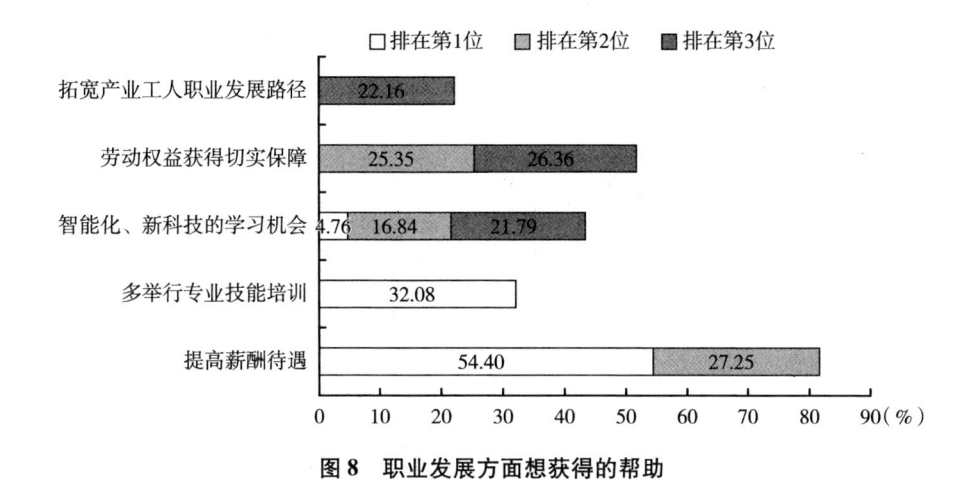

项目	排在第1位	排在第2位	排在第3位
拓宽产业工人职业发展路径			22.16
劳动权益获得切实保障		25.35	26.36
智能化、新科技的学习机会	4.76	16.84	21.79
多举行专业技能培训	32.08		
提高薪酬待遇	54.40	27.25	

8. 关于"工匠精神"的理解高频关键词是勤恳、精益求精、创新、敬业

"执着专注、精益求精、一丝不苟、追求卓越。"2020年11月在全国劳动模范和先进工作者表彰大会上,习近平总书记高度概括了工匠精神的深刻内涵。2021年9月,党中央批准了中央宣传部梳理的第一批纳入中国共产党人精神谱系的伟大精神,工匠精神被纳入其中。

精神,是人才发展的内驱动力。课题组调研了广州青年高技能人才对工匠精神内核的理解,数据显示,受访青年普遍认为"工匠精神"内核应当包括勤恳(68.58%)、精益求精(64.74%)、创新(64.03%)、敬业(63.05%)(见图9)。有55.55%的受访青年认为在全行业涵养工匠精神的关键因素是企业要优化晋升路径,鼓励高技能人才可以更专注于技术研习和提升,才能培养出工匠气质,企业是高技能人才的工作场所和成长平台,受访青年最希望能通过企业内部涵养工匠精神,只有获得企业的支持,才能让他们在这方面付出更大的努力。22.17%的受访青年认为全社会要倡导形成尊重工匠的良好氛围,在访谈中,多个知名企业团委书记提道:"我们现在会推出一些劳动模范、青年工匠的宣传物料,例如宣传海报、宣传片等在产品门店展出、播放,就是凸显技术工人的贡献度,打造一些明星工匠,吸引更多青年技术工人向他们学习。"

第三主体是政府,8.62%的受访青年认为政府应加强对培养工匠精神的相关政策设计。

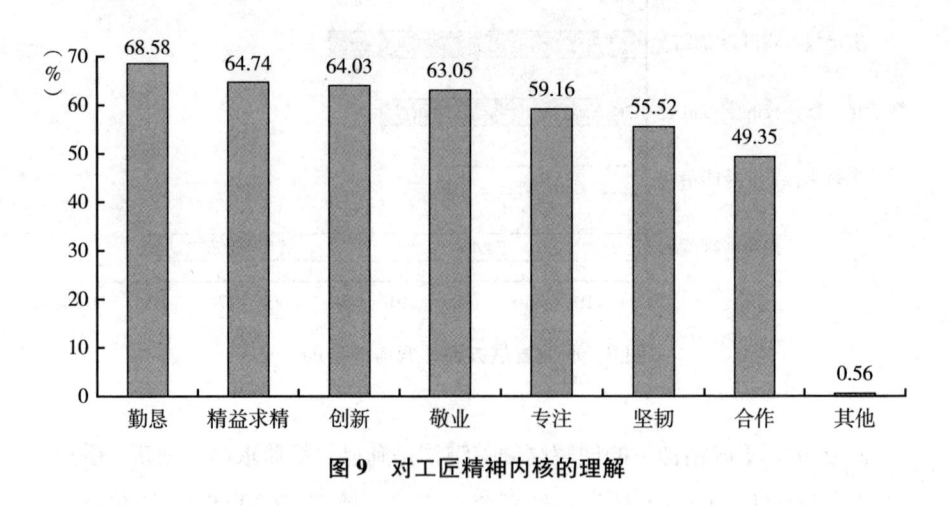

图9 对工匠精神内核的理解

勤恳 68.58；精益求精 64.74；创新 64.03；敬业 63.05；专注 59.16；坚韧 55.52；合作 49.35；其他 0.56（单位：%）

(三)社会认同及现实需求

1. 受访青年对当前状况满意度中等,但职业认同较低,仅两成受访者愿意自己的子女接受职业教育

总体来看,广州青年高技能人才对工作现状、生活状况、社会地位的满意度中等,平均综合得分为3.21分(满分为5分,得分越高,满意度越高)。具体来看,他们对工作现状的满意度略高于平均水平,得分为3.30分,有48.93%的受访者表示基本满意,24.59%的受访者较为满意;第二位是生活状况,满意度得分为3.29分,有48.97%的受访者表示基本满意,24.24%的受访者较为满意;第三位是社会地位,平均得分为3.21分,有53.17%的受访者表示基本满意,20.39%的受访者较为满意;第四位是职业发展前景,平均得分为3.19分,有47.71%的受访者表示基本满意,21.61%的受访者较为满意(见表8)。2021年,广州青年的社会地位满意度均值为3.32[①]分,再次对比

[①] 孙慧、冯英子:《广州青年就业发展状况研究》,载涂敏霞、杨成主编《广州青年发展报告(2021)》,社会科学文献出版社,2021。

本课题组在 2021 所做的广州青年制造业产业工人发展状况调查，发现制造业产业工人对社会地位的满意度为 3.30 分，接近普通青年的满意度，但这两者都高于高技能人才。

结合进一步的调查发现，虽然约八成受访青年展现出对当前生存状态基本满意、满意的态度，但是当问及"综合看来，在目前这个社会上，您认为您本人的社会经济地位如何"时，69.38%的受访者选择了中下层，19.44%的受访者认为自己处于中上层，11.17%的受访者不清楚自己所处的社会经济地位。当问及"是否愿意自己的子女上职业技校，走上技术工人道路"，仅 18.99%的受访者表示愿意，36.99%的受访者表示不愿意，23.29%的受访者表示很不愿意。许多受访者谈道，"这个工作比较辛苦，社会认同也不高；感觉是成绩不好、考不到高中的孩子才去读技校，还是希望孩子能上个好高中"。这意味着，虽然高技能人才拥有更好的专业技能，在发展前景以及薪酬待遇等各方面上都比一般的制造业产业工人要略好，但是技能提升及其随之而来的对社会地位、职业声望的更高期待值在现实中却未能得到充分的、有效的满足，导致了高技能人才对社会地位的自我认同度甚至还低于一般的制造业产业工人。这也显示出高技能人才友好型的城市发展环境还未完全形成。

表 8 对当前状况的满意度

单位：%，分

选项	很不满意	不满意	基本满意	较为满意	非常满意	平均分
工作现状	2.45	12.57	48.93	24.59	11.45	3.30
生活状况	2.84	12.57	48.97	24.24	11.38	3.29
社会地位	2.49	14.15	53.17	20.39	9.81	3.21
经济地位	4.55	20.98	47.36	17.93	9.18	3.06
职业发展前景	3.36	16.74	47.71	21.61	10.58	3.19
小计	3.14	15.4	49.23	21.75	10.48	3.21

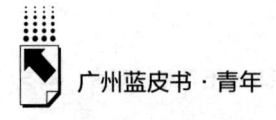

2. 受访青年普遍认为提高经济收入、技校享受同等待遇、调整现有分配政策是有效提升社会对技术工人认同的途径

高达83.64%的受访青年表示要通过提高经济收入来提升社会对技术工人的认同（见图10）。访谈中有位青年工人打了一个比方："如果你出门的代步工具是一辆漂亮的小轿车，或者是常常打车出行，而不是常常挤地铁、挤公交，那么在别人眼中，也许你的职业就是'光鲜'的乃至值得尊重的。"也许现实并不一定如此，但确实也在一定程度上说明，经济水平会影响青年的消费行为，而他人会通过包括消费行为在内的外显行为来判断一个人的社会地位。

选项	百分比
其他	0.39
举办技能大赛，提高奖励标准	13.45
开展全市高技能人才评比表彰	12.19
社会文化倡导（例如公益广告投放、公共场所大幅海报、拍摄影视作品等）	11.80
将高技能人才纳入城市直接落户范围	16.78
在中小学、少年宫课程中加入技能启蒙教育	9.49
技工院校毕业生应当跟大学专科、本科同等学力毕业生在应聘工作、确定工资起点、职级晋升等方面享受同等待遇	60.84
将技术工人纳入技术红利分配群体	52.71
提高经济收入	83.64

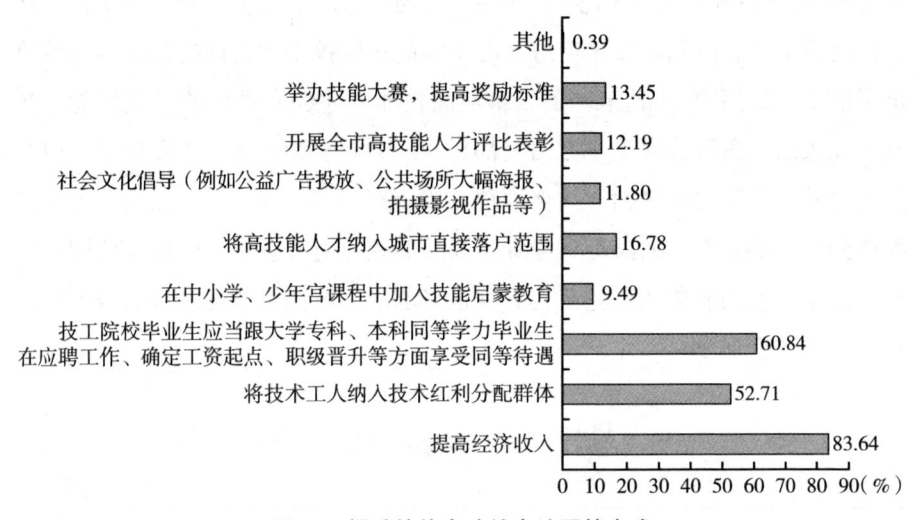

图10 提升技能人才社会认同的方式

有60.84%的受访青年提出，技工院校毕业生应当跟大学专科、本科同等学力毕业生在应聘工作、确定工资起点、职级晋升等方面享受同等待遇。结合同相关部门、院校的访谈可知，当前技工院校属于市人社局管理，而大专院校属于教育部门管理，在政策的对接上还存在一定的错位，技工院校毕业生享受同等学力认定还有待进一步细化实施细则和具体落实。

还有52.71%的受访青年认为，应当将技术工人纳入技术红利分配群体。许多受访者提到，目前企业内研发类人才、技术创新类人才会有一定的红利分配政策,而对高技能人才的相关工资待遇、红利分配还没有得到较好的保障,也许一些龙头企业做得不错,但是并未在行业内形成统一规范。

除此之外,受访青年还认为,将高技能人才纳入城市直接落户范围(16.78%)、举办技能大赛并提高奖励标准(13.45%)、开展全市高技能人才评比表彰(12.19%)、社会文化倡导(例如公益广告投放、公共场所大幅海报、拍摄影视作品等)(11.80%)、在中小学及少年宫课程中加入技能启蒙教育(9.49%)亦是提升社会认同的途径。

3. 广州青年高技能人才生活态度积极向上,认为能力和奋斗是通往成功的最重要路径,目前最迫切的需求是提升经济收入

身体健康、婚姻美满和事业成功是青年高技能人才对幸福的最主要定义,远高于生活富有、子女孝顺、得到尊重、有一份喜爱的工作等标准,说明青年人对自身健康的关注、两性关系的期待以及事业渴望成功是他们主要的人生态度。同时,他们也普遍认为,成功的人生要通过自己的能力和奋斗来获得。

调查显示,高技能人才目前最迫切的需求中,前三位分别是经济收入、身体健康、职业发展。具体来看,迫切需求排在第一位的是经济收入,占比为69.63%;排在第二位的是职业发展,占比为30.12%;排在第三位的是身体健康,占比为18.63%(见图11)。

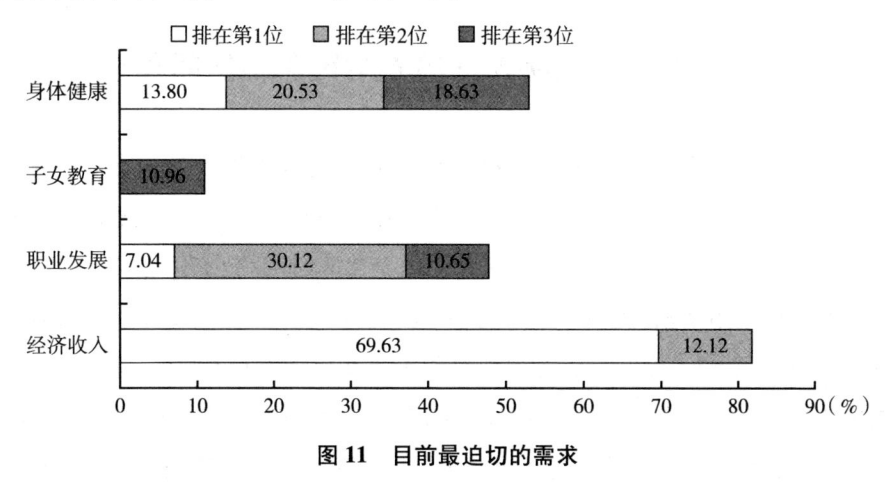

图11 目前最迫切的需求

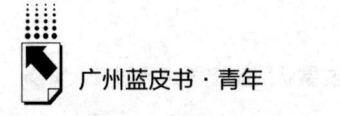

正如共青团中央书记处第一书记贺军科同志在《新时代的中国青年》白皮书发布会上所说，"近几年，我们对当代青年的精神素养等方面进行了多次调研，当代青年的主流观点，仍然是相信成功主要靠个人努力奋斗才能够得来"，但"当代青年面临的工作、学习、生活压力既大又现实"。

4. 青年高技能人才对广州归属感较强，近两成受访青年想过离开广州，最主要原因是"买不起房"，六成青年离穗后的第一选择是"返乡"

数据显示，仅19.86%的受访青年想过离开广州，在这567名受访青年中，究其想离开广州的原因，主要是房价过高、无法购房（69.49%），生活成本高（62.79%），工作压力过大（40.39%）；除此之外，还有约三成青年认为目前职业前景不明朗，访谈中有青年提道，"目前没有更好的岗位晋升，但是回到家乡或者去二三线城市，我可以成为行业领军人"，这也如实反映出一线城市人才竞争激烈的现实状况；值得注意的是，有29.81%的受访者表示是不想再与家人分隔两地，访谈中一些青年说："没想过在广州落户，一是不一定符合条件，二是户口作用不大，因为也买不起房，孩子读书也很困难。所以还是打算干几年存点钱，孩子大了就回家找个厂继续工作。"因此，当问及"离开广州后打算去哪里发展"时，返乡是第一选择，占比为63.14%，前往经济发达的二线城市是第二选择，占比为19.22%，去其他一线城市（北京、上海、深圳）的仅占10.76%。

三 青年高技能人才培养全链条中的问题

2022年，广州市《政府工作报告》中明确提出"坚持产业第一、制造业立市"的发展目标，要实现"制造业立市"的发展目标，高技能人才的培养是关键。根据教育部、人力资源和社会保障部等部门印发的《制造业人才发展规划指南》，到2025年，新一代信息技术产业等制造业十大重点领域人才缺口预计近3000万人。目前广州青年在择业时也存在着一定的"离制造业"现象，给广州现代产业体系的高质量发展带来隐忧。产生这一问题的痛点、堵点主要体现在青年高技能人才吸引、培养、管理、使用、激励等"引才""育才""用才""留才"的全链条各环节还存在较为突出的不足。具体表现为以下四个方面。

(一)引才环节：新经济形态为青年人提供多元化就业选择，制造业吸引人才面临挑战

新经济形态较为自由的工作氛围与制造业相对传统的工作模式对青年人择业选择形成了较为明显的"推拉效应"。

一是新经济形态在丰富青年人就业渠道的同时，增加了制造业吸引人才的压力。根据本课题的调查，虽然超过八成（82.28%）的调查对象近一年内不考虑转行，但当问及"是否认同新兴行业（如网约车司机、外卖员、网络主播）对我很有吸引力"时，表示非常认同（9.98%）和认同（15.76%）的比例之和超过了比较不认同（12.4%）和完全不认同（8.65%）的比例之和，与传统制造业相比，调查对象认为新兴行业具有吸引力的原因依次是工资高（58.91%）、工作时间自由（47.76%）、工作环境好（47.48%）、付出与收入成正比（31.70%），此外认为目前很流行、时尚、工作有趣味性的受访者比例也超过了25%。显示出新经济形态在丰富青年就业途径的同时，由于其与新一代青年追求自由、时尚、有趣的工作方式相契合，成为许多青年择业的重要方向，无形中也增加了传统制造业吸引人才的压力。

二是制造业由于较为固定化、模式化的工作内容以及传统择业观的影响，对青年人进入制造业产生一定的挤出效应。在访谈中，部分受访者也表示"不愿意进工厂，工厂常常要'三班倒'、上夜班，也不自由，不能随时看手机，即使要进，也要选择工作环境好的、压力不太大的现代化、智能化工厂"，调研还发现一些经济条件较好的家长甚至会阻止自己的孩子去工厂就业，哪怕这些工厂隶属于知名集团企业。调查数据也进一步证实了这一点，表示"不愿意自己的子女上职业技校，今后和受访者本人一样走技术道路，成为高技能人才"的比例超过六成，其中36.99%表示不愿意，23.29%表示很不愿意，表示愿意（含"很愿意""比较愿意"）的比例不到两成（18.99%）。新一代青年人的择业观念与制造业可持续发展的人才需求之间的矛盾尤为突出。

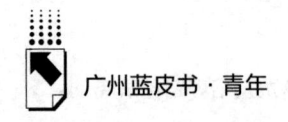

（二）育才环节：高技能人才培养与企业需求、技术迭代发展等不相匹配，产教融合程度有待提高

目前我国已建成世界规模最大的职业教育体系，截至2022年，共有职业学校1.12万所，在校生超过2915万人。中高职学校每年培养1000万人左右的高素质技术技能人才，高职院校3年累计扩招413.3万人，1万余所职业学校每年开展各类培训上亿人次。① 随着新技术更新速度加快，为了满足广州现代产业体系高质量发展的内在要求，对高技能人才的专业化要求进一步提高，学校和职业技能专业培训机构的专业化培养以及企业岗位的持续化培养是高技能人才能够适应时代发展需求的关键。然而，本课题组的调研发现，目前在上述两个领域仍然存在不少需要改进的地方。主要体现在以下几个方面。

一是高技能人才的知识获取渠道仍较为传统，难以充分满足快速更新迭代的技术发展要求，全日制职业教育在实现高技能人才专业化培养上的作用仍不明显。在调查中，当问及"你拥有的技能主要来自哪些方面时"，51.03%的受访青年将师傅带徒弟排在了第一位，其后依次是选择各种技术培训（19.37%）、自我学习（19.19%），而来自全日制职业技术教育的仅占到10.26%。"师傅带徒弟"是传统技能传承和学习的重要方式，老师傅通过"带徒弟"的方式将经过多年岗位积累下来的工作经验传授给新入门的技能人员，有助于其快速地熟悉工作，掌握基本的业务技能。但是由于新技术层出不穷，尤其是在制造业转型升级的过程中，对新技术掌握的要求越来越高，许多传统的知识技能面临及时更新的重要任务，各种技能培训与全日制职业技术教育培训是掌握新技能、新技术的现代化培养渠道，但目前这两者在高技能人才的技能获取渠道中占比都较低。尤其是选择全日制职业技术教育作为技能最重要获取渠道的比例仅占了一成。在访谈中，受访的技能人才反馈"职业教育学校老师的技能过时，到了企业后，才发现很多在学

---

① 于忠宁：《我国中高职学校每年培养千万技能人才》，光明网，2022年5月25日，https://m.gmw.cn/2022-05/25/content_1302962913.htm。

校里面学到的知识都没有多大作用"。因此，企业往往花费大量时间、成本用于新入职培训以及职业技能培训，一位龙头汽车企业培训中心负责人告诉我们，企业专门设立培训中心，组织一批企业内部遴选上来的全职讲师，专门用于指导青年产业工人提升技能水平以符合企业内各环节工种的需求。职业教育如何强化工程教育实践环节，提高与企业发展需求的匹配度成为当下高技能人才需要重点突破的难点。

二是高技能人才培养师资的专业技能和职业素养亟待提升。在对职业教育院校的教学管理人员的访谈中，他们反馈"虽然学校规定了一定时间内老师要到企业挂岗学习，但很多老师都不太愿意去，而且由于现在不少职业教育院校都是民办的，部分老师进校是'骑驴找马'，师资队伍不稳定，有的技工院校的青年教师对自己的未来十分迷茫，还有许多青年教师将这份工作作为'过渡'，以考取机关事业编制为最终目标"。如何提高职业教育学校师资作为高技能人才技能培养"引路人"的专业化水平，稳定师资队伍，是培育高技能人才队伍的关键一环。

（三）用才环节：高技能人才学历认定的有效衔接不足，职业晋升发展的"双贯通"亟须细化指引，中小型企业的"人才蓄水池"作用需引起重视

充分尊重高技能人才，为高技能人才出新出彩畅通成长发展的通道是实现人尽其才的重要保障。

一是职普融通还需加大落地力度。2022年4月，十三届全国人大常委会第三十四次会议通过新修订的《中华人民共和国职业教育法》，提出"职普融通，有效贯通"的原则，明确规定职业教育与普通教育相互融通，力求打破职业教育（技工教育）上升的"天花板"制约。但在本调研中发现，学历门槛的设定仍然是许多高技能人才发展的"拦路虎"。技工院校是培养产业工人的重要摇篮，根据人社部相关文件：全日制技工院校中级工班、高级工班、技师班毕业生分别参照中专、大专、本科学历，享受相关待遇。然而由于技工院校学生毕业文凭由人社局颁发、大专院校则是由教育部门管理,在实际的就业市场上,并没有按照要求打通二者之间的屏障,许多培养出来的完全符合技能要求、具有良好技能水平的学生被"大厂"(大型企业)拒之门外,即使顺利"进厂",他们的学历也没有得到同等看待,在转正、入户和职业发展等方面受到不平等对待,与国民教育系列的全日制大专生有较大区别,难以享受同等待遇。

二是职业晋升和发展的"双贯通"亟须细化落地措施。在职业晋升和发展方面,虽然在受访群体中,近八成的受访青年表示企业有正常晋升技术等级制度,但仍有超过两成五的受访青年(26.09%)表示企业虽然有正常晋升技术等级制度,但效果不佳。在深入访谈中,部分受访高技能人才表示,虽然企业制定了诸如"管理、技术双通道"的职业晋升体系,但往往在技能通道上晋升更困难,晋升后薪酬待遇提升幅度也普遍不如管理岗位,同时技能提升过程耗时长、要求高,例如从初级工往高级工晋升需要通过技能考试、大多企业要求5年以上的工作年限。2022年3月,广东省人力资源和社会保障厅印发了《关于进一步加强高技能人才与专业技术人才职业发展贯通的实施方案》,明确职称制度与职业资格、职业技能等级制度有效衔接,搭建两类人才成长立交桥。在访谈中,受访的高技能人才普遍对这一政策表示欢迎,但是对这一政策具体如何落地却大多表示不太清楚,希望能够有更为详细的指引,而且认为企业负责人的支持是最为关键的因素。由此可见,实现"管理"与"技术"事业晋升双通道,"技能"与"职称"职业发展双贯通,可能会面临着"理想很丰满,现实很骨感"的落地困境,如何推动相关政策的落地,让政策精神从文字走向现实,明确政策执行细则是当下高技能人才最为关注的问题。

三是中小型企业在高技能人才培养方面的"蓄水池"作用亟须引起重视。在访谈中,部分中小企业的技能人才反馈,在各种技能大赛、评优评先中,龙头型企业的获选名额往往更多,中小企业的青年产业工人机会相对较少,优质青年工人往往向龙头型企业聚集,对中小企业发展带来冲击。但是作为现代化产业体系,不仅需要规模企业发挥"领头雁"的作用,更需要形成"雁阵模式",有一批中小型企业作为有效支撑,充实产业体系,因此在职业技能自主认定和技能大赛中亟须考虑中小企业的成长发展需求，加大对中小企业高技能人才的政策支持力度，推动更多的中小企业重视技能人才的发展、培养和使用。

（四）留才环节：广州高技能人才的"行业忠诚度"总体较好，但要留住优质高技能人才仍面临压力

一是高技能人才的"留业"意愿具有一定的不稳定性。在调查中，超过七成表示不考虑离开当前行业，8.34%表示"不转行，但考虑转向其他专业方向"，另外有近5%的调查对象表示会考虑转行，其中包括考虑管理技术人员（4.94%）、考虑转到其他新兴行业（4.17%），可见大部分的高技能人才仍然愿意留在目前所在的行业领域，但这种"留"并不牢固，具有一定的特殊性。在访谈中，部分受访者反馈"在疫情的影响下，就业形势严峻，做生不如做熟，暂时还是不考虑转行"，"一直都做这个岗位，不知道能做什么其他工作"，可见这种"留"并非是"爱岗敬业"基础上的情感留人。根据课题组的调查，有近两成（19.86%）的调查对象考虑过离开广州，房价过高、无法购房（占69.49%），生活成本高（占62.79%），工作压力过大（40.39%）成为高技能人才离穗的主要"推力"。

二是"留住"高技能人才亟须全面完善城市保障措施和服务供给。在我国提出"技能型社会"建设的发展目标下，城市间的"人才竞争"愈加激烈。为了有效地吸引高技能人才，各地推出了各种具有吸引力的政策措施，在深入访谈中，部分高技能人才反馈目前广州人才入户政策往往对传统制造行业倾斜度不够，缺乏足够吸引力；在住房政策上，青年产业工人对公租房、廉租房需求较大，尤其是在城市改造过程中，相关的拆迁计划还会影响当地房租，无形中提升了青年人的住房成本；同时，由于传统制造业男女比例较为失衡，"工作时间太固定了，没时间找对象""社会地位较低，找不到对象"等婚恋困境也会促使高技能人才萌生"离意"，在调查中，近七成的受访青年认为自己的社会经济地位属于中下层及以下，岗位的自豪感明显不足，这些因素都在加剧高技能人才的岗位认同感。此外，在访谈中也留意到，部分在国家、省市技能大赛中获奖的高技能人才也反馈，现在广东省

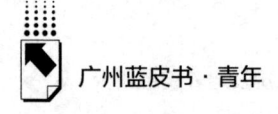

各地也在开展"抢人大战",对高技能人才给予了住房、子女入学等方面的优待,很具吸引力,难免令人有些动心。由此可见,广州要实现高技能人才的"源源不断",需要多策并举,促使高技能人才从"被迫留"到"主动留"的心态转变。

四 打造广州青年高技能人才的全链条培养体系

在"制造业立市"的发展目标下,广州正聚焦21条产业链,实施产业工人技能提升行动,高度关注技能人才的培养成长全链条体系的构建,结合本课题的调研,提出如下对策建议。

(一)从早抓起,从小抓起,进一步提升高技能人才的社会认同度,打造有利于吸引人才的社会氛围

首先,从学校教育、家校联动方面来看,可将职业教育、技能教育、劳动教育前伸到中小学阶段,在实践活动课程、通用技术课程中加强制造业基础知识、能力和观念的启蒙与培养;在校外培训机构(如青少年宫等)中设置一定的劳动素养课程,带领学生及父母参观现代化的工厂,种下"职业教育"的种子;在中小学中加大对"劳模精神""劳动精神""工匠精神"的宣传力度,通过"大师""名师"走进中小学课堂、"红领巾寻访"等方式,让中小学生端正对技能人才的观念,感受工匠技能技艺的魅力。其次,从社会宣传、舆论引导方面来看,要进一步加大技能竞赛以及"大国工匠"等产业工人模范代表的宣传力度,打造产业"明星",在机场、车站、公共场所内加大公益广告的投放力度,让更多的优秀产业工人走到台前,从而提升社会影响力,增强社会认同感。

(二)构建产学研用一体化育才模式,提高高技能人才培养的精准度

首先,要加快研究《新职业教育法》在广东省、广州市的落地施行,

探索有广东特色的职业教育高质量发展模式,构建职业教育和普通教育协调发展的"立交桥",实现职业教育与普通教育的互通互认,消除社会对职业教育的疑虑和顾虑,同时为在岗的高技能人才通过继续学习培训提高学历打开通道。此外,打通技工院校与大专、本科院校学生在就业市场、职场晋升中学历认定不一致的堵点,解决青年是否选择"进厂"的第一个难题。其次,鼓励更多行业企业参与人才培养。根据广州市重点发展的产业链,建议政府相关职能部门针对产业链的人才培养链条建立"链长制",发挥其在推动企业与职业技能教育相连接、相贯通的桥梁纽带作用,细化促进校企合作的激励政策,为学生、教师实践提供岗位,强化工程教育实践,鼓励重点企业在高校、职业学校打造工程创新实践中心、创新课程体系、更新课程内容。再次,出台相关制度保障技工院校、高职院校青年教师的发展,鼓励教师参加各类相关技能竞赛活动,并予以相应的政策激励,稳定教师队伍,提升教学水平,打造既有理论功底,又有实操技能的职业教育师资。最后,在广州制造业领域全面推进学习型企业建设,利用广州继续教育相关平台,推出各类实用性强、紧贴新技术发展的新型免费课程,推动企业积极开展职工教育培训,实现定期培训与即时培训相结合。

(三)政府探索多元化的用才导向,推动企业建立"人岗相适,人尽其才"的用才体制,为高技能人才搭建更宽广的人生出彩舞台

首先,政府要积极创新技能人才培养使用措施,在全社会充分释放尊重技能人才、关爱技能人才的政策讯号。2022年6月,北京市委办公厅、市政府办公厅印发《关于推动职业教育高质量发展的实施方案》,明确要求把北京市高等职业教育毕业生纳入公务员招考范围,并在公务员招考和企事业单位招聘中因岗设职,鼓励公平竞争。这一重要的政策探索对高技能人才培养具有重要的启示意义。广州作为改革开放的排头兵、先行地、实验区,也是全国职业教育发展比较成熟的地区,更应该大胆探索、大胆实践,结合广州作为粤港澳大湾区的综合性门户城市发挥着科技教育文化

中心的功能，更需要在公务员招考制度、入户制度、激励机制等方面创新政策措施，广纳粤港澳大湾区的高技能人才。其次，细化企业薪酬分配指引。2021人力资源和社会保障部办公厅印发《技能人才薪酬分配指引》，为引导企业不断优化体现技术技能价值的工资体系和工资结构提供了参考方案。建议广州参考这一指引，深入开展与制造业企业的调研访谈，建立适合广州本地现代产业体系高质量发展需求的本地化技能人才薪酬分配指引，为企业建立符合技能人才持续发展的具有竞争力的薪酬体系，以薪酬等级引导高技能人才不断提升业务技能，尤其是建立"一企一策""一类一策"，对不同规模体量的企业，采取精准的指导措施，提高指引的针对性。再次，加大对自主认定职业技能等级、职业发展双通道等政策的推进力度。近年来，广州以企业为主阵地，向用人主体放权，职业技能等级认定改革得到企业、院校等机构广泛参与，认定人数、获证人数、高技能人才比例及备案机构数量均位居全省第一。但从广州高技能人才培养的需求力度来看，还需要进一步纵深推进，一方面，建议广州市各区尤其是制造业产业聚集的地区建立专班工作组，为企业提供更为具体的指导服务，引导企业工会主动作为，采取集体协商的形式，优化奖励方式，在产业工人晋升通道的完善、薪酬待遇的匹配上发挥积极作用；另一方面，对近期国家级、省级、市级等各层级密集式出台的高技能人才支持政策，要及时地制定相应的配套措施和落地指引，明确实施细则，提高政策的操作性，同时要积极做好政策的梳理归纳，形成便于企业迅速了解的"懒人包"，通过政策小册子、门户网站集合推送、电视节目释疑解惑、抖音等视频平台进行一分钟解读等方式，让政策"走入寻常百姓家"，让更多的企业了解国家关于技能人才的最新精神，也让高技能人才对自身技能发展通道做到"心中有数"。最后，以赛促用选拔人才。紧扣企业发展所需，组织开展各类技能竞赛等活动，建立以市级技能大赛为主体、各类竞赛项目相衔接、企业岗位练兵、技术比武和技能晋级为基础的技能竞赛体系，让一批能工巧匠脱颖而出，同时加大对企业建立"名匠工作室"的支持力度，鼓励优秀的高技能人才发挥领军作用。同时在相关的技能大赛中，除了关注获奖人员外,还要关注新兴的、正处于萌芽期的优质中小企业,挖掘具有发展潜力的技能人才。可参照广州市支持科技型中小企业高质量发展的相关政策措施,采取"以赛代评""免审即享"等方式覆盖技能型中小企业[①],同时通过一定的资源倾斜,鼓励建立"名匠孵化室",扶持一批有发展潜力的技能人才成长壮大。

(四)因需施策,加大公共服务的供给力度,解决高技能人才安居城市的"后顾之忧"

首先,在既有"职工之家"的基础上构建"线上+线下"相结合的"技能人才之家",延长共青团、工会、妇联等群团组织的服务手臂,让技能人才能够快捷地找到组织,将在工作、学习、生活、子女教育等方面的揪心事、烦心事能够及时地反映出来,同时积极开展多元化的文娱活动,丰富其业余生活,舒缓其工作压力;此外,为满足其婚恋交友需求,积极开展形式新颖、符合青年人交友特点的活动。其次,加大公共服务供给力度。将重点制造业高技能人才纳入保障性租赁住房重点对象,纳入公共租赁住房优先配租范围;在公租房空间布局上,要适当考虑大型产业园区等青年技能人才租赁住房需求量大的集中区域;将广州市重点制造业企业、缺口较大的高技能人才纳入高层次人才引进范围,提供人才公寓、子女入学等保障措施。

---

① 广州市科技局发布《进一步支持科技型中小企业高质量发展行动方案(2022—2026年)》,重点支持科技型中小企业高质量发展。5月30日,2022年广州科技创新创业大赛暨港澳台创新创业大赛正式启动。大赛"实施'以赛代评''以投代评'等市场化项目遴选机制,每年安排1亿元创新创业大赛奖补资金,获奖覆盖面最高达1400家科技型中小企业,单个企业最高奖励达200万元。大赛奖金将从今年开始采取'免申即享'的方式,在当年拨付到科技企业,更好地扶持企业创新发展"。

B.4
广州高校青年教师发展状况研究

孙慧 罗飞宁 李小娜 袁珊*

摘 要: 本报告从思想状况、工作状况与职业发展需求、生活状况与社会支持、创新环境与创新能力等方面分析了广州高校青年教师的发展状况。研究发现,"教书育人"为广州高校青年教师最主要的择业动机;其注重理想信念的培养,国家认同感、自豪感和社会责任感均较强;认为薪资待遇、发展机会为高校吸引人才的关键因素,提高薪酬待遇、在职提高学历学位、加大科研扶持力度为其最迫切需求;社会支持主要源自朋友、亲人、同事;此外,广州高校青年教师拥有较好的创新环境,认可自身创新能力。与此同时,广州高校青年教师面临心理压力大、部分教师教书育人功能弱化、部分高校人才流失率较高等问题。基于上述研究发现,本报告从关注青年教师心理健康、完善青年教师发展环境、加强思想价值引领等方面提出促进高校青年教师发展的对策建议。

关键词: 广州 高校 青年教师

---

* 孙慧,广州市穗港澳青少年研究所助理研究员,主要研究方向为青年就业创业;罗飞宁,广州市穗港澳青少年研究所《青年探索》编辑、副编审,主要研究方向为青年社会学;李小娜,广州市团校讲师,主要研究方向为青年志愿服务;袁珊,广州市团校讲师,主要研究方向为青年工作。

一 调查研究基本情况

（一）研究背景

在经济全球化、信息化的大背景下，国际竞争日益激烈，创新日益成为经济社会发展的主流。习近平总书记强调："创新是民族进步的灵魂，是一个国家兴旺发达的不竭源泉，也是中华民族最深沉的民族禀赋。"[1] 高校作为人才和科学技术的重要结合点，承担着在基础研究和前沿技术领域取得原创性突破、提升国家原始创新能力、服务国家经济社会发展的重要使命。2018年初，中共中央、国务院发布了《关于全面深化新时代教师队伍建设改革的意见》，指出要打造一支高素质创新型的教师队伍，明确具体的建设目标，从创新型国家建设、人才强国战略和"双一流"建设出发，通过重大人才项目打造创新团队，培养引进一批具有国际影响力的学科领军人才和青年学术英才。高校青年教师负有"教师"和"青年"双重身份。他们既是最具有活力和创造力的群体，又肩负着培养"最具有活力和创造力的群体"的责任和义务。2021年1月，人力资源和社会保障部、教育部联合印发《关于深化高等学校教师职称制度改革的指导意见》，指出高校教师要"坚持以德为先，教书育人……培养德智体美劳全面发展的社会主义建设者和接班人"。

由此可见，高校教师，尤其是青年教师对实现教育目标、完成教育任务、培养创新型人才等起着举足轻重的作用，更是我国高等教育事业在未来持续发展的人才保障，承载着未来的希望。因此，关注高校青年教师发展现状，多维度、多方面了解高校青年教师发展需求，促进高校青年教师及高校教学科研工作高质量发展，充分发挥高校"为党育人"功能是当前青年研究的重要课题。

---

[1] 中共中央文献研究室编《习近平关于青少年和共青团工作论述摘编》，中央文献出版社，2017，第46页。

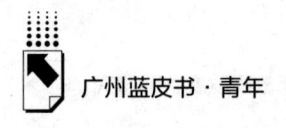

（二）研究方法

1. 调查对象

广州市40岁及以下高校青年教师，包括专任教师、辅导员等。

2. 调查方法

问卷调查法：在全市高校青年教师中进行科学抽样，派发500份调查问卷，并对问卷进行汇总分析，全面了解其发展现状。

访谈法：制定访谈提纲，对15名高校青年教师进行一对一个案访谈；赴5所高校开展座谈交流，深入了解广州高校青年教师所思所想所需，并与3所高校人事、科研管理部门负责人及二级学院负责人座谈，了解高校关于青年人才引进、人才培养方面的政策措施，收集丰富一手资料。

3. 样本基本情况

本次调查一共收集了453份有效问卷，有效回收率为90.6%。其中，在性别方面，男性占比为43.7%，女性占比为56.3%；在年龄方面，以31~35岁的青年群体为主，占比为41.9%；在政治面貌方面，81.0%的受访者为中共党员（含预备党员），共青团员占比为10.8%；在户籍性质方面，受访者中广州本地户籍人口占比为42.8%，市外省内人员占比为29.4%，广东省外境内城市户籍人口占比为27.4%；在最高学历方面，受教育程度以博士研究生为主，占比为48.8%；21.2%的受访者有海外留学经历；在所任教的学科性质方面，任教学科以文科（37.3%）、理科（22.7%）和工科（15.9%）为主（见表1）。

表1 样本基本情况（$N=453$）

项目	类别	频数(份)	百分比(%)
性别	男	198	43.7
	女	255	56.3
年龄	25岁及以下	42	9.3
	26~30岁	138	30.5
	31~35岁	190	41.9
	36~40岁	83	18.3

续表

项目	类别	频数(份)	百分比(%)
政治面貌	中共党员(含预备党员)	367	81.0
	共青团员	49	10.8
	其他民主党派人士	9	2.0
	群众	28	6.2
户籍性质	广州本地	194	42.8
	广东省内其他城市	133	29.4
	广东省外境内城市	124	27.4
	境外人员	2	0.4
任职学校类型	"双一流"建设高校	77	17.0
	一流学科建设高校	93	20.5
	"非双"普通本科院校	125	27.6
	高职高专院校	158	34.9
最高学历	博士研究生	221	48.8
	硕士研究生	178	39.3
	学士	46	10.2
	大专	8	1.8
海外留学(含做访问学者)经历	有海外留学经历	96	21.2
	无海外留学经历	357	78.8
所任教的学科性质	文科	169	37.3
	理科	103	22.7
	工科	72	15.9
	医科	21	4.6
	农科	27	6.0
	艺术设计类	17	3.8
	没有教学	44	9.7

二 广州高校青年教师发展现状

(一)思想状况

1.职业动机端正,教书育人为最主要的择业动机

党的十八大以来,习近平总书记先后提出"四有""四个引路人""四个相统一"的好老师标准,阐释了新时代教师的职业精神,教诲教师要坚守教育初心和育人的时代使命。对高校青年教师的择业初衷进行分析发现,排在前三的择业初衷分别是"教师是崇高的职业,愿意努力为国家培养建设者和接班人"、"个人兴趣爱好"和"教师职业相对稳定"。具体来看,62.4%的青年教师把"教师是崇高的职业,愿意努力为国家培养建设者和接班人"视为最主要的择业动机;出于个人兴趣爱好的占比为47.1%;因教师职业比较稳定而选择高校教师职业的占比为43.4%;选择职业理想为其择业动机的占比为24.0%;因"教师工作自由度高"、"看重教师职业的发展前景"和"教师职业社会地位高,受人尊重"而选择高校教师职业的也占一定比例。由此可见,大多数广州高校青年教师怀抱着教书育人的热情与崇高的职业理想进入高校教师行业,职业动机端正(见图1)。

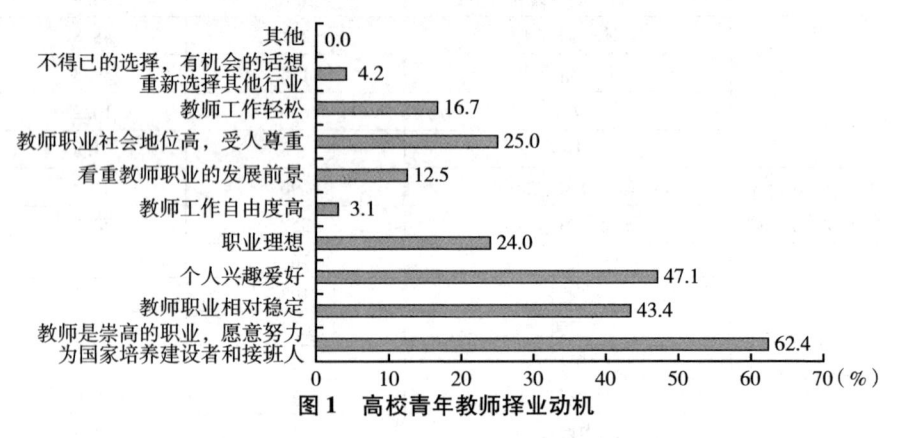

择业动机	占比(%)
其他	0.0
不得已的选择,有机会的话想重新选择其他行业	4.2
教师工作轻松	16.7
教师职业社会地位高,受人尊重	25.0
看重教师职业的发展前景	12.5
教师工作自由度高	3.1
职业理想	24.0
个人兴趣爱好	47.1
教师职业相对稳定	43.4
教师是崇高的职业,愿意努力为国家培养建设者和接班人	62.4

图1 高校青年教师择业动机

2. 高校青年教师重视道德品质,师德主流积极向上

分析发现,在高校青年教师最看重的素质调查中,排在前三的分别是道德品质、教学能力和科研能力。具体来看,84.6%的人认为道德品质是高校青年教师最重要的素质;第二是教学能力,占比为75.8%;第三是科研能力,占比为67.3%;沟通能力和创新素质的占比均在40%左右。由此可见,广州高校青年教师注重自身道德品质,认为教学、科研须并重,同时作为高校教师需具备良好的沟通能力和创新能力,如此才能更好地发挥高校教师人才培养、科学研究的职能作用(见图2)。

广州高校青年教师发展状况研究

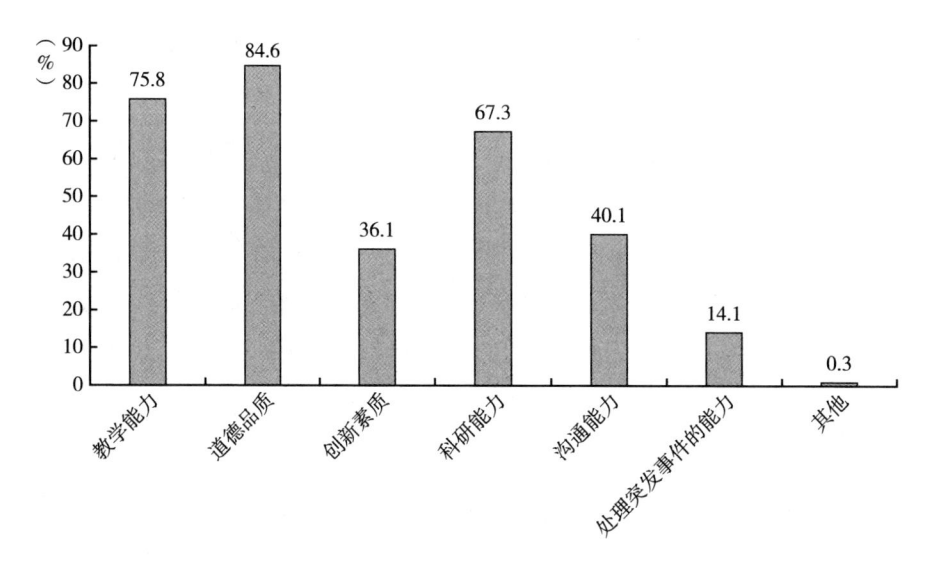

图2 高校青年教师最重要的素质

（柱状图数据：教学能力 75.8%、道德品质 84.6%、创新素质 36.1%、科研能力 67.3%、沟通能力 40.1%、处理突发事件的能力 14.1%、其他 0.3%）

3. "双一流"、一流学科建设高校教师更专注科研能力，"非双"普通本科、高职高专院校教师对教学能力的重视程度更高

对不同性质学校的教师最看重的素质进行分析发现，不管是任教"双一流"建设高校还是高职高专院校，高校青年教师最看重的素质均为道德品质、教学能力与科研能力。但从细分选项来看，"双一流"、一流学科建设高校教师选择科研能力为最重要素质的比例分别为35.8%、33.5%，高于"非双"普通本科院校（30.1%）与高职高专院校（26.5%），而前者对教学能力的重视程度则低于后者。这可能是因为"双一流"、一流学科建设高校对教师科研产出的要求更高，课题数、研究成果/专利等成为考评的重要指标，青年教师对这方面的素质也就更重视。访谈中，一名来自"双一流"建设高校的老师谈道，"不同学校对教师的考核标准差异很大，我们学校很大的比重放在研究成果方面，因此我的工作重心也会有所倾斜"。高职高专院校的老师则表示，学校更重视青年教师的教学能力以及对学生实操能力的指导，"学校出台了新的规定，要求青年教师去企业锻炼，进行双试训练，探索产教融合新模式"。

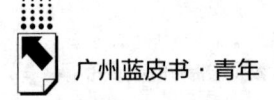

4. 高校青年教师注重理想信念的培养，国家认同感、自豪感和社会责任感均较强

对是否认同"没有理想信念、理想信念不坚定，精神上就会缺钙"这一观点进行分析发现，近九成的青年教师表示完全认同（55.6%）或比较认同（31.0%）；在对学生的思想引领方面，广州高校青年教师有较强的育人责任感，88.8%的受访者认可"高校教师应肩负起培养时代新人、做好青年思想引导的职责"的观点；在国家认同感方面，被问及"作为中国人我感到很自豪"这一观点时，近九成的高校青年教师表示完全认同（74.9%）或比较认同（14.9%）；绝大多数受访青年教师充分肯定我国新冠肺炎疫情防控取得的成绩，对中国特色社会主义制度充满自信，对中国共产党应对国际政治、经济复杂形势的能力以及我国社会主义发展前途充满信心，调查显示，对"我国疫情防控取得的成绩，增强了我对中国特色社会主义制度的自信"这一观点持认同态度的广州高校青年教师比例达89.0%，对"中国共产党有能力应对目前国际政治、经济局势的冲击""我对我国社会主义发展前途充满信心""我对中国未来经济高质量发展充满信心"等观点完全认同或比较认同的比例分别为89.3%、89.7%与85.3%。由此可知，广州高校青年教师的思想政治状况较好，爱国爱党，对国家发展道路、制度等高度认可并充满信心。

5. 高校青年教师认可"大思政课"在学生思想引领工作中发挥的作用

广州高校青年教师较为认同高校教师在专业课中对学生进行思想引领，78.8%的受访者认为"大思政课""可以拓宽思想引领路径"，72.0%的人认为"可以丰富思想引领内容"，69.5%的人认为"是高校思政课的有效改革，可以有效提高大学生的思想政治素养"，同时也有13.2%的青年教师认为"必要性不大，术业有专攻，应该交给专门的思政课老师进行引导"，认为"完全没有必要，挤压专任课老师时间，影响教学、科研产出"的占比为4.6%。可以看出，高校青年教师对"大思政课"的认可和肯定为主流评价（见图3）。

```
其他 0.2
完全没有必要，挤压专任课老师时间，
影响教学、科研产出          4.6
必要性不大，术业有专攻，应该交给
专门的思政课老师进行引导    13.2
是高校思政课的有效改革，可以有效
提高大学生的思想政治素养    69.5
可以丰富思想引领内容        72.0
可以拓宽思想引领路径        78.8
```

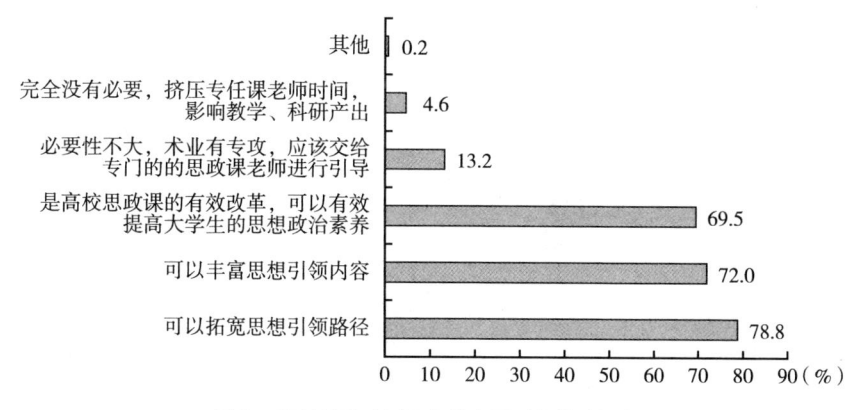

图 3　高校青年教师对"大思政课"的看法

（二）工作状况与职业发展需求

1. 近四成为合同制等非正式编制，从教年龄较短，以中级职称为主

高校教师聘任制改革打破了以往"单位人"的固定身份，高校教师职业不再是打不破的"金饭碗"。调查发现，38.1%的受访青年教师不再拥有学校事业编制，而是与学校签订具有一定年限的聘用合同，约定在合同期内实现一定的学术产出。在教龄方面，41.5%的青年教师从教时间为 3 年以下；其次是 3~5 年，占比为 25.4%；从教时间 6~10 年的占比为 19.5%；10 年以上的占比为 13.7%。受教龄较短影响，受访高校青年教师的职称级别较低，以中级（48.8%）和初级（26.1%）职称为主，二者共计占比为 74.9%；副高职称占比为 11.5%，正高职称仅占 1.0%（见图 4）。

2. 税后年收入集中于 10 万~15 万元，年龄、职称、学校类型等对收入状况影响较大

调查显示，47.8%的广州高校青年教师税后年收入为 10 万~15 万元，15 万~20 万元的占比为 16.8%，20 万元以上的占比近两成，税后年收入在 10 万元以下的占比为 16.1%。2022 年 6 月，广州市统计局公布数据显示，2021 年广州市城镇非私营单位在岗职工税前年平均工资为 144288 元。综合来看，广州高校青年教师的收入水平相对较高，税后年收入在 10 万元以上

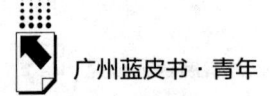

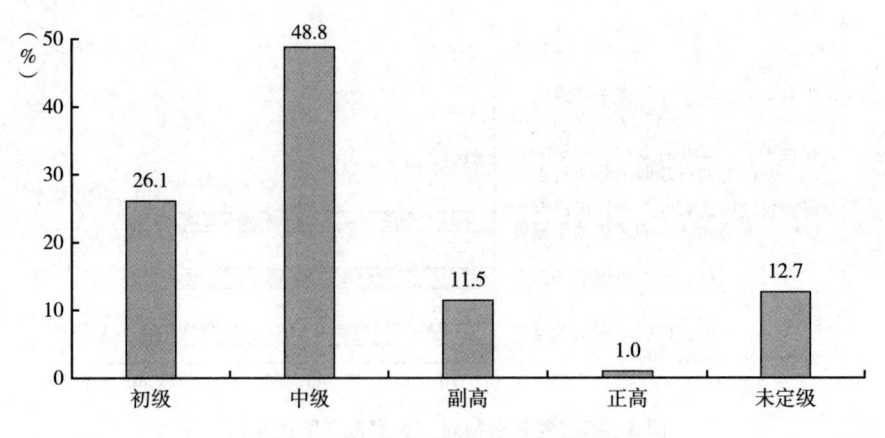

图 4　高校青年教师职称级别分布

的占比为83.9%，15万元以上的占比为36.1%，显著高于广州市平均工资水平。

进一步分析发现，年龄、职称、就业身份、学校类型等因素会影响收入水平。具体来看，在年龄方面，36~40岁青年教师税后年收入在15万元以上的占比为55.4%，31~35岁青年教师税后年收入在15万元以上的占比为36.6%，26~30岁、25岁以下青年教师对应的比例分别为23.1%与10.7%；与年龄相对应，教龄越长收入水平越高。在职称方面，副高职称的税后年收入在15万元以上的为66.0%，高于中级（48.4%）与初级（17.7%）职称的占比，副高职称的税后年收入在20万元以上的亦达到48.9%，正高职称的则均在20万元以上。在就业身份方面，有学校事业编制的青年教师年收入在15万元以上的比合同制等非正式事业编制的教师高32.2个百分点。在学校类型方面，"双一流"建设高校和一流学科建设高校的收入水平更高，税后年收入在15万元以上的比例分别达52.8%与66.2%，显著高于"非双"普通本科院校的28.4%与高职高专院校的20.2%；并且"双一流"建设高校、一流学科建设高校教师工资主要集中于20万~25万元，占比分别为28.9%、31.3%，"非双"普通本科院校集中于15万~20万元（32.6%），高职高专院校则集中于10万~15万元（38.4%）。这是因为收入水平一般与工龄和职称挂钩，因此年龄越大、教龄越长、职称越高，所获得的收入相应更高。在就业身份方面，访谈时有教师反映，"合同制的老师为年薪制，表面上看起来工资比有编制的老师高，但在编的老师是有绩效工资、奖金收入的，加起来肯定是比合同制老师高"。由此可知，具有事业编制的教师所享受到的福利性待遇更好。学校类型方面，学校越好，政府投入的财政资源越多，学校经济总量越大，获得的科研教学资源也越多，这些因素都会影响高校青年教师的收入水平。

3. **高校青年教师平均每天工作10.4小时，每周课时量集中于10节以下**

数据显示，广州高校青年教师平均每天的工作时长是10.4小时。具体来看，在每周的课时量方面，约四成受访高校青年教师表示每周课时量不到5节，6~10节的占比为34.3%，每周在10节以上的占比为20.3%。访谈中有教师表示，"虽然我们每周课时量不是很多，每学期开两门课就可以，但是花在查找资料和制作课件上面的时间挺多的"。由此可知，广州高校青年教师面临着一定的教学压力。

相比较而言，高职高专院校教师的教学量最多，每周课时量在10节以上的占比为27.4%，高于"双一流"建设高校（13.6%）、一流学科建设高校（17.3%）、"非双"普通本科院校（22.9%）。这可能是因为高职高专院校专业设置以实操性专业课程为主，更注意技能型人才的培养，对教师教学工作的要求更高。

4. **薪资待遇、发展机会为吸引人才的关键因素，"双一流"建设高校教师、合同制青年教师更看重个人发展机会**

调查显示，86.3%的广州高校青年教师认为高校引进和留住高层次青年人才的首要因素是工资待遇，其次会考虑发展机会（63.7%）和工作环境（39.5%），考虑住房待遇的占比为36.6%（见图5）。从不同群体来看，"双一流"建设高校和一流学科建设高校教师更看重发展机会，分别有70.7%、67.2%的"双一流"建设高校和一流学科建设高校教师认为发展机会是引进和留住高层次人才的关键因素，"非双"普通本科院校和高职高专院校教师选择此项的比例分别只有59.5%与57.4%。在就业身份方面，合同制青年教师更关注发展机会与工作环境，分别比事业编制教师的比例高4.8个与5.2个百分点。

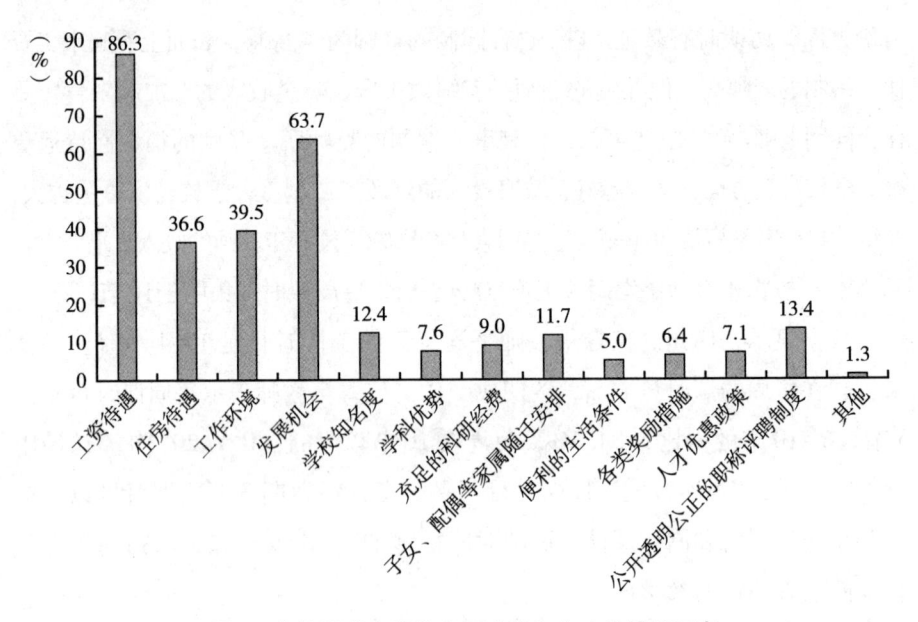

[图表：高校引进和留住高层次青年人才的关键因素条形图，数据如下：工资待遇86.3%，住房待遇36.6%，工作环境39.5%，发展机会63.7%，学校知名度12.4%，学科优势7.6%，充足的科研经费9.0%，子女、配偶等家属随迁安排11.7%，便利的生活条件5.0%，各类奖励措施6.4%，人才优惠政策7.1%，公开透明公正的职称评聘制度13.4%，其他1.3%]

图 5　高校引进和留住高层次青年人才的关键因素

5. 提高薪酬待遇、在职提高学历学位、加大科研扶持力度是广州高校青年教师发展的最迫切需求

调查发现，53.4%的受访青年教师认为提高经济收入待遇最能促进自身发展，认为在职提高学历学位是促进青年教师发展最有效措施的比例为42.6%，认为对青年教师提供科研上的扶持性政策最有利于促进教师发展的比例为41.8%，希望通过各种人才支持计划促进自身发展的占比为40.4%，还有33.9%的认为可以通过建立健全学校激励机制来促进高校青年教师的发展。由此可知，广州高校青年教师在促进自身发展方面的需求较为多元，高校要从经济、政策、激励制度等方面着手，完善高校青年教师发展环境，促进高校青年教师发展，引进、培养、留住一批高层次青年人才（见图6）。

6. 高职高专院校教师更重视学历提升，双一流学科建设高校教师人才支持计划需求更大

在群体差异方面，高职高专院校教师希望在职提高学历学位的比例最高，为58.4%，显著高于其他类型学校。这是因为高职高专学校对教师的学历要

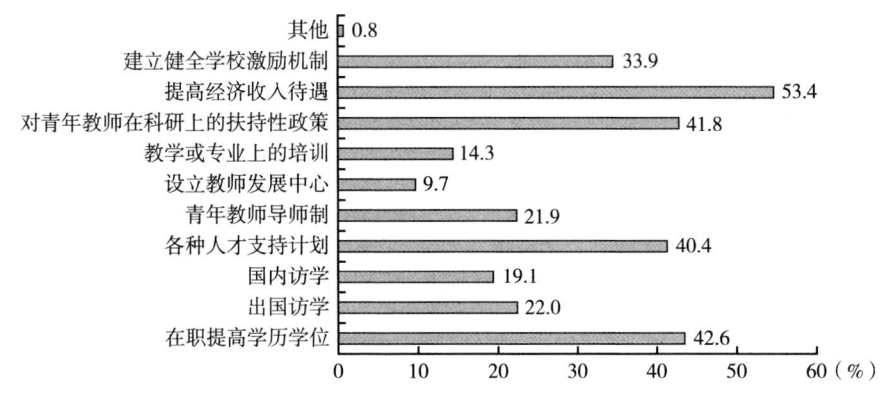

图表数据：
- 其他：0.8
- 建立健全学校激励机制：33.9
- 提高经济收入待遇：53.4
- 对青年教师在科研上的扶持性政策：41.8
- 教学或专业上的培训：14.3
- 设立教师发展中心：9.7
- 青年教师导师制：21.9
- 各种人才支持计划：40.4
- 国内访学：19.1
- 出国访学：22.0
- 在职提高学历学位：42.6

图 6 促进高校青年教师发展的有效措施

求相对较低，在高职高专任教的老师大部分为硕士学历，因此在学历提升方面有较大需求。访谈中有大专院校教师反映，"我们原来进来的老师是只要求硕士学位的，现在开始高层次人才引进，所以我们这些硕士学历的老师有很强的学历提升需求"。"双一流"建设高校、一流学科建设高校青年教师认为各种人才支持计划是促进自身发展最有效措施的比例分别为50.8%、46.3%，显著高于"非双"普通本科院校（40.1%）和高职高专院校（33.2%）。

（三）生活状况与社会支持

1. 广州青年教师住房状况较好，但仍面临较大的住房压力

数据显示，42.0%的受访青年教师自购商品房居住，住在学校宿舍/过渡房的青年教师占24.4%，18.5%的青年教师为市场租房居住，租住公租房（廉租房）的占比为9.0%、购买政府经济适用房（2.2%）或共有产权房（1.7%）的比例较低。由此可知，广州高校青年教师解决住房问题的途径多元，住房条件较好（见图7）。

从不同群体来看，30岁以上青年教师多为自购商品房，其中31~35岁住在自购商品房的青年教师的占比为48.4%，36~40岁青年教师所占的比例为66.3%；30岁及以下青年教师住在学校宿舍/过渡房的比例较高，其中25岁及以下住在学校宿舍/过渡房的青年教师的占比为57.1%，26~30岁青年教师的

123

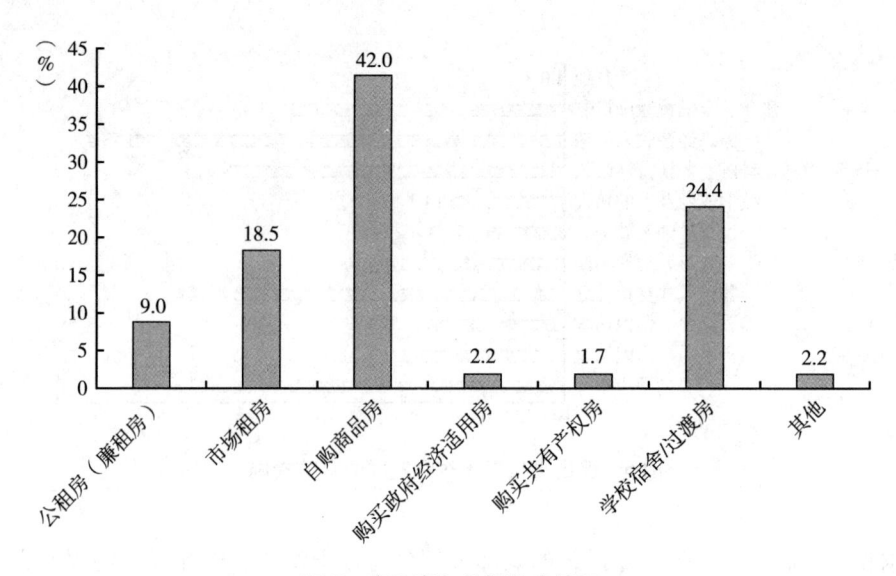

图 7 高校青年教师住房情况

占比为39.9%。这是因为随着年龄增长，青年教师的职称级别会有一定提升，经济方面亦有了一定积累，而30岁及以下的青年教师大多处于事业起步阶段，收入水平也相对较低，很难靠自己的力量购买商品房。在户籍状况方面，广州本地青年购买商品房的比例最高，为49.8%，显著高于广东省内其他城市（26.4%）和广东省外城市（23.0%）青年教师；广东省外城市青年教师租住公租房（廉租房）的比例则最高。本地户籍青年教师较好的住房状况与其家庭支持分不开，访谈中不少本地青年教师表示，父母对其购房提供了较大支持。

值得注意的是，广州青年教师住房状况虽然较好，但同时也面临较大的住房压力。首先是住房贷款方面的压力，访谈中不少青年教师表示"每个月要偿还大几千的贷款，占了快一半的工资了"。其次租房居住的青年教师表示每月花在租房方面的开销也不少，"条件太差的不想租，条件好一点的价格又不便宜，除了房租和基本的生活开销，每月所剩无几，买房更是遥遥无期"。

2. 高校青年教师生育意愿不高，经济压力大、与职业发展存在冲突、无人帮带为生育面临的最大困难

数据显示，受访高校青年教师中已婚者的占比为55.1%，未婚有男/

女朋友者的占比为20.7%，未婚且无男/女朋友者的占比为24.2%。对已婚教师的生育意愿进行分析发现，未生育者中有39.5%的人不愿意生育，愿意生育一孩的占比为32.9%，愿意生育二孩的占比为22.6%，愿意生育三孩的占比仅为4.9%；已生育一孩者愿意继续生育的占比为53%，其中愿意生育二孩的占比为45.2%，愿意生育三孩的占比为7.8%；已生育二孩者愿意生育三孩的仅占3.9%。由此可知，广州高校青年教师生育意愿不高，二孩、三孩生育意愿更低。

对高校青年教师面临的生育困难进行分析发现，导致生育困难的最主要原因是经济压力大，占总体样本的79.8%；第二为生育与职业发展存在冲突，占比为64.9%；排名第三的原因是没人帮忙带小孩，占比为60.5%；生育会挤占个人休闲、夫妻生活的空间的占比也较大，为57.7%；导致生育困难最小的因素是健康状况不佳，占比为17.7%。由此可知，广州高校青年教师在生育方面亦面临较多困难，未来要进一步构建生育友好型社会，降低生育经济成本与时间成本，提升高校青年教师生育意愿（见图8）。

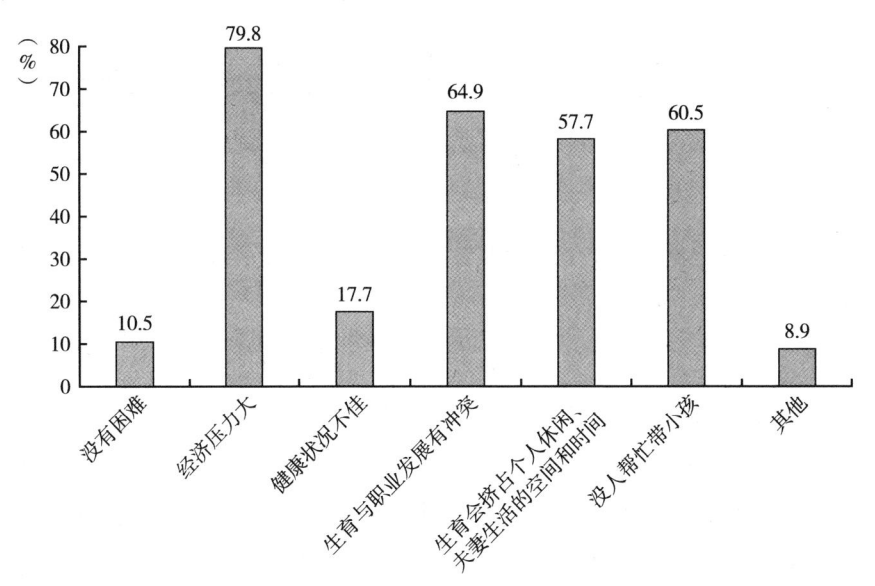

图8 广州高校青年教师生育面临困难

3. 男性更关注生育成本，女性更关注生育对自身发展的影响

在影响生育困难的因素中，两性均认为最主要的因素是经济压力大，但男性占比为85.4%，比女性的74.2%高11.2个百分点；此外，女性更关注身体健康和职业发展，选择健康状况不佳和生育与职业发展有冲突这两个原因的均高于男性；男性比女性更关注生育对个人休闲、夫妻生活空间和时间的挤占问题。由此可知，由于生育的主体是女性，她们更多会从切身利益出发去考虑生育造成的问题，而男性更多会考虑的是生育对其经济状况以及休闲娱乐造成的影响（见图9）。

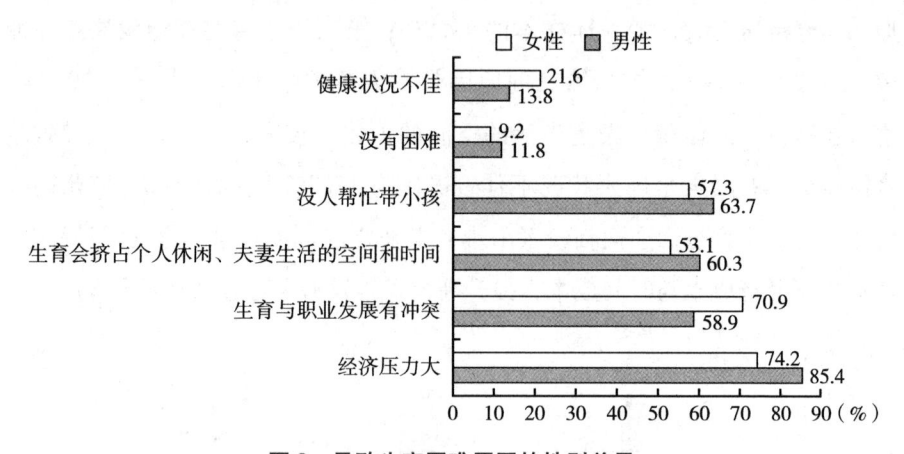

图9 导致生育困难原因的性别差异

原因	女性	男性
健康状况不佳	21.6	13.8
没有困难	9.2	11.8
没人帮忙带小孩	57.3	63.7
生育会挤占个人休闲、夫妻生活的空间和时间	53.1	60.3
生育与职业发展有冲突	70.9	58.9
经济压力大	74.2	85.4

4. 高校青年教师生理健康状况较好，但面临较大心理压力；压力主要来自职称晋升、自我提升、经济收入等

调查数据显示，73.7%的受访者表示自己目前的身体状况较好，其中认为非常健康的占比为25.4%，比较健康的占比为48.3%；身体健康状况一般的占比为24.4%，不太健康的占比低于2%。在心理健康状况方面，高校青年教师面临较大的心理压力。超过半数（50.2%）的广州高校青年教师自我感觉心理压力比较大，更有14.9%的受访者表示压力非常大，二者共计65.1%；30%的受访者表示压力一般，表示不太有压力或没压力的仅占4.9%。

从群体差异来看,"双一流"建设高校青年教师的心理压力最大,认为心理压力比较大或非常大的占比为79.1%,一流学科建设高校中感觉心理压力非常大或比较大的比例为70.6%,"非双"普通本科院校和高职高专院校中这一比例分别为64.7%和67.1%。这可能是因为"双一流"建设高校、一流学科建设高校对教师科研成果的要求更高,学校教师在职称评聘等方面的"内卷"程度也越高,因此面临更大的心理压力。

职称级别为中级的青年教师所承受的心理压力最大,20.1%的中级青年教师表示压力非常大,所占比例高于初级(11.2%)和副高级(8.5%)青年教师。

男性的心理压力大于女性,近二成(18.7%)男性青年教师表示压力非常大,所占比例比女性(12.5%)高6.2个百分点;年龄方面,心理压力随着年龄的增长而增加,36~40岁青年教师认为压力非常大的占比为16.9%,31~35岁青年教师的占比为15.5%,26~30岁青年教师的占比为14.5%,25岁及以下青年教师的占比为7.1%。

对广州高校青年教师压力来源进行分析发现,职称晋升的压力、自我提升的压力以及经济收入低为主要的压力来源。具体来看,49.2%的人在职称晋升方面存在压力;第二为自我提升的压力,占比为45.4%;第三为经济收入低,占比为37.9%;行政事务繁杂、科研任务过重所占的比例也较高。

从不同群体来看,女性选择家庭、工作之间难平衡的占比为22.6%,比男性高6.4个百分点;男性选择经济收入低为其主要压力源的占比则比女性高4.9个百分点。在岗位类别方面,专职辅导处理学生突发事件的压力比专任教师高9.2个百分点;专任教师兼职辅导员/班主任/团委教师处理行政事务的压力比专任教师高8.3个百分点;专任教师教学科研压力、职称晋升压力则显著高于其他岗位教师。

5. 高校青年教师社会支持主要源自朋友、亲人、同事,男性更倾向于"憋在心里"

数据显示,广州高校青年教师遇到烦恼和困惑时的求助对象前三位分别为朋友(73.9%)、亲人(56.8%)和同事(28.1%);近二成(19.3%)

的青年教师选择憋在心里，自我消化；10.0%的会寻求领导的帮助；7.1%的通过网络平台发泄。从不同群体来看，女性更倾向于寻求朋友和亲人的帮助，超过六成（60.8%）的女性会找亲人倾诉，比男性高 10.5 个百分点；79.2%的女性会向朋友倾诉，高于男性的占比 65.2%；男性选择"憋在心里"的占比（21.9%）则高于女性（17.6%）（见图 10）。

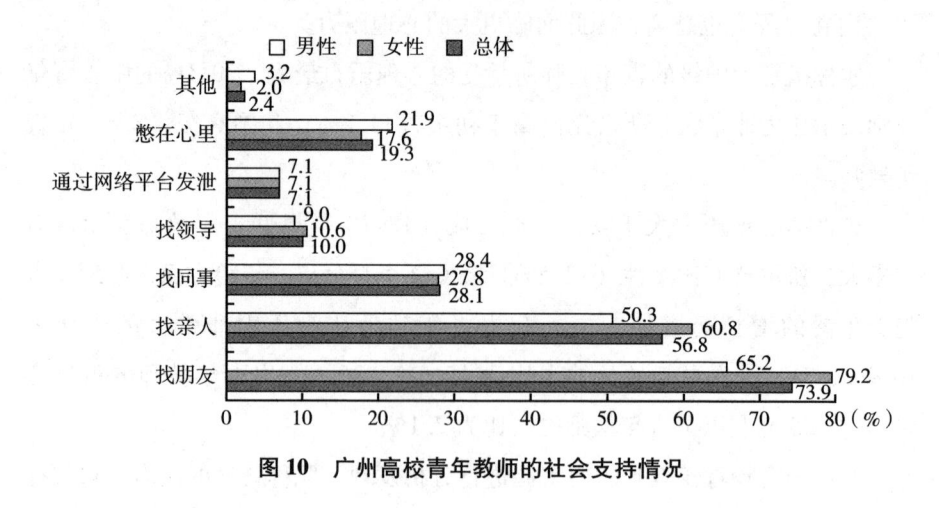

图 10　广州高校青年教师的社会支持情况

（四）创新环境与创新能力

1. 广州高校青年教师拥有较好的创新环境，创新激励政策需进一步完善

调查发现，广州高校青年教师创新环境较好。在对"广州市整体的创新氛围很好"这一问题的回答中，近七成（69.51%）青年教师表示完全同意（27.56%）或同意（41.95%）；60.5%的青年教师表示学校有鼓励教师创新的激励政策（晋升体系或薪酬体系）；近八成（79.3%）的青年教师表示学校领导鼓励教师创新改进教学科研等工作；65.4%的人表示学校提供条件和资源，支持教师创新；超过七成（70.7%）的高校青年教师表示学校重视和认可有创新和进取精神的教师；70.0%的受访者表示当自己有新想法或观点时，同事们会给予支持，积极发表建议和意见。可知广州高校青年教师所处的创新环境较好，广州市政府、学校、领导、同事等都会为其创新提供一定资源和支持。但同时,广州高校青年教师的创新激励政策需进一步完善。分析发现30.5%的人认为学校激励政策一般,还有9.0%的人认为激励政策不足;在对学校提供的创新支持资源方面,27.3%的人感觉支持一般,认为支持不够的占比为7.4%(见表2)。

表2 广州高校青年教师创新环境

单位:%,分

选项	完全不同意	不同意	一般	同意	完全同意	平均分
我的领导鼓励教师创新改进教学科研等工作	2.4	2.0	16.3	35.9	43.4	4.16
当我有新想法或观点时,同事们支持我、积极发表建议和意见	1.7	2.7	25.6	37.1	32.9	3.97
学校重视和认可有创新和进取精神的教师	2.7	3.4	23.2	36.3	34.4	3.96
学校提供条件和资源,支持教师创新	3.2	4.2	27.3	34.9	30.5	3.85
学校有鼓励教师创新的激励政策(晋升体系或薪酬体系)	4.4	4.6	30.5	32.2	28.3	3.75
广州市整体的创新氛围很好	1.7	2.4	26.3	42.0	27.6	3.91

2. 广州高校青年教师认可自身创新能力,在培养学生创新能力方面发挥较大作用;理工科、平台较好学校教师对自我创新能力的认同度更高

调查结果显示,60.2%的青年教师认为自己产生创新思想,具备提出新的理论假说的能力。其中,完全同意者占比为22.9%,比较同意者占比为37.3%。从不同群体来看,男性青年教师对自身产生创新思想等方面更有自信,近七成(67.8%)的男性青年教师表示完全同意(25.2%)或同意(42.6%)"我产生创新思想,具备提出新的理论假说的能力"的观点,所占比例高于女性青年教师的占比(55.7%);67.3%的工科青年教师同意此观点,所占比例比文科教师的占比(55.6%)高11.7个百分点。

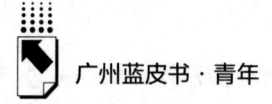

此外，近七成（67.6%）的青年教师表示针对创新方案能够制订具体实施计划；63.6%的受访者表示自己善于培养和提升学生的创新能力。群体差异分析发现，74.7%的一流学科建设高校青年教师完全同意"针对创新方案，我能制订具体实施计划"这一观点，所占比例比"非双"普通本科院校（63.7%）的青年教师高11.0个百分点，比高职高专院校青年教师高6.4个百分点。在培养和提升学生创新能力方面，74.2%的工科青年教师认为自己能力较好，理科青年教师中这一占比为73.6%，所占比例高于文科教师的66%。

3. 学校学术评价体系不完善、行政事务较多、科研经费不足等为学术创新主要制约因素

数据显示，广州高校青年教师认为目前制约自身学术或工作创新最重要的因素排名前三的分别是"学校学术评价体系不完善"、"行政事务太多，挤占科研时间"和"学术生态环境有待优化"。具体来看，53.4%的青年教师认为学校学术评价体系不完善是首要的制约因素。学术评价体系与高校教师的职称晋升、工作考核、学术奖励等息息相关，在高校教学、科研活动中起着非常重要的导向作用。有教师表示，目前高校学术评价体系偏向量化、指标化，这种学术评价导向导致青年教师更关注成果产出数量，论文的创新水平和科学价值反而成为非评价重点，这无疑会影响甚至制约学术的创新。第二影响因素是行政事务太多，挤占科研时间，占比为51.2%。高校青年教师除了教学、科研工作外，还需要承担部分行政事务。有老师反映，"现在招聘进来的青年教师都需要担任至少一年的班主任，这是跟职称评定挂钩的，作为班主任要召开班会，指导学生论文写作、参赛等，还需要进寝室了解学生情况，光是这一项就花费我们很大精力"。认为学术生态环境为影响创新主要因素的占比为48.5%；选择科研经费不足为创新主要制约因素的占比也较高，为43.2%。由此可知，高校需加快完善学校学术评价体系，优化学术生态环境，为高校青年教师学术或工作创新提供经费等各项支持，促进高校青年教师创新能力提升和创新成果产出。

三　广州高校青年教师发展面临困境及原因分析

（一）广州高校青年教师，尤其是"双一流"建设高校教师面临较大心理压力，不利于青年教师的健康发展

青年教师是高校发展队伍的中坚力量，是高校建设与发展的主力军。近年来高校青年教师的心理问题凸显，关于高校青年教师焦虑、抑郁，甚至自杀的报道时有发生，引起了社会的广泛关注，这些都与高校青年教师面临较大心理压力有关。廉思教授团队发布的《工蜂——中国高校青年教师调查报告》显示，高校教师群体中72.3%的受访者直言"压力大"，其中更有36.3%的人认为"压力非常大"。我们的调查得出同样结论：65.1%的受访青年教师反映自己心理压力较大，其中14.9%的表示压力很大，已经导致自己快喘不过气了。"双一流"建设高校中感到压力比较大或非常大的比例更是达到79.1%。访谈中不少青年教师也表示会出现消化不良、失眠、情绪低落、焦虑等现象。由此可知，广州高校青年教师群体正面临着较大的心理压力，这种压力对高校青年教师的健康发展会产生一定影响。

对导致高校青年教师心理压力的原因进行分析，发现主要存在以下几方面。第一，科研和职称晋升导致的压力。前文分析发现，近五成青年教师的压力来源于职称晋升。访谈中有青年教师谈到由于职称级别较低，很多课题项目自己无法独立申请，这会影响到科研产出，而科研能力和论文发表情况往往又是职称评定和考核的核心指标。"我的压力主要源自科研，具体一点就是国家社科基金项目立项。因为我是青年人才引进，所以单位一直定位是科研型人才。我对立项这件事情很焦虑，希望早日立项，不然会影响考核，还有就是如果后期没达到合同要求，作为引进人才多发的收入也是需要退回的"。第二，经济收入与其心理预期存在差距，易产生心理不平衡感。调查发现，广州高校青年教师的收入水平显著高于广州市平均工资，超八成的青年教师税后年收入在10万元以上，36.1%的税后年收入在15万元以上。但作为城市精英阶层的高校青年教师对自己的收入水平并不满意。访谈中，部分高校青年教师表示，"高校教师的经济和时间投入成本与其经济产出之间不成正比，那些读完本科就去企业工作的同学现在收入是我们的几倍，我们经常被戏称为'学术农民工'，这种心理落差还是较大的"。调查中，不少青年教师表示经济收入较低，在买房、结婚生子等方面存在较大压力。经济收入与高校教师心理预期间的差距、获得感的缺失极易造成高校青年教师的心理不平衡感，从而影响其心理健康。第三，部分青年教师社会支持不足，负面情绪难以及时释放。分析发现，有近两成的受访者在遇到烦恼和困惑时不会寻求社会支持，选择憋在心里，自我消化。访谈中有老师提道，"我是从外地来广州的，平时接触的主要都是学院同事，也不能什么事都跟他们倾诉"。当积攒的负面情绪越来越多，自我情绪调节能力又比较欠缺时，就容易出现紧张、焦虑、抑郁等心理问题，对其工作和生活带来不良影响，进而阻碍高校青年教师职业发展。近五成的受访者表示目前高校青年教师职业生涯发展的主要障碍是教学、科研、学生工作产生的不良情绪影响。

（二）聘任制改革下"非升即走"压力导致部分青年教师价值取向功利化，教书育人功能弱化

2006年，广东出台《关于加强高等学校教师队伍建设的意见》，明确提出，将在保障广东高校师资的基础上全面推行聘用（聘任）制。近年来，广州高校积极推进落实聘任制改革，高校教师从此打破"铁饭碗"，这对提升高校教师工作积极性、主动性、优化高校师资队伍具有重要作用。但与此同时，"聘任制"下"竞争""绩效""效率"等成为高校教师尤其是青年教师的重要追寻和价值取向。这种追寻和价值取向在激发青年教师工作热情、提升工作效率的同时，也催生了部分青年教师价值取向功利化、教书育人功能弱化等问题。

究其原因，一方面，广州高校青年教师面临较大的考评压力。调查发现，7.6%的受访青年教师表示考评期内未达到考评要求会直接被学校开除，24.4%的人表示学校会设立缓冲期，缓冲期内仍未达到要求则会被开除；

20.2%的人表示考评未达标会转到教辅工作岗位。相比较而言,"双一流"建设高校、一流学科建设高校教师面临的考评压力更大。"双一流"建设高校中10.8%的人表示考评期内未达标会被直接开除;设立缓冲期,缓冲期内未达标则被开除的占比为24.5%;会被要求转岗的占比为22.5%,三者的占比共计57.8%。一流学科建设高校中的占比为57%;"非双"普通本科院校中这一占比为52.2%;高职高专院校中则占47.3%。由此可知,不管是何种类型学校的青年教师都面临较大的"非升即走"的压力。此外,考评不达标还会面临降低工资待遇、退回人才引进补贴等风险。访谈中有教师表示,在"非升即走"的现实压力下,高校青年教师首要思考的是如何"留下来",考虑的是生存层面的需要,在生存问题解决之前,"教书育人"的职业理想只能退而求其次。另一方面,"业绩为王"下对短期、量化成果的过度追求导致部分教师"重科研轻教学"。在聘任制制度"非升即走"的刺激下,科研成果产出成为衡量高校青年教师"业绩"的重要显性标准。访谈发现,部分高校对科研产出和教学的奖励也相差较大,发表一篇SCI论文可获上万元奖励,而一节课的补贴才二三十元。在这种衡量标准和激励下,部分高校青年教师一味追求"短期""量化"成果,在"业绩为王"原则的驱动下,难以静下心来从事有价值但需要较长时间成本的研究,转而从事花费时间少、易产出成果的研究,谋求"工具合理性"。对教学工作,有教师反映"学校对教学质量、教学评价等软性指标的重视程度相对较低,只要过得去不是太差就可以了"。访谈中有教师明确表示做项目比给学生上课重要,教学质量对职称评定影响不大。这些都加剧了青年教师的功利化倾向,弱化了高校青年教师教书育人的功能。

(三)广州高校青年教师行业忠诚度高,但部分高校青年人才流失率较高

访谈中,我们对高校青年教师的行业忠诚度进行了调查。在问到未来是否会离开高校教师这一行业时,大部分教师表示可能性不大。"博士毕业入职高校似乎顺理成章,对高校教师这个职业的认同度挺高的,时间相对自

由，本身喜欢授课，将自己的一些思考融入课堂，教学相长，以后会继续在教师这个岗位默默耕耘。"一名来自高职高专院校的老师也提到，"我是学建筑工程的，以前在企业做过几年，但还是比较喜欢学校的氛围，跟学生在一起比较开心，工作弹性也比较大，不像企业每天需要打卡"。探索知识的满足感、教书育人的成就感、灵活的工作时间、相对自主的工作内容等激励着高校青年教师在这一职业道路上发展前行。

但调查同样发现，近四成（38.3%）的受访者认为所在高校人才流失率偏高，其中认为比较高的占比为27.8%，认为流失非常高的占比为10.5%。群体差异方面，"双一流"建设高校的人才流失率最高，选择非常高或比较高的占比为47.7%，一流学科建设学校中这一占比为41.3%，"非双"普通本科院校和高职高专院校对应的占比分别为39.2%和37.3%。由此可知，广州高校青年教师行业忠诚度较高，职业归属感较强，但部分高校，尤其是"双一流"、一流学科建设高校青年教师对所在学校的归属感偏低，人才流失率较高。

对其原因进行分析，一方面，学校的考评标准较高且缺乏稳定性。六成以上的受访青年教师认为学校的考评标准太严格，其中近四成认为"再努力也无法达到"。"双一流"学科建设高校中认为考评标准严格的占比最高，觉得再努力都无法达到要求的占比为39.4%，一流学科建设高校中这一占比为32.7%，"非双"普通本科院校和高职高专院校的占比则分别为23.4%与21.8%。此外，访谈发现，部分高校的考评标准缺乏稳定性。访谈中有青年教师提道，"我们经常提交材料的时候才知道要求又变了，本来以为符合要求，突然被告知不行，很受打击"。与部分高校管理部门的座谈资料也显示，很多高校职称评聘制度正处于改革阶段，要求变化较大，存在改革"阵痛期"，这种缺乏稳定性的考评标准使得高校青年教师的职业发展前景充满不确定性，影响青年教师的归属感。另一方面，部分高校发展空间不足，在留住高层次青年人才方面缺乏持久的吸引力。调查发现，六成以上的受访者认为留住高层次青年人才的关键因素是发展机会。但现实的情况是，部分高校青年教师的发展空间不足，职业发展受到学校政策、管理体制的制约,职称晋升名额有限、论资排辈,学校学术评价体系不完善,等等。这些因素都制约了高层次青年人才的进一步发展,加上薪资待遇没有优势,许多已具备丰富科研教学经验的青年教师选择跳槽到其他学校或城市,造成高层次青年人才的流失。调研中有老师谈道,"其他学校如果给出更好的经济待遇和发展空间,我应该会走的。很多老师在我们学校评职称很难,但有学校直接给他教授的职称,他马上就离职了"。部分高校二级学院管理人员在调研中也反复提到高标准的考评要求导致学院在引才留才方面都存在较大困难。"这几年我们有培养一些优秀的人才,但很多人因为在聘期内没有达到学校的考核要求,无法入编,当有其他学校伸出橄榄枝时,他们会选择离开,这对我们学院,甚至整个学校都是很大的损失。"由此可知,受制于学校管理体制、考评制度等,培养成长起来的青年教师骨干存在较大流失风险,不利于学校的长远发展。

四 促进广州高校青年教师发展的对策建议

(一)关注青年教师心理健康,提升青年教师幸福指数

首先,加强支持引导,为青年教师化解心理难题。教育管理部门应重视青年教师的身心健康,建立高校教师心理问题筛查机制,及时发现青年教师可能出现的心理问题;开通"青年教师心理专线"平台,通过电话或网络远程的方式为有需要的青年教师提供咨询和倾诉服务。发挥学校和各学院工会、团委的作用,做好青年教师的服务工作;学校及学院各级领导定期不定期与青年教师进行谈心谈话,了解青年教师的需求和实际困难,及时疏解青年教师心理压力,营造关爱与支持的环境、氛围。其次,倾听青年教师心声,增强青年教师归属感。畅通青年教师意见表达与合理沟通的渠道,支持青年教师参与学校管理,为学校发展建言献策,涉及青年教师切身利益的决策,要充分听取青年教师的意见,增强青年教师的主人翁意识。市委市政府应结合"青年发展型城市""儿童友好型社会"建设契机,加强保障房建

设，向符合条件的青年教师放开申请，进一步改善青年教师住房状况；出台育儿鼓励性政策，减轻育儿支出压力，发展普惠性婴幼儿托育教育服务体系，有效解决如何平衡工作和照顾孩子的难题，以此增强青年教师城市归属感。最后，创新激励形式，提升青年教师获得感。探索建立职称、能力和绩效三位一体的薪酬分配机制，针对教学、科研工作成果突出的青年教师，设立专项补贴，激励其工作的积极性与创造性；同时应积极营造适应教师创新发展的环境，提供资金支持及创新指导；在注重物质奖励的同时，应该完善一系列有针对性的非货币性福利制度，如为青年教职工子女入托入学、家庭人员的落户等提供辅助性帮助，解决青年教师"后顾之忧"，让青年教师更好地投入到科研和教学工作中去。

（二）重视青年教师成长，完善青年教师发展环境

首先，建立科学评价机制，丰富职称评聘方式。针对青年教师在职业成长发展中的特点，建立人性化的考评机制。高校绩效考评不应局限于科研项目数、科研经费数、发表论文的等级与数量等量化指标，要从机制上鼓励青年教师投入时间和精力进行创新，培育教师持续发展个体创新能力的绩效管理体系。要进一步破除唯论文、唯课题、唯资历等进行职称评定的做法，建立以同行专家评审为基础的评价机制，提升考核、职称评价的针对性和科学性。其次，加强培训指导，促进青年教师个人发展。根据学校实际情况，为青年教师搭建良好的职业规划路径和国际化人才交流计划等，拓宽青年教师的学术视野，使他们在职业道路上有更好的发展；老教师和名教授申报科研项目时可积极吸收青年教师参与，发挥"传帮带"的作用，助力青年教师学术能力的提升。最后，缓解青年教师科研教学压力，为青年教师提供"能坐得住冷板凳"的发展环境。针对新入职的青年教师，高校允许他们在3~5年的时间内以科研为主，教学为辅，并给予一定额度的科研启动资金。此外，高校应多开展跨专业、跨学科和跨学校的合作，形成合理的管理制度和务实高效的激励制度，为高校青年教师的团队建设、创新能力的发挥提供有力保障。

（三）加强思想价值引领，促进青年教师自我调适

首先，加强职业信念培养，树立正确价值观。教师作为人类灵魂的工程师，要树立崇高的职业理想。要加深对高校青年教师职业精神和教育理念的培育，提高思想境界，打破"重科研轻教学"现象，让高校教师真正回归"树人育人"本质。高校青年教师只有认清自身发展的意义与价值，牢记教师职业的责任与使命，而不是仅仅将教师作为一种谋生的手段，方能在繁重的教学、科研工作中，不断自我激励，实现自我成长。其次，明确发展目标，做好个人生涯规划。高校青年教师要对自我做出正确评估，结合个人兴趣和研究领域的发展特点，对教学、科研、学习等方面进行统筹规划，制定科学的自我发展道路；要懂得高校教师成长的发展规律，避免出现"眼高手低"的现象，扎实基础，逐步实现个人的学术追求和职业理想。最后，正确认识自己，学会自我调适。高校青年教师应对自我和所处职业发展阶段有清晰认知，在此基础上，对薪资待遇、职称评聘、项目申报等形成合理心理预期，降低理想和现实之间的落差感；此外还要合理分配时间，保持高效率工作与乐观的情绪，科学正确认识压力，重视自身心理素质建设，合理调节自身情绪。

参考文献

李向玉、李雅静：《"双一流"建设背景下省属高校青年教师发展困境及解决路径》，《赣南师范大学学报》2020年第1期。

陆宜新：《高校青年教师科研能力现状与提升》，《南阳师范学院学报》2021年第4期。

周静、刘健：《新时代高校青年教师立德树人能力提升的实践路径》，《攀枝花学院学报》2021年第6期。

袁宝宇：《高校青年教师思想政治素养培育途径及方式研究》，《北京青年研究》2017年第2期。

邢方敏、黎莉：《高校青年教师职业发展现状及培育机制研究》，《陕西教育》（高

教）2016年第9期。

查国清、马喜亭：《高校青年教师心理健康分析与提升对策》，《管理观察》2016年第13期。

张轶坤：《高校青年教师创新人才培养现状及提升对策》，《中国成人教育》2015年第21期。

B.5
广州非遗传承青年群体发展研究

邵振刚 吴冬华 陈柳茵 何思敏*

摘　要： 本报告以广州从事非物质文化遗产项目传承工作的青年群体为研究对象,对其工作情况、群体特征、现实需求等发展现状进行实证分析调查,发现其工作收入源于产品销售与教学授课,主要工作困扰为场地租金支出和产品销售压力,同时其具有希望提升专业水平和传承人补贴额度等共性需求。而就业前景较窄和创业收入不稳定导致从业规模较小、社会受众层面亟须拓展、社会资源支持不够、行业政策较少倾斜等困境,造成"挤压综合征"。因此,未来要采取多方拓宽就业渠道和精准支持创业发展、推动非遗传承融入教育体系并壮大社会受众与传承青年的群体规模、重视非遗资源整合以及完善青年保障机制、推动大湾区青年的非遗交流和文化认同等发展措施,促进广州市非遗传承青年群体持续发展。

关键词： 广州　非遗传承　青年

一　研究背景

随着我国文化事业不断发展,非物质文化遗产(以下简称"非遗")

---

* 邵振刚,广州市团校助理研究员,主要研究方向为志愿服务基础理论;吴冬华,广州市团校助理研究员,主要研究方向为志愿服务;陈柳茵,广州市团校研究实习员,主要研究方向为青年发展;何思敏,《青年探索》编辑,主要研究方向为青少年思想政治教育。

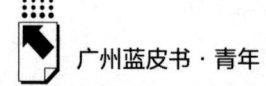

项目传承日益受到重视，青年作为非遗项目传承最富活力、最具创造力的群体，逐渐成为各方关注焦点。非遗项目传承青年群体成为团中央2017年启动"筑梦计划"聚焦12类新兴青年群体之一。如何为非遗传承青年群体提供培育、引领、关爱等服务，以及解决其发展过程中的痛点、难点问题，是共青团组织开展非遗项目传承青年工作的应有之义。为科学掌握广州非遗项目传承青年群体现状，加大对广州非遗项目传承青年群体发展的重视力度，扩大共青团工作覆盖面，不断巩固和扩大党执政的青年群众基础，结合文化和旅游部2019年发布的《国家级非物质文化遗产代表性传承人认定与管理办法》，以及广州市截至2021年底公布的非遗代表性项目（共8批，409个）数量位居全省第一的新形势，广州市团校在2022年3~5月开展了关于广州非遗项目传承青年群体发展的课题研究活动。

二 研究设计

本报告研究对象是45岁以下并且长期从事非遗项目传承工作的广州青年（简称"广州非遗传承青年"）群体。资料显示，截至2020年底，广州208名市级代表性非遗传承人中有50多名青年，还有324名区级代表性非遗传承人中的青年，以及长期从事非遗项目谋生的青年人，以上三部分从业人员共同构成广州非遗传承青年的主要群体。课题组根据国家非遗项目类别的划分，分类选择21名广州非遗传承青年进行实地深度访谈，并对其基本情况进行梳理（见表1）。同时课题组还分别到广州市非遗保护中心、广州工艺美术行业协会、荔湾区非遗协会、番禺区沙湾文化中心和广州市轻工技师学院等单位开展实地调研，与相关负责人召开了5场专题座谈会。

表1 广州非遗传承青年受访者基本情况表

编号	受访者	非遗项目名称	性别	年龄(岁)	传承路径	传承身份
1	许××	广彩	女	43	家族传承	区级传承人
2	蔡××	广绣	女	35	师徒传承	从业人员
3	侯××	敬修堂传统中药文化	女	43	师徒传承	区级传承人

续表

编号	受访者	非遗项目名称	性别	年龄(岁)	传承路径	传承身份
4	刘××	广式硬木家具制作	男	33	家族传承	区级传承人
5	谭××	广绣	女	28	家族传承	从业人员
6	麦××	象牙雕刻	女	43	师徒传承	区级传承人
7	郑××	西关水菱角制作技艺	男	34	师徒传承	从业人员
8	曹××	陶瓷艺术	男	36	师徒传承	从业人员
9	曾××	广州榄雕	男	39	家族传承	市级传承人
10	薛××	小凤饼制作技艺	女	36	家族传承	区级传承人
11	高××	广州玉雕	女	40	家族传承	区级传承人
12	邵××	广州灰塑	男	36	家族传承	市级传承人
13	何××	木雕	男	33	师徒传承	从业人员
14	唐××	粤剧	女	32	社会传承	区级传承人
15	冼××	广式白切鸡制作技艺	女	30	家族传承	从业人员
16	练××	广州剪纸	女	33	家族传承	区级传承人
17	区××	岭南古琴艺术	男	42	师徒传承	市级传承人
18	周××	广东醒狮	男	41	师徒传承	市级传承人
19	卢××	红木宫灯制作技艺	女	26	家族传承	从业人员
20	黄××	米机王咏春	女	33	家族传承	市级传承人
21	杨××	广州珐琅制作技艺	男	31	家族传承	区级传承人

鉴于广州非遗传承青年群体的规模数量和职业特性，本课题主要采用定性研究方法，同时还面向学习非遗相关专业课程的广州市职业学校学生发放调查问卷，作为实证研究材料补充，回收有效问卷60份，其中，男学生人数为19人，占31.67%，女学生人数为41人，占68.33%。

三 广州市非遗传承青年群体基本现状

（一）家族传承和师徒传承是主要路径，兴趣和责任感是职业化的主要动机

本报告调查的21名受访者中，其非遗传承主要路径是家族传承和师徒

141

传承，其中13名受访者是通过家族传承掌握非遗传承技艺，有7名受访者通过师徒传承掌握非遗传承技艺，仅1名受访者通过学校的社会传承掌握粤剧技艺，但所有受访者认同社会传承是未来非遗传承路径的发展方向。访谈发现，广州非遗传承青年从事非遗项目职业工作，最主要的原因是对该非遗项目的兴趣使然。家族传承的传承人，从小受家庭氛围影响，耳濡目染接受某个非遗项目的环境熏陶，从而逐渐喜爱该非遗项目；同时通过师徒传承的受访者也表示，因为兴趣爱好，所以选择了从事非遗项目工作。

此外，与一般的非遗体验者"玩票"性质不同，受访的广州非遗传承青年都表示，从事某类非遗项目作为自身职业选择，还有责任感、使命感的驱动。例如受访者编号5谈到她从事非遗工作时提道，"第一，这是我的兴趣爱好，第二，我有考虑过不做非遗工作行业，但后来仔细考虑过，我不去传承就没有人去传承了"；受访者编号3则说，"我觉得非遗传承是有必要的。同时我也是一名党员，一个支部书记，根据'四个自信'当中的文化自信，也让我觉得需要将非遗传承下去，有种责任感与使命感，这个是我的动力和原因"。由此可见，从事广州非遗传承青年的从业原因，除了兴趣爱好外，还有对非遗项目的使命感与责任感，所以愿意继续坚守行业工作。

（二）工作时间不固定，家庭支持是继续从业的主要动力

通过访谈了解，广州非遗传承青年工作时间不太固定，一般情况下，大部分受访者每天工作时间在8小时以上，每周休息1~2天；如果遇上创作时期，则会工作到深夜，同时其工作时间基本上是自由把控，根据自身非遗作品完成情况以及家庭需要进行灵活调整。此外，由于受访者大多数是在自己工作室开展非遗项目相关工作，这在一定程度上也延长了其工作时间。

另外，在问及"父母家人是否支持您从事非遗工作"时，绝大部分表示现在家里是比较支持的，也抱有非常大的期望。例如受访者编号19提道"因为我是独生子女，父母不只是支持，还是抱着非常大的期望"。因此，

来自家庭的有力支持，正向推动了广州非遗传承青年继续进行从业工作，尤其是广彩、剪纸、榄雕、古琴、咏春、小凤饼制作技艺、广式白切鸡制作技艺等家族传承的受访青年，普遍得到家庭支持；木雕、水菱角制作技艺、粤剧等师徒传承或社会传承的受访者，亦通过自身技艺的创业就业发展得到家庭认可和支持，从而更加坚定其职业目标和未来规划。

（三）承认技术能力与长辈、师傅有差别，但认为创新能力更贴近时代需求

整体而言，受访者对非遗项目的传承技艺，普遍认为不及上一代传承人，集中表现在时间积累不够、专注度和精细度有所差距。在从业经验、钻研精神、作品构思、神态神韵以及制作质量等方面，上一代传承人有不少值得广州非遗传承青年学习借鉴之处。同时受访者也认为非遗项目技术需要时间沉淀和经验积累，才会达到更高的专业境界。此外，受访者还反映在传承与创新方面，自身会更贴合时代特点开展创作，考虑作品的实用性和生活化，更具有创新精神和市场意识，更贴近时代发展需求，甚至会尝试跨界融合发展，这在传统工艺、传统美术等非遗项目受访者中反映尤为明显。

（四）工作收入源于产品销售与教学授课，但易受外界因素影响稳定性和持续性

调研发现，受访者的工作收入主要来源于产品销售，另外还会随着广州市"非遗进校园"系列活动以及各项非遗项目体验活动的工作邀请而增加，相关教学授课普遍成为广州非遗传承青年收入来源的有效补充，包括切合新媒体潮流的网络课程教学所得。然而，近年来因受到政府购买服务缩减、整体经济变化以及新冠肺炎疫情等多重因素影响，其收入来源逐渐变得不稳定，纵然短期有某些工作订单或课程讲授，但持续性不强，影响了整体经营和个人收入。同时，在某种程度上，亦限制了广州非遗传承青年吸收徒弟、学生入行，毕竟自身非遗项目工作收入充满不确定性，非遗传承青年在承担学徒的工作开支和指导职业发展方面会慎重考虑。

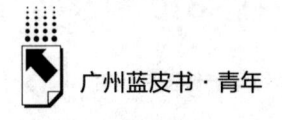

（五）希望提升专业水平和传承人补贴额度

虽然受访者大多数是认证的市级或区级代表性传承人，也曾参加过文化和旅游部、人力资源和社会保障部联合举办的"研培计划"以及市级层面的行业培训，但仍然希望继续提升自身专业能力，对非遗技艺的传承与创新、行业营销等培训有不同层级需求。另外，不少受访者期望在当前传承人认证制度下的级别晋升，可以增加有利于青年申报的条款，例如获得某个非遗类别行业的重要奖项，可以视同某些年限的申报要求等，同时希望传承人补贴机制可以更灵活，使其更好地投入非遗传承发展中。

（六）拥有相对务实的传承观念，对自身现状普遍接受

关于对非遗传承的看法，受访者普遍认为要做好自身非遗项目的运营和传播，进而吸引更多的社会人群、客户群体对非遗的关注和支持，不追求一蹴而就的传承理念，同时觉得社会传承将会成为未来非遗的主要传承路径和发展方向。在自身现状满意度方面，所有受访者普遍对生活现状表示接受，并且相信凭借自身非遗项目技艺和不断努力，能够改善目前工作境况和自身生活质量。

四 广州市非遗传承青年群体特征

正如接受课题组访谈的广州市非遗保护中心办公室负责人所言："1980年以后出生、有3年以上从业经验的传承人被定义为'新生代传承人'，他们已成为非遗传承的中坚力量，与老一辈相比，具有勇于创新、乐于承担、做事靠谱、甘作非遗传承事业的代言人的特点。"通过本课题调研，课题组发现广州非遗传承青年群体有着以下显著特征。

（一）对非遗传承充满责任感与使命感

非物质文化遗产是认识、了解并延续中华文明悠久历史与价值的生动见

证与主要载体。广州非遗传承青年作为文化传承路上的接力者，为了"传承好老祖宗的技艺"，不断学习、转型、探索与创新，他们不仅是源于兴趣爱好、基于谋生所需，更深层次的原因是出于传承使命感与家族责任感。与老一辈非遗传承人相比，这一代传承人绝大部分享受着21世纪以来中国经济高速增长的红利，有着较高的经济、文化与工作起点，原本可以从事收益高、回报快的行业，但是他们毅然跳出"舒适圈"，主动选择非遗传承工作。由于非遗技艺本身有着工序复杂、工艺繁复、耗时费力等特点，往往需要人们多年重复单一的苦练才能习得一定技艺，需要达到一定的认定标准乃至社会普遍认同才能获得一定成就。对此，广州非遗传承青年并没有轻言放弃，对于他们而言，如果不坚持，这项传统技术以及背后所蕴藏的岭南文化乃至中华民族数千年的历史文化就会从此失传，因而他们非常坚定地履行职责，义无反顾担负起艰巨的传承使命，不仅做好传统技艺的展演、展示，还原非遗技艺中的精华与本真，还积极开展公益教学、非遗传播推广，找到与新时代的对接点，让更多年轻人爱上传统文化，竭尽所能延续广州非遗所承载的文化记忆。

"我觉得需要将非遗传承下去，有种责任感与使命感。"（受访者编号3）

"我看到了广州木雕行业的没落，广州木雕在清代十三行时期是很鼎盛的，是四大流派中首屈一指的，但经过改革开放后，所有的工艺厂都下放至私人，很多都倒闭了，特别是木雕，因为木头不算很值钱，很多手艺人都消失了……一项文化，如果没有人继承，自然就会消失，可能以后都没有人知道什么是广州木雕了，这是一件很可悲的事情。"（受访者编号13）

"我从开始拒绝到慢慢接受，后来是考虑到对家庭的责任，如果我不身体力行去做的话，以后可能就没有人去做这个行业了，所以我就接受下来去做……当我每次遇到困难时我就会想，如果我现在放弃，剪纸项目就不可以推向世界，所以我就不断地鼓励我自己，我一定要继续坚

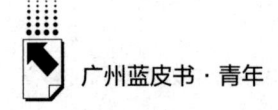

持下去。我从事非遗的唯一愿景是希望把我们中国文化不仅在广州、在国内推广，甚至可以推广到全世界并得到认可。"（受访者编号16）

（二）对非遗传承技艺坚持守正创新

广州非物质文化遗产是历经千百年传承下来的最稳定、最优秀的文化基因，是一个城市共同的文化记忆。调查发现，广州非遗传承青年作为岭南文化优秀基因的守护者，不仅具备高度的传承使命感与责任担当，还利用自己了解传统技艺的先天优势，用"工匠精神"来钻研苦练专业技艺，追求精益求精的品质，例如传统技艺传承青年对产品的精雕细刻、传统粤剧青年表演者对表演技艺的千锤百炼，以确保老技法、旧手艺继承下来并传承下去。广州非遗传承青年在实践中的"工匠精神"，不仅是传承非遗项目前辈的精神与品质，更是道德规范、行业准则与认知体系的体现。与此同时，当代广州非遗传承青年亲力亲为地参与生产和制造的每一个环节，长时间的实践与浸润让他们积累经验，逐步改良技术和手法，不断推陈出新，并回应新时代背景下社会各界对非遗传承的新观念、新需求，积极激活并焕发"非遗"的新生命力，将灵感、智慧、生活经验、价值取向以及生活实践中的思考凝结在产品中，不仅根据社会生活的变化、时代的要求进行创新，还实现传统文化和现代技艺的有效融合，努力找到传统与现实对话的接洽点，挖掘非遗与现实生活相融合的交集，进而创作出既体现岭南传统历史文化，又符合大众审美且新颖有趣的非遗作品，让更多受众主动了解并接纳、使用非遗作品，也带动更多年轻血液、年轻群体来传承传统非遗艺术。广州非遗传承青年积极探索以可行的现代化、社会化、信息化方式来推动非遗保护价值观与非遗传承事业的可持续发展模式，通过新的话语表达、技法创新、形态创新等，不仅将"老字号"通过"新生代"一直传承下去，而且坚持"创造性转化、创新性发展"，为中华民族保护好我国的非物质文化遗产资源。

"老一辈对传统复原,执着于传统工艺,新一代传承人更加注重于实用性工艺,还有方便,会在原有的工艺上改良宫灯,让它更加贴合现代生活,就是创新……目前我自己打算,我妈妈她继续做传统的工艺及款式,而我作为新生代年轻人就是创新,就像开发文创一样,让它保留传统的工艺,然后去制作现代化的一些产品。"(受访者编号19)

"玉雕给人很高高在上的感觉,我怎么把它融入我们生活用品当中,然后又不贵,就是如何将玉雕高高在上的感觉可以稍微相对大众化一点?"(受访者编号11)

"创新,包括技法创新、材料创新、题材创新,根据时代特点创作广彩作品,创新是根据时代特征进行创新的,其实博物馆见到的作品,也是不同年代的创新体现。"(受访者编号1)

"跨界更大一些,不仅是工艺界,还可以是跨行业、跨领域,与汽车研发、建筑等等专业人士去进行交流、思维碰撞……创新其实也是要有旧东西,而不是全部颠覆它,而且旧东西没学好,融合效果是很差的。之前我玩材质碰撞,现在就是玩产品融合,我在淘宝上任意搜寻一件文创产品,然后把牙雕技艺融入里面,尝试结合在一起。"(受访者编号6)

(三)对非遗传承未来普遍乐观并满怀信心

调查发现,无论是具备先天优势的家族传承人,还是后发的社会传承、师徒传承的广州非遗传承青年,他们一致看好未来,不仅能够从非遗传承过程中预测前所未有的个人发展机会,而且对所传承项目的发展前景充满极高的期待,对我国非遗保护工作与传承事业充满极大的信心。与当前年轻世代中占据主流的"躺平""35岁财务自由"等物质主义社会心态相比,掌握某项非物质文化遗产的知识、记忆、技术的广州非遗传承青年,更注重追求精神层面的获得感。虽然近年受新冠肺炎疫情多次影响,导致不少受访者运营压力加大和市场受众群体锐减,其业务生意遭受了不同程度的冲击,发展道路上遇到一些新挑战,经济收入有一定损失,但是他们仍然不畏将来,通过及时调整和改变自己的思想观念、生产模式与销售路径，积极应对错综复杂的外部环境与瞬息万变的信息化社会，并通过微信、抖音等社交媒体以及互联网的使用、理论学习、跨界交流等不同方式，丰富非遗传承的内容、形式与体验。总体而言，广州非遗传承青年不再将自己视为非遗传承事业的派生物、家族传承的被动守护者，而是未来的主动创造者，仍然对广州非遗传承的职业前景保持乐观态度，对未来的行业发展抱有信心。

"关于职业前景的话，我认为肯定比较好，因为整体经济上去之后，大家对文化产业、对艺术的投入会越来越大，因为产业的附加值比较大，会有更多的艺术投资机构建立，也可能像日本的手艺人一样，非遗传承人地位认可、社会重视程度越来越高，总而言之我觉得前景是可以的……我希望行业能长久安稳发展下去，能让我们非遗项目持续做下去，同时，通过线上板块让更多人了解、认识广式红木家具。以前的主流是广式家具，而不是现在的苏式家具，因为审美的转变，广式家具没那么受欢迎了，我就想通过自己的努力将广式家具推广出去，让其恢复到应有的高度。"（受访者编号4）

"我觉得前景还是乐观的，随着社会的发展，古琴是获得越来越多人认可的，无论是我个人的发展，还是在社会上的发展，趋势都是向好的，除非出现很大的社会动荡。如果社会还是良性发展，我们国家还是国泰民安的话，国民的温饱需求得到满足，进入小康社会，肯定会对精神文化方面有所需求，古琴是中国传统文化，是会受到关注的。"（受访者编号17）

五 广州非遗传承青年当前困境与影响因素分析

（一）就业前景较窄与收入不确定，导致从业青年群体规模较小

一方面，非遗传承具有独特性、艺术性和时间性等特点，其商业市场并

不完全具备服务业、零售业等第三产业的广泛性,因而职业选择相对狭窄。不仅受访的广州非遗传承青年普遍反映,行业内的青年群体较少,同行群体人数有限,而且本报告调查问卷显示,学习非遗相关专业的职校学生对毕业后的职业选择,只有35%的受访者会选择非遗相关专业的职业工作,其余65%的受访者不会选择其为个人职业。在问及"您不选择这一职业的主要原因"时,受访者认为排在第一位的是"个人专业技术水平不足以达到职业要求",占比为66.67%;排在第二位的是"觉得其他职业更有前景",占比为64.10%;排在第三位的是"社会认知度不足",占比为53.85%(见图1)。

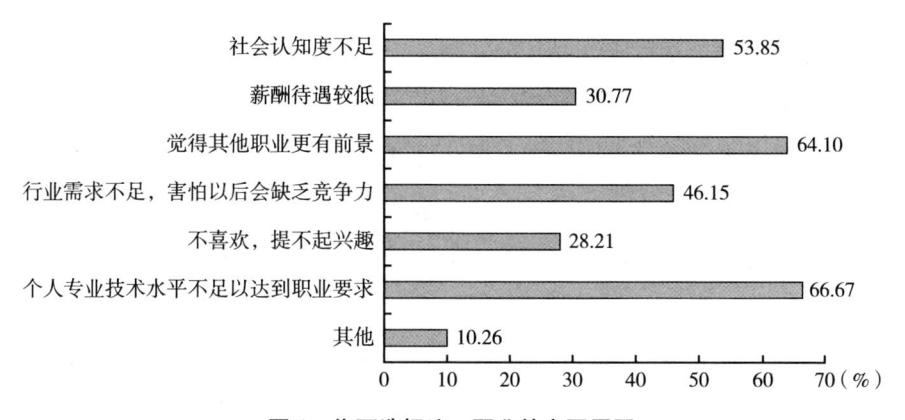

原因	占比(%)
社会认知度不足	53.85
薪酬待遇较低	30.77
觉得其他职业更有前景	64.10
行业需求不足,害怕以后会缺乏竞争力	46.15
不喜欢,提不起兴趣	28.21
个人专业技术水平不足以达到职业要求	66.67
其他	10.26

图1 您不选择这一职业的主要原因

另一方面,广州非遗传承青年通过传统技艺、传统体育、传统音乐等有形或无形产品创业取得的收入不太稳定,受生产成本、营销压力、新冠肺炎疫情等影响较大,导致整体从业青年规模不大,日渐流失。例如,受访者编号10表示"我们有从事10多年的师兄,因为近年收入不佳,去年也转行做电动车销售了",侧面反映了广州非遗传承青年群体当前的从业困境。

(二)场地租金支出负担、产品销售压力导致工作困扰

访谈显示,除了由广州市轻工技师学院"岭南大师街"免费提供工作室的广彩、广绣2名受访青年和拥有私人物业的古琴艺术传承人外,其他从事宫灯制作、珐琅制作、小凤饼制作等传统技艺以及牙雕、玉雕、木雕等传

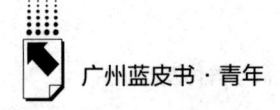

统美术的受访者不同程度表示，目前开展非遗项目的运营场地租金开支是其工作的重要负担，希望能降低场地租金水平。此外，在疫情冲击下，一方面他们要支付不菲的商业租金，另一方面产品销售规模受到严重影响，"游客少，不能聚集，订单数量减少"是不少受访者共同反映的问题。

（三）社会受众群体较少，导致非遗传承价值低估

调查访谈发现，不少受访者认为，通过自身制作的非遗产品或教学服务，除了极少数受访者（编号9、16）能够将非遗文创产品与生活用品结合外，大多数产品的经济价值不一定获得社会认同，这既有市场接受程度因素，又与产品价值的社会认知程度有关。一方面，社会大众对非遗项目虽然略有所闻，但对其价值的认识整体不深，因此愿意"埋单"的受众有限。另一方面，在非遗进校园、进课堂的普及性教育传承中，部分学校的植入式教育、灌输式教学，不大注重培养学生的兴趣爱好和接触实际的切身体验，未能达到预期的效果。因而在新常态下，如何科学地开展非遗的教育传承问题值得探讨，应该引起各级相关部门的高度重视。此外，访谈得知，基层文化部门和青年传承人开设的公益学习班，家长有"免费也不一定有人来学习""学舞狮、咏春等非遗传承项目倒不如学跆拳道更有用"等观点，反映出不少非遗项目社会认知度不高，青年传承人从事非遗工作的价值亟待引起社会更多重视，让普罗大众更清晰、更科学地认识非遗项目及其社会价值，期望政府和社会能够更积极地普及非遗传承教育，提升行业认受度，并乐意参与非遗传承的社会普及等工作。

（四）社会资源系统支持不够

从资源视角来看，社会资源是非遗传承内部资源之外的重要来源，对于非遗传承青年发展来说，具有不可或缺的外部资源助力作用。在调研访谈时，不少受访者都表达了生产场地资源、运营资金资源、市场客户资源等方面的共性的资源需求，尤其在新冠肺炎疫情影响下，越发显著。首先，生产场地的租赁成本是制约非遗项目规模化、产业化发展的重要因素，运营资金

的短缺是限制非遗青年扩大生产的主要原因,客户群体数量的多少决定了非遗青年传承生存空间的大小;其次,非遗传承项目存在一定差异性,作为自由职业者或创业的非遗传承青年,其社保、医保等基本保障以及专业提升需要的资源支持还是不够充分。究其原因,广州非遗传承青年的社会资源支持,一方面需要得到政府给予的多样化帮扶服务,另一方面也需要职能部门协调、带动相关商业资源和社会组织力量,给予系统性、持续性的资源扶持。

(五)行业政策较少倾向青年群体

调研结果显示,一方面,虽然国家和省市分别出台了非遗传承人认证与管理办法,广州市也在2022年5月印发了《广州市关于进一步加强非物质文化遗产保护工作的实施方案》,但上述条例规定中并无太多涉及青年群体的相关内容,对青年群体友好的条例欠缺在某种程度上影响了广州市非遗项目的传承发展。毕竟,部分广州非遗项目如果没有传承人或者传承人断层,非遗项目传承容易走上随时可能断裂的道路,非物质文化遗产项目随时可能由于传承人的离世并缺失青年传承人而消失,亟须加强非遗青年代表性传承人的政策性保护,同时对认证传承人的每年补贴制度需要进一步优化。另一方面,从事传统技艺和传统美术的非遗传承青年虽然可以申报工艺美术大师职称和"南粤工匠"称号,但并未被列入广州市高技能人才体系中,缺乏有效的从业青年政策激励,急需多方提供的助力配套政策。

六 广州非遗传承青年群体发展的对策建议

当前广州市各个类别的非遗项目传承人数量差距较大,有些非遗项目已无明确的传承人或者是传承人年龄较大。传承人的缺乏使不少广州非遗项目的保护和发展前景堪忧,广州非遗青年传承人的紧缺更使许多非遗项目缺乏创新发展动力,逐渐淡出政府和人民群众的视野,处于边缘化甚至苟延残喘的境地。究其缘由,无外乎非遗行业就业前景较窄、创业运营压力大,社会资源支持不足、行业政策的青年友好条款有待完善等方面。因此,本报告提

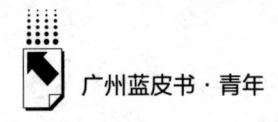

出以下建议,以更好地促进非遗传承发展和提高对广州非遗传承青年群体的服务工作成效。

(一)多方拓宽就业渠道,精准支持创业发展

1.提供青年传承人场地、资金等工作政策支持

首先,对目前广州非遗传承青年普遍反映的生产场地、经营场所的成本压力问题,建议整合广州乡村振兴、文化旅游、共青团等职能部门以及具备条件的企事业单位,为广州非遗传承青年提供生产制造、经营展示、项目开展、社会传播所需的场所,例如结合广州市"三旧"改造项目、各区基层文化空间改造、各级青少年宫培训场地等,提供减免租金的扶持,这对受疫情影响较大的传统非遗行业尤其重要。其次,通过采取划拨专项资金、股权投资、贷款贴息、以奖代补、文化惠民活动补贴等资金配套措施,更好地适应广州非遗行业发展和青年发展需要。再次,鼓励政府及企事业单位工作人员带头消费广州非遗文化产品,发挥带头效应。最后,倡导公益慈善类社会组织和文旅志愿服务团队参与协助广州非遗项目表演和展示活动,协助开展非遗项目的线上直播及传播,减轻青年传承人的运营压力,共度时艰。

2.加强非遗行业相关毕业生就业工作对接的机制建设

根据本报告面向学习非遗相关专业课程的职业学校学生调查问卷,只有35%的学生受访者选择从事非遗职业,因此,建议进一步扩充"非遗进高校"内容,除了推广宣传非遗项目外,还可增加广州非遗相关专业学生的实习对接、非遗大师收徒的公开对接、校园招聘会的就业对接等工作,形成非遗传承"实习—毕业—就业(创业)"的无缝对接机制,从根源上增强广州非遗传承青年队伍的就业创业稳定性。

(二)推动非遗传承融入教育体系,壮大社会受众和传承青年的群体规模

1.借力"指挥棒"作用,提升非遗教育学习热情度

目前广州市"非遗进校园"活动虽然遍地开花,但据受访青年传承人

反映，大多数中小学校和家长都只是想让孩子了解、体验一下非遗项目，并没有深入学习的热情和时间，而且常常因课业压力、考试安排等原因挤占或中断对非遗项目的传承学习。因而，建议在广州"小升初"、中考甚至高考的体育、艺术、科技等特长生招生或加分项目中，适当向中华优秀传统文化的非遗项目倾斜，打通学历教育与非遗教育的"肠梗阻"，借助升学考试"指挥棒"的现实作用，激活青少年儿童及其家长对非遗传承项目的学习热情。此外，每年可由市、区教育局牵头举办1~2次中小学生非遗作品评比并颁发获奖证书，激发家长及其子女的参赛热情，解决部分广州非遗传承项目"招生难"的困境。

2. 探索创新更具实用性、多样化的青年传承人培养机制

广州非遗青年传承人培养可在现有机制基础上，创新性开设传统工艺、传统美术等非遗传承相关专业的第二学历教育课程，提供高校专业进修学习与提升个人学历的扶持路径，增强其创业就业的社会资本积累。此外，共青团系统也可适时开设针对广州非遗传承青年的专题培训班，设立市场营销、网络销售、财务管理等方面相关课程，着力提升其市场运营能力。毫无疑问，通过社会化和专业化的教育体系建设，社会传承将成为非遗传承未来发展的主要路径，也是广州非遗传承青年群体规模化发展的必然选择。目前广州非遗十大类别中，只有工艺美术类、传统戏剧类的粤剧设置了相关职称制度和颁发证书，其他各非遗类别及其项目尚未建立相应职称制度。基于此现状，可以适当考虑将符合条件的非遗青年传承人职业培训纳入国家专业技术资格培训系列，通过行业管理部门的专业考核，列入广州市乃至广东省高技能人才体系序列，在一定程度上有力促进非遗传承青年人才培养渠道和培养机制的建立。

（三）重视非遗资源整合以及青年获得感，完善保障机制

1. **深化广州非遗旅游新线路研发，发挥文旅志愿服务力量，提高非遗青年获得感**

近年来广州市历经新冠肺炎疫情的数次冲击，全市的文化工作和旅游事

153

业发展受到较大影响，原有的文化旅游线路需要进一步优化。文化和旅游部在2020年10月发布了12条非遗主题旅游线路，其中，"广州老城新活力文化遗产深度游"上榜。因此，建议全面梳理和扩展现有的广州旅游线路产品，结合研学旅行需求和旅游"吃住行游购娱"六个要素，策划研发、统筹实施广州市非遗特色旅游线路。一方面，可将广州非遗文化元素融入现代设计和日常生活，积极开发非遗文创产品，深化传统音乐、舞蹈与文化旅游融合发展，扩展产业链条，持续打造广州非遗文化品牌。通过将广州非遗文化资源转化为青年传承人进行旅游市场运营、社会服务传播等的多样化资源，助其获得感持续提升。另一方面，可积极引导广州文旅志愿服务从人力资源、物料资源、媒体资源等方面参与协助，分别开展针对广州非遗传承类别的志愿服务项目，助力广州非遗旅游线路的实施推广，多角度帮助非遗传承青年在项目宣传、现场展示、资料收集、网络传播、导赏讲解等方面有效传承，并构建广州非遗传承志愿服务新模式。例如以注册持证导游为主体的"读懂广州"导游专业志愿服务队在荔湾区永庆坊持续开展以城市文化、非遗街区等导赏讲解志愿行动，助力广州非遗项目及其从业青年的社会传播。

2. 落实以青年为主体的区级传承人补贴和保险等保障措施

一方面，由于非遗传承人所代表的项目性质不同，以及传承项目社会了解程度的高低，造成了传承人生存境况的差异，而且目前存在这样一个悖论，认定级别越高的中老年传承人知名度越高，收入也相对更为可观，同时享有更多的政府补助。反而是需要创业就业帮扶的广州市各区级非遗青年传承人，由于缺乏社会知名度和政府的补助，在疫情防控常态化时期，维持收支平衡更显困难，纷纷陷入经营困境。因此建议各区都能按照非遗传承人管理办法等规定，落实以青年为主体的区级传承人工作津贴和生活津贴，尤其是加大对受疫情影响较大导致生活困顿的从业青年传承人的帮扶力度。另一方面，基于广州市目前非遗传承青年的收入差异和基础保障需求差异，当中既有文化程度较高、家庭能提供较好的支持和具有一定积淀的，以及个别受访者拥有工作场地物业，并无经营压力，还购买了商业保险的；也有文化程度较低、没有稳定经济收入的,只能忙于为生活奔波,经常要爬高摸低进行非遗从业工作,职业安全风险较大,连缴纳基本社保、医保都觉得压力较大。因此,建议在现有传承人津贴基础上,适当补充广州青年传承人养老保险或职业年金的资助,以便吸引更多优秀青年投身到广州非遗传承事业发展大潮中。

(四)给予青年传承人更友好的群体政策关怀

当前广州市正在建设青年发展型城市,为让各界青年在广州城市发展过程中充分发挥个人价值和专业特长,特提出以下建议。一是在现今广州非遗传承人评定认证的基础上,根据不同非遗项目发展情况,例如广州木雕、鸡仔饼制作技艺等传承人稀缺的非遗项目,适当向符合认证的青年群体倾斜名额,同时一并列入广州市高技能人才体系序列。二是对曾获得业界重大奖项的非遗青年传承人,适当放宽认证和晋升所规定的从业年限要求,为有真才实干的青年传承人提供职业水平的上升通道。三是广州共青团每年主办的"青创杯"青年创新创业大赛可以增设"非遗创业"组别,从年度大赛的政策导向推动,让广州非遗青年传承人有机会参加创新创业类的省市级赛事,获得创业资助或天使投资的青睐,同时,亦可通过举行广州非遗青年传承人作品的文博专场展览,进行非遗传承风采展示和开展社会传播活动。

(五)提升非遗青年影响力,推动大湾区青年的非遗交流和文化认同

广州作为大湾区乃至国家中心城市和综合性门户城市,文化强市的建设,是广州实现高质量发展的重要支撑,加强青年融合交流是粤港澳大湾区发展的重要助推器。对于大湾区来说,它既是一个经济共同体,更是一个文化共同体,在大湾区文化认同的形成中,岭南文化传承担负着重要的文化责任。课题组建议,以非遗文化为纽带,不但可以通过广州与大湾区其他城市联合举办的非遗青年系列交流活动,增强广州非遗青年的影响力和项目价值,而且有助于展现大湾区非遗文化魅力,有力推动大湾区青年的文化认同

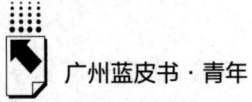

乃至国家认同，毕竟，共同的文化记忆是身份认同与国族认同的基石。广东省文化和旅游厅联合省自然资源厅等单位，深入挖掘粤港澳三地共有的文化遗产，在2021年6月创建推出第二批广东省粤港澳大湾区文化遗产游径，其中非物质（粤剧）文化遗产游径包括广州粤剧名伶纪念游径等2条实体游径。在此基础上，广州共青团系统可组织系列广州非遗游径的青年交流活动，面向大湾区青年组织，尤其是港澳地区的青年团体，让广州不同类别的非遗传承青年分别参与，共同分享和自由交流，在推动非遗传承与创新发展的同时，兼具实现文化认同的工作目标。

B.6 广州科技领域青年发展状况研究

巫长林 孙慧 冯英子 陈柳茵[*]

摘　要： 本报告聚焦广州科技领域青年群体，运用问卷调研法和实地调研法，对科技领域青年群体的特征、工作状况、科技创新状况、政治参与状况、身心健康状况、住房状况等进行分析，了解科技企业从业青年"急难愁盼"问题。研究发现，科技领域青年学历相对较高；政治倾向积极向上，关注社会民生、时事政治、科技创新等社会热点；工作满意度中等偏上，自我提升需求强烈。在分析广州科技领域青年面临的科技创新难题、工作难题、住房难题的基础上，提出了针对性的对策建议。

关键词： 科技发展　青年　科技人才

一　研究背景

（一）研究目的

党的十八大明确提出"科技创新是提高社会生产力和综合国力的战略支撑，必须摆在国家发展全局的核心位置"。强调要坚持走中国特色自主创新道路，实施创新驱动发展战略。推动科技创新已成为地方政府的重要工作

---

[*] 巫长林，广州市团校助理研究员，主要研究方向为青年发展；孙慧，广州市穗港澳青少年研究所助理研究员，主要研究方向为青年就业创业；冯英子，广州市团校讲师，主要研究方向为青年政策；陈柳茵，广州市团校研究实习员，主要研究方向为青年发展。

举措，2021年3月，广州市政府常务会议审议通过了《广州市2021年科技创新领域新型基础设施建设实施方案》。方案指出，着力构建以创建国家实验室为引领、以粤港澳大湾区国家技术创新中心为支柱、以4个重大科技基础设施为前沿研究战略支撑、以4个省实验室为原始创新主力军、以多个高水平创新研究院为技术供给主平台的具有广州特色的"1+1+4+4+N"战略创新平台体系。建成全国领先的信息基础设施发展高地、构筑国内一流的创新基础设施集群与打造具有国际影响力的融合应用标杆城市。为调查了解广州科技领域青年发展状况，团广州市委、广州市团校于2021年6~12月开展了广州科技领域青年发展状况调研活动。

（二）研究对象概念界定

本报告研究对象聚焦科技行业的青年群体，主要是指35岁以下、在广州科技企业从业的青年，包括技术岗位青年和管理岗位青年。科技领域青年的范围较广，本报告不包括高校、科研机构等其他类型的科技创新人才。

二 调研基本情况

（一）调研方法

1. 问卷调研法

结合调研目标，课题组前期赴广州市科学技术局开展调研，在了解全市科技创新基本面基础上，围绕科技企业发展现状、科技人才发展状况、企业激励创新人才政策、科技创新政策环境等多个维度，设计《广州市科技企业青年发展状况专项调查问卷》。

同时，根据广州市科技企业名单进行抽样，制定《广州市科技企业青年发展状况专项调查抽样方案》，联系科技企业（含国家级高新企业、省级高新企业、市级高新企业及非高新企业）进行问卷发放，共回收有效问卷884份。

2. 实地调研法

2021年9~10月，课题组成员通过实地调研座谈的方式，分别走访了多家科技公司。通过实地走访，听取科技企业在发展状况、人才队伍建设、对创新环境的满意度等方面的意见，围绕科技企业在人才培养、企业发展中需要提供的政策资源支持，对企业负责人、企业员工等组织现场互动讨论，进而探讨在广州创新型城市构建中对科技企业及人才的扶持政策优化和制度创新的对策与建议。

（二）调研对象及调研内容

调研对象为广州市科技领域青年，主要是从事科技创新产业领域工作的青年，包括智能制造业、生物医药行业、新一代信息技术等行业。深入调查了解科技领域青年分布状况、性别比例、受教育程度、婚姻状况等，围绕青年发展重点领域所面临的痛点、难点，访谈青年的思想状况、住房保障状况、职业发展需求、婚恋交友需求等。

（三）样本基本情况及特征

本调研共回收884份有效问卷，其中男性占比为50.8%，女性占比为49.2%；未婚占比为60.4%，已婚占比为39.6%；平均年龄为28.2岁，在穗平均工作年限为5.6年。总体上看，受访者分布比例较为均衡，具有一定的代表性（见表1）。受访的科技领域青年群体呈现以下特征。

学历相对较高。受访的科技领域青年中，60.7%的青年具有大学本科及以上学历，其中硕士研究生占比为12.1%、博士及以上占比为0.5%。

政治认同度高，近七成青年为党团员。科技领域青年积极追求政治进步，向党团组织靠拢，其中党员占比为25.7%、共青团员占比为43.2%。

未婚单身群体突出。科技领域青年年轻、充满活力，超六成青年未婚；未婚青年群体中，占比60.3%的青年无男/女朋友，已有男/女朋友的占比为39.7%。

职称系列多元化，职称级别相对偏低。科技领域青年以专业技术人员为

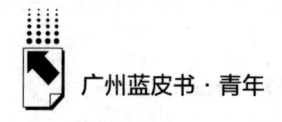

主，工程技术人员（工程师等）占比为29.1%，实验技术人员（实验师等）占比为6.9%；职称级别分为初级（26.6%）、中级（13.1%）、副高级（2.2%）、正高级（1.0%），无职称的占比为57.1%。

表1 样本基本情况（$N=884$）

项目	类别	频数(份)	比例(%)
性别	男	449	50.8
	女	435	49.2
婚恋状况	未婚,还没有男/女朋友	322	36.4
	未婚,已有男/女朋友	212	24.0
	初婚	333	37.7
	再婚、离异、丧偶	17	1.9
学历	高中(含中专、中技)及以下	135	15.3
	大专	213	24.1
	大学本科	425	48.1
	硕士研究生	107	12.1
	博士及以上	4	0.5
职称系列	工程技术人员(工程师等)	257	29.1
	实验技术人员(实验师等)	61	6.9
	其他类别	566	64.0
职称级别	初级	235	26.6
	中级	116	13.1
	副高级	19	2.2
	正高级	9	1.0
	无职称	505	57.1
政治面貌	中共党员	227	25.7
	共青团员	382	43.2
	民主党派人士	1	0.1
	群众	274	31.0
户籍情况	户口已迁入广州	180	20.4
	本来就是广州户口	213	24.1
	想迁入,但条件不符	176	19.9
	不想迁入	315	35.6
年龄	年龄介于19~35岁,平均年龄28.2岁		
在穗工作年限	工作年限介于1~16年,平均年限5.6年		

三 广州科技领域青年发展情况分析

（一）工作状况

1.广州科技领域青年在穗就业平均工作时间为5.56年，过半数不担任行政职务

课题组对广州科技领域青年的就业基本情况从就业年限、职务类别、企业性质及企业高新技术级别等维度做了调查。数据显示，从就业年限来看，受访的科技领域青年在广州工作时间最短为1年，最长为16年，来穗就业年限均值为5.56年；从职务类别来看，55.7%的受访青年没有在企业内担任行政职务，有36.1%的受访青年为一般/基层管理人员，有6.5%的受访青年为中层管理人员，有1.8%的受访青年为高层管理人员；从企业性质来看，有44.7%的受访青年在国有或国有控股企业工作，48.5%的受访青年在私营/民营企业工作，还有的在外资企业（4.9%）和港澳台资企业（1.9%）工作；从企业高新技术级别来看，受访青年就业的企业超过六成为高新技术企业，其中，62.6%的受访青年就业于高新技术企业（包括市级、省级和国家级），37.4%的受访青年就业于非高新技术企业。

2.广州科技领域青年所在行业以智能制造业、生物医药行业为主，企业规模在2000人以上的占比超三成

数据显示，有18.3%的受访青年所在行业为智能制造业，有13.4%的受访青年所在行业为生物医药行业（见图1）。广州科技领域青年所在企业普遍规模较大，其中员工人数在2000人以上的占比为32.8%，1001～2000人的占比为20.4%，501～1000人的占比为16.74%。从工作类型来看，有21.7%的受访者为研发系统人员，21.0%的受访者为行政管理人员。

3.广州科技领域青年平均每周工作5.43天，七成以上青年月收入在1万元以内

从工作时间来看，工作强度比较大。广州科技领域青年平均每周工作

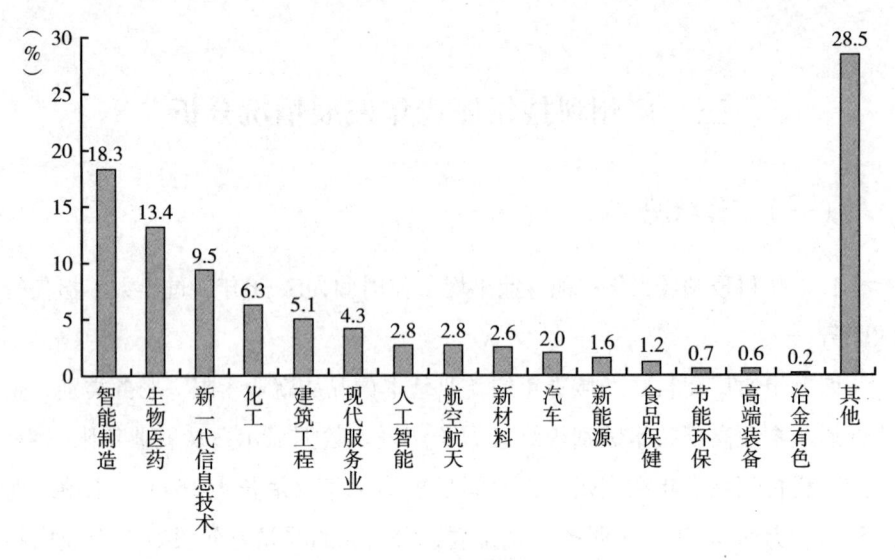

图1 行业分布状况

5.43天，每周工作时间为48.75小时。具体来看，每周工作7天的占比为6.1%，每周工作6天的占比为32.6%，每周工作5天的占比为61.3%。

数据显示，有74.2%的受访青年月收入在1万元以内，月收入在1万~1.5万元的占比为13.6%，月收入在1.5万~2万元的占比为5.7%。

4. 广州科技领域青年工作满意度一般，对人际关系最满意，对经济收入最不满意

课题组从工作岗位、工作环境、福利保障、经济收入、职称/职务晋升、人际关系、职业的社会地位7个方面对受访者的满意度做了测算，从"极不满意"到"非常满意"按照1到5分的分值赋分，结果显示科技领域青年对工作的整体满意度一般，得分为3.3分，对此份工作比较满意的比例为32.0%，非常满意的比例仅为7.1%。在这8个方面中，超过平均分（3.3分）的领域，得分最高的方面是人际关系，得分为3.58分，其后依次是工作环境（3.57分）、工作岗位（3.52分）；低于平均分的领域是福利保障（3.25分）、职业的社会地位（3.22分）、职称/职务晋升（3.05分）；值得注意的是，工作满意度得分最低的为经济收入，仅为2.9分，结合上文可知,超过七成的受访者月收入在1万元以下,横向对比来看,与许多新兴行业青年收入相比,科技领域青年的收入并不具备特别优势(见表2)。

表2 工作满意度

单位:%,分

选项	极不满意	较不满意	一般	比较满意	非常满意	平均分
工作岗位	1.81	5.32	40.84	43.10	8.94	3.52
工作环境	1.58	6.11	37.22	44.34	10.75	3.57
福利保障	4.52	11.43	46.04	31.00	7.01	3.25
经济收入	6.11	21.04	52.94	16.40	3.51	2.90
职称/职务晋升	4.30	13.57	59.05	18.78	4.30	3.05
人际关系	1.13	3.96	40.72	44.12	10.07	3.58
职业的社会地位	3.73	6.90	57.92	26.24	5.20	3.22
小计	3.31	9.76	47.82	32.00	7.11	3.30

进一步分析发现,企业的高新技术级别影响青年的工作满意度。在国家级高新技术企业工作的受访青年的工作满意度最高,平均得分为3.52分,其后依次是市级高新技术企业的工作满意度为3.27分和省级高新技术企业的工作满意度为3.26分,非高新技术企业的工作满意度得分最低,为3.23分(见表3)。

表3 不同高新技术级别企业的受访者的工作满意度

单位:分

选项	国家级高新技术企业	省级高级技术企业	市级高新技术企业	非高新技术企业
工作岗位	3.71	3.48	3.50	3.47
工作环境	3.74	3.58	3.58	3.47
福利保障	3.53	3.18	3.19	3.18
经济收入	3.16	2.87	2.90	2.82
职称/职务晋升	3.25	3.02	3.00	3.00
人际关系	3.77	3.54	3.52	3.56
职业的社会地位	3.47	3.16	3.22	3.14
小计	3.52	3.26	3.27	3.23

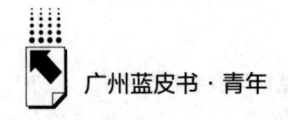

(二)科技创新状况

1. 近半数广州科技领域青年认为企业创新氛围一般，企业最主要的创新激励方式是岗位的技能工资晋升

数据显示，有46.4%的受访者认为所在企业的创新氛围一般，有36.5%的受访者认可企业创新氛围比较热烈，还有9.8%的受访者认为企业创新氛围特别浓厚，有7.5%的受访者认为所在企业没什么创新氛围。

问及"您所在企业激励技术人员从事科研创新的主要方式有哪些"时，有51.5%的受访者回答是通过岗位技能工资晋升的方式来提升，第二位是技术创新项目奖励（33.6%），排在第三位的是收益、利润提成（30.1%），其他的激励方式主要有成果和产业化奖励（24.3%）、股权激励（16.2%）、科研条件扶持（14.7%）和技术入股（9.5%）（见图2）。进一步问及"您所在企业有哪些激励措施"时，有65.6%的受访者表示有年终绩效奖，有10.2%的受访者表示所在企业有股权（股票）激励，还有8.5%的受访者表示所在企业会给予期权激励。

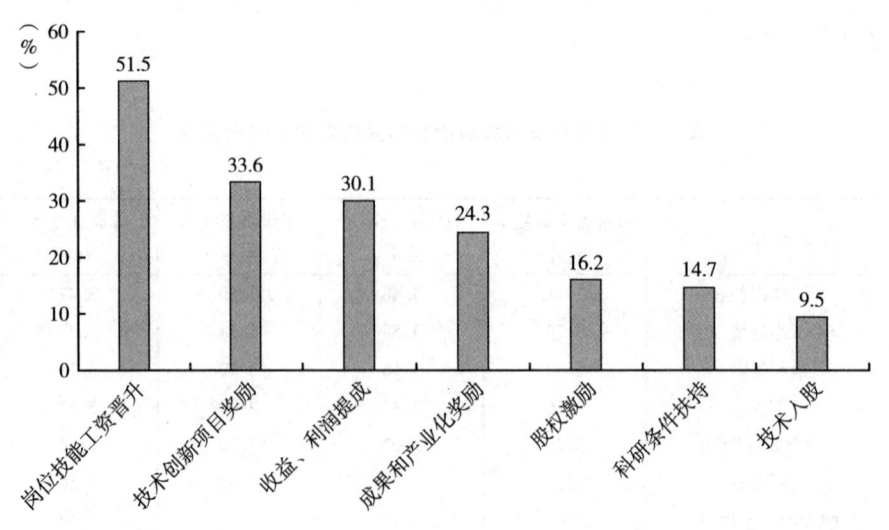

图2 企业激励科研创新的方式

2. 广州科技领域青年对广州科技创新环境评价中等偏上，对知识产权保护最满意

课题组从科技人才激励政策措施、科技创新氛围、科技创新公共服务、知识产权保护、政府对科技创新的直接投入以及创新人才培育和引进6个维度测试了广州科技领域青年对广州科技创新环境的满意度，从不满意到非常满意按照1~5分的分值赋分。数据显示，受访者对广州科技创新环境整体满意度中等偏上，整体评分为3.41分，比较满意的占比为35.6%，非常满意的占比为6.7%，认为创新环境一般的占比为51.9%。具体来看，超过整体平均得分（3.41分）且得分最高的为知识产权保护（3.46分）；政府对科技创新的直接投入满意度得分为3.43分；科技创新氛围（3.42分）和科技创新公共服务（3.42分）的满意度得分相同。值得注意的是，对创新人才培育和引进的满意度得分低于平均分，为3.40分；科技人才激励政策措施满意度得分最低，仅为3.37分（见图3）。

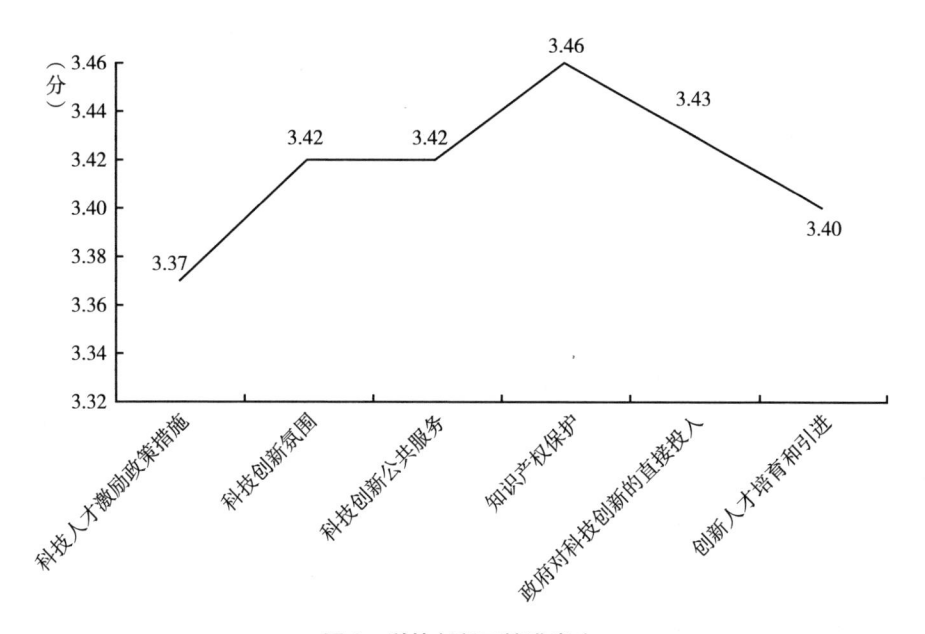

图 3 科技创新环境满意度

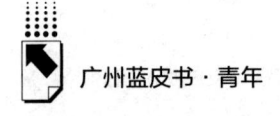

（三）政治参与状况

1.科技领域青年积极追求政治进步，对时事政治、国家大事比较关注

数据显示，60.1%的科技领域青年比较关注或非常关注时事政治与国家大事；关注程度一般的占比为35.6%；表示不太关注或从不关注的占比仅为4.3%。这表明大部分科技领域青年具有积极向上的政治倾向，对国家大事比较关心，政治参与意识与主人翁精神较强。我们在访谈中也发现，科技领域青年的政治参与积极性较高，会积极主动参与到社会热点事件的讨论当中，发表自己的见解，并持续跟进事件的发展情况。

2.社会民生、时事政治、科技创新为科技领域青年最关注的社会热点

调查发现，广州科技领域青年最关注的社会热点是社会民生，所占比例为67.8%；第二为时事政治，占比为64.3%；第三为科技创新，占比为53.3%。对经济发展、文化教育等的关注度也较高。通过座谈，我们发现国家的稳定和发展是广州科技领域青年共同关心的问题。受访青年表示，在当前的国际形势下，一个国家如果没有稳定的局面，没有强大的经济做后盾，科技创新必然会受到西方国家的种种干预和制裁，青年自身的发展也就无从谈起。

进一步交叉分析发现，男性更关注的是科技创新（67.9%）、时事政治（67.5%）与社会民生（62.1%），女性更关注的是社会民生（73.6%）、时事政治（60.9%）与文化教育（50.3%）。此外，女性更关注娱乐八卦（男，13.8%；女，44.6%）、医疗卫生（男，35.4%；女，43.2%）等热点，男性更关注体育竞技（男，37.2%；女，19.8%）、经济发展（男，52.3%；女，13.6%）等热点。

3.加入党团组织是科技领域青年参与政治生活的主要方式

近年来，广州积极扩大青年有序政治参与，保障青年知情权、参与权、表达权、监督权。在公共政策制定和青年政策制定过程中，科学、依法、有序引导青年参与国家和社会公共事务，促进青年发展。调查发现，广州科技领域青年参与政治生活的首要方式是加入中国共青团，所占比例为48.3%；第二为加入中国共产党，占比为33.9%；第三为加入工会、妇联等群团组织，占比为15.5%；此外，部分青年会通过在网络上发布言论、参与社区基层治理、加入各类社团等方式参与政治生活。由此可知，科技领域青年政治参与的主要方式为加入党团组织，通过其他方式参与的比例较低，参与途径有待多元化。如何有效引领科技领域青年有序政治参与，引导其参与共建共治共享社会治理新格局是需要进一步思考的问题。

（四）身心健康状况

1. 科技领域青年生理健康状况良好，男性青年生理健康优于女性青年

分析发现，科技领域青年生理健康状况较好，认为自己非常健康的占比为16.1%，比较健康的占比为43.3%，二者共计59.4%；认为自己身体状况一般的为30.0%；认为自己身体不太健康或非常不健康的占比为10.6%。虽然广州科技领域青年自我感知身体健康状况较好，但访谈中部分受访青年表示自己有时会出现消化不良、失眠、疲惫、腰、颈、关节酸痛等情况。这表明部分青年已经出现了亚健康现象，应引起注意，长此以往，容易导致疾病的发生。

2. 科技领域青年心理压力较大，压力主要来自收入开销、职业发展

压力是影响青年身心健康的重要因素。调查发现，广州科技领域青年自我感觉心理压力较大，13.7%的受访青年表示压力很大，感觉快喘不过气了；49.0%的受访青年感觉心理压力比较大；33.9%的受访青年感觉压力一般，感觉不太有压力或没压力的占比为3.4%（见图4）。访谈中科技领域青年表示平时压力较大，既有工作上的，也有生活上的。"工作上的压力还是挺大，研发任务重、自我提升难、工作推进受阻等像一座座大山一样。""经常加班，但工资又不高，家人经常抱怨。"可知，广州科技领域青年面临较大压力，压力主要来自工资待遇、职业发展、科研生产等（见图4）。

进一步群体差异比较分析发现，男性、已婚青年、工程技术人员的心理压

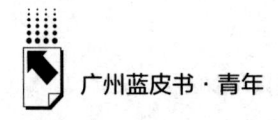

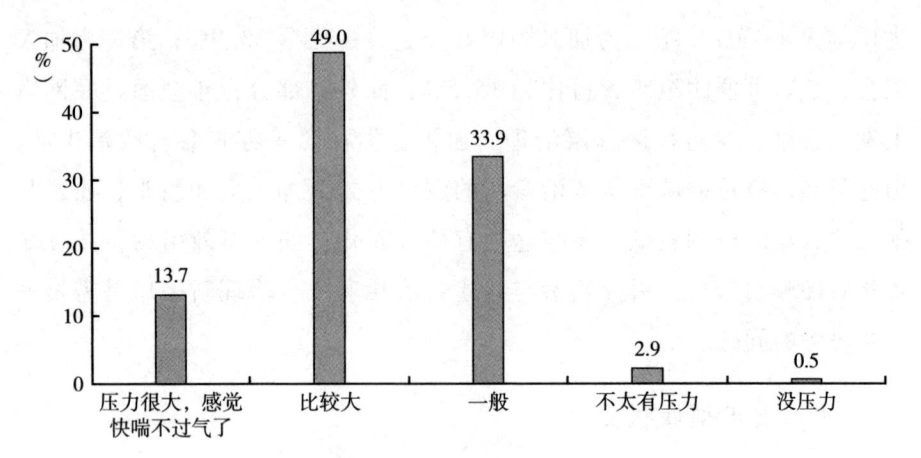

```
     (%)
      50             49.0
      40
      30                          33.9
      20
            13.7
      10
                                           2.9    0.5
       0
         压力很大，  比较大   一般   不太有压力  没压力
         感觉
         快喘不过气了
```

图 4　心理压力状况

力更大。具体来看，男性自我感觉心理压力很大或比较大的比例为68.1%，高于女性的57.1%。已婚青年感觉心理压力很大或比较大的比例为68.8%，未婚、有男/女朋友者这一比例为63.6%，未婚、无男/女朋友者中对应比例为55%。

（五）住房状况

1. 近四成青年市场租房居住，三成多青年住在个人/家庭自有产权房

广州科技领域青年以租房居住为主，其中36.1%的受访青年通过市场租房居住，8.3%的受访青年租住公租房（廉租房）；34.4%的受访青年住在个人/家庭自有产权房；15.6%的受访青年住在学校/单位宿舍；还有0.9%的受访青年住在人才公寓（见图5）。

2. 四成多青年与家人共同居住，近三成青年独居

数据显示，45.4%的受访青年与家人居住在一起，29.0%的受访青年远离家人，且独居一室；17.9%的受访青年和同学/同事/朋友住在一起，3.7%的受访青年住处常变动，多数与陌生人住一起（见图6）。交叉分析发现，男性独自居住的比例为39.2%，比女性高20.8个百分点；女性与家人一起居住的比例为54.9%，比男性高18.8个百分点。

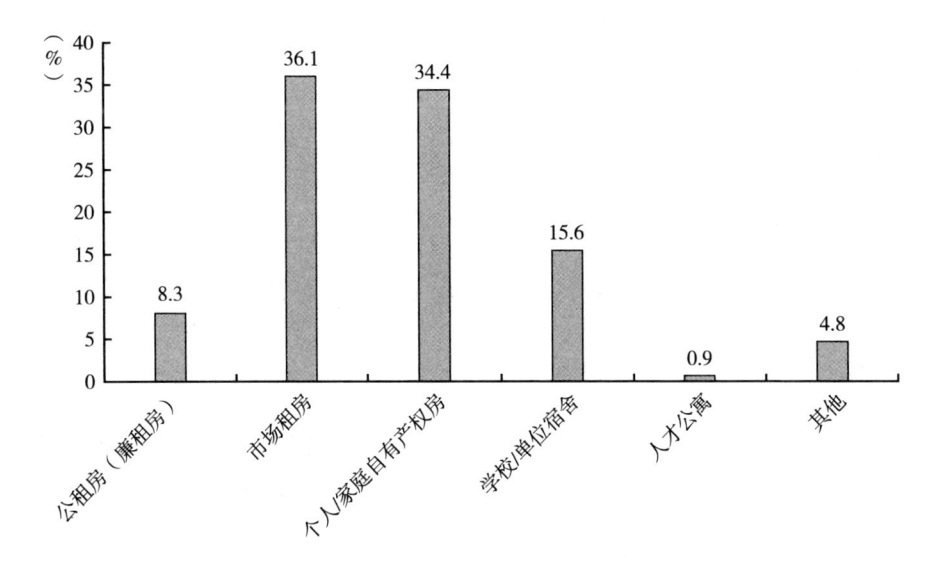

图 5　目前的住房状况

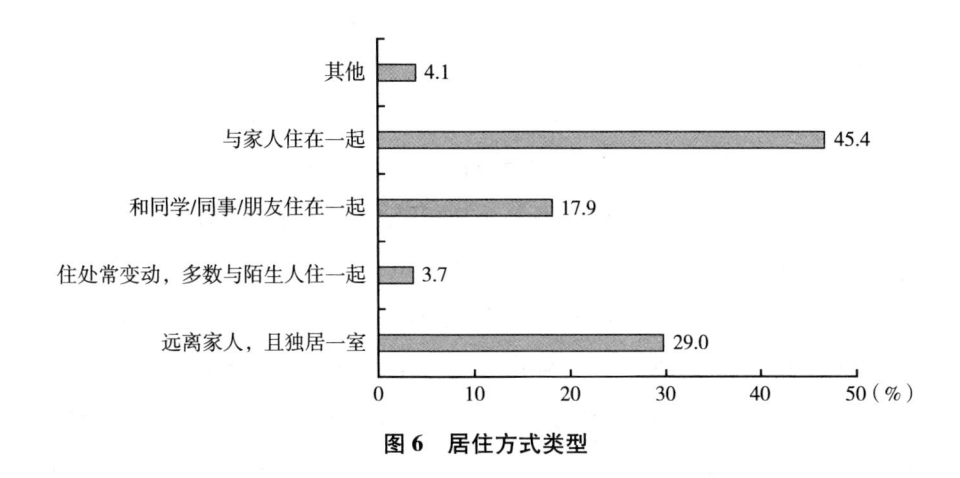

数据：公租房（廉租房）8.3；市场租房 36.1；个人/家庭自有产权房 34.4；学校/单位宿舍 15.6；人才公寓 0.9；其他 4.8

图 6　居住方式类型

数据：其他 4.1；与家人住在一起 45.4；和同学/同事/朋友住在一起 17.9；住处常变动，多数与陌生人住在一起 3.7；远离家人，且独居一室 29.0

四　广州科技领域青年发展面临的主要问题

（一）科技创新面临的难题

薪酬待遇偏低、购房优惠力度小、人才激励政策作用不足是科技领域青

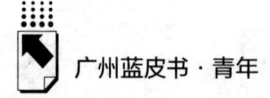

年面临的三大"急难愁盼"问题。当前面临的问题，最突出的是68.9%的受访青年认为的薪资待遇低，第二是51.2%的受访青年认为的购房优惠力度小，第三是29.5%的受访青年认为的引才激励和补助少。其他主要面临的问题还有安家落户难（24.6%）、医疗保障低（23.5%）、生活条件不方便（19.2%）、子女入学难（14.8%）、社会适应或社会融入难（10.9%）、配偶就业难（9.2%）、研究成果转化机制不健全（4.4%）等。

（二）工作中面临的难题

聚焦就业工作领域，工资水平问题突出。工作中感到烦恼的困难，61.9%的受访青年认为是工资水平低，33.3%的受访青年认为是薪酬服务待遇难以满足生活需求，31.9%的受访青年认为是工作计划性差，经常被临时工作打断。面临的其他烦恼，主要包括感觉不到自我提升和进步，看不到未来（29.9%）；相互间推诿，导致某些工作难以推进（24.7%）；工作中各种约束太多，缺乏自由度（24.4%）；产品质量和技术方面压力大（22.1%）；技术职称等级提升困难（19.6%）；科研生产任务重，经常加班（15.1%）；工作状态影响家庭生活质量（14.0%）；技术工作方面缺少被尊重的感觉（10.5%）；公司组织氛围不好（8.0%）；领导对工作不认可（6.5%）；与同事有矛盾，关系不融洽（2.8%）。

工作表现得到领导认可、技术能力水平得到认可和薪酬水平达到或超出预期是在工作中最令科技领域青年感到鼓舞的三大事情。令科技领域青年感到鼓舞的事情，62.3%的受访青年认为是工作表现得到领导认可，50%的受访青年认为是技术能力水平得到认可，42.4%的受访青年认为是薪酬水平达到或超出预期。其他令科技领域青年感到鼓舞的事情还有技术职务或行政职务晋升（26.9%），技术等级（职称）晋升（25.7%），获得较高层次的技术交流、访学、培训机会（21.2%），专业技术或产品研制取得新突破（18.4%），家庭问题得到解决（配偶就业、入户、子女上学等）（16.1%），课题研究或产品研制任务圆满完成（14.0%），承担重大科研项目或重要研制任务（12.2%），获评技术专家、入选人才计划、获得个人荣誉等（11.5%），获得较高层次的技术成果奖（8.7%）。

（三）住房中面临的难题

房价太高买不起房、租金太贵租不起房、买了房但偿还住房贷款压力大是科技领域青年面临的三大住房难题。在住房领域面临的困难方面，69.5%的受访青年认为是房价太高买不起房，30.2%的受访青年认为是租金太贵租不起房，28.3%的受访青年认为是买了房但偿还住房贷款压力大。其他突出的住房问题，主要有居住环境和条件不理想（25.0%），对政府针对青年的住房保障措施不了解（19.1%），人才公寓、公租房申请难度大（18.8%），无法享受如住房补贴、住房公积金等住房保障（18.4%），租房时遇到过如迁移受损、租金随意上涨、中介克扣、临时清退等权益受损问题（13.4%），仅有7.5%的受访青年表示自己没有住房方面的困难。

科技领域青年对广州的城市认可度高，仅有不到二成青年未来三年有离开广州的计划。针对未来三年离开广州的可能性，近四成受访青年表示不可能，其中15.8%的受访青年表示非常不可能、23.8%的受访青年表示比较不可能；43.1%的受访青年表示不确定，8.1%的受访青年表示比较可能，仅有9.2%的受访青年表示非常可能。

五 促进广州科技领域青年发展的对策建议

（一）深化区域协同创新格局，打造全球创新高地

1. 贯彻落实国家科技自立自强发展战略

党的十九届五中全会提出"要坚持创新在我国现代化建设全局中的核心地位，把科技自立自强作为国家发展的战略支撑"。这是今后一段时间内我国推动科技创新发展的前进方向和行动指南。在新时代，如何引得进、留得住、用得好人才，特别是青年科技创新型人才，成为广州创新发展的关键。广州需推动建设青年发展型城市，出台具有城市竞争力、吸引力的人才政策，打造更加具有全球竞争力的人才环境；加快建设以中新广州知识城和

南沙科学城为极点，链接广州科学城、广州国际生物岛、广州人工智能与数字经济试验区、南沙庆盛片区、明珠科学园等全市域科技创新关键节点，构建"一轴四核多点"为主的科技创新空间功能布局。

2. 推进粤港澳大湾区建设国际青年科技创新中心

贯彻落实《广州南沙深化面向世界的粤港澳全面合作总体方案》，深入实施科技创新战略。推动广州成为粤港澳青年创新创业的热土。加强青年创新创业政策协同，构建全链条创业服务体系和全方位多层次政策支撑体系。创新青年科技人才政策体系，在股权激励、技术入股、职称评价、职业资格认可等方面率先探索突破。搭建青年科技创新交流平台，拓宽科技企业青年"朋友圈"。搭建国际青年科技人才数据库，通过大数据对青年科技人才成长路径进行动态追踪服务，培养科技创新人才。

3. 打造广州、深圳"双城"联动区域协同创新共同体

2020年12月，《中共广州市委关于制定广州市国民经济和社会发展第十四个五年规划和二〇三五年远景目标的建议》提出，"以中新广州知识城和南沙科学城为极点，举全市之力规划建设链接广州科学城、广州人工智能与数字经济试验区、天河智慧城、南沙庆盛片区、南沙明珠科学园等全市域科技创新关键节点的科技创新轴"。广州要依托中新广州知识城、南沙科学城、广州人工智能与数字经济试验区、穗港智造合作区等重点科技创新区域，深度参与广深港、广珠澳科技创新走廊建设。

（二）构建良好科技创新生态圈，推动形成青年科技创新产业链

1. 推动形成科技创新的强磁场

在政策创新上下功夫，加大力度支持科技创新全链条发展。对各类人才，特别是高端人才、创新人才来说，发展机会、平台、环境、创新土壤等多种因素，不可或缺。通过科技创新要素供给的聚集，让科技领域青年获得在穗可持续发展动力。营造"要创业到广州，要创新来广州"的良好氛围。坚持创新是第一动力，打造科技创新策源地，强化关键核心技术攻关，建设粤港澳大湾区高水平人才高地，优化科技创新生态圈，共建大湾区国际科技

创新中心。

2.推动全链条产学研合作新模式

充分发挥广州高校院所集聚优势,加强基础研究,深化产学研合作,在重点领域,推动关键核心技术攻关。连接优质科研资源与科技创新企业,通过产学研合作等多种方式,不断提高科研成果产出,为重点领域科技创新注入强劲动力。抓住"科创中国"首批试点城市机遇,推动科技成果转化。

3.深化国家知识产权综合改革试验

保护知识产权就是保护创新,知识产权制度是激励创新的基本制度。广州要进一步推动深化中新广州知识城知识产权运用和保护综合改革试验,适时将可复制的经验及做法在全市范围内推广,充分发挥改革试验田示范引领作用。

(三)建设青年科技人才高地,解决其面临的经济收入和住房问题

1.推动建设青年科技人才服务中心

人才是创新发展的主体和支撑,以广州市"1+4"产业人才政策、广州市高层次人才支持政策等为支撑,构建青年科技人才一站式服务中心,全面解决人才落户安居、子女入学、医疗保障等问题。根据广州市社会科学院2021年发布的《广州企业技术创新问卷调查(2021)》,人才问题已经超过资金和技术问题,成为制约企业技术创新的首要问题。专门的青年科技人才服务中心可以为广州加速集聚国内外高端青年人才。

2.加大对青年科技人才政策补贴力度

深入实施"广聚英才计划",推动实施更具有吸引力的青年科技人才待遇政策,不断吸引优秀人才来广州创新发展,打造令人向往的创新创业新高地,积极打造优质干事创业平台。对青年科技人才在入户、住房、子女入学、职称评定等方面给予政策倾斜,以提升其社会地位及福利待遇,鼓励有条件的企业、机构或院校对取得突出成效的青年人才给予一定的资金资助或荣誉奖励。

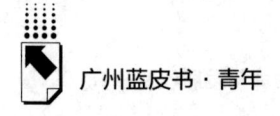

3. 重点解决青年科技人才住房问题

住房问题是留穗高校毕业生、来穗就业创业青年、青年科技人才等最关心关注的"急难愁盼"问题之一，解决好这个问题是促进广州引进人才、留住人才、会聚人才的重要保障。要加大各类住房保障力度，多渠道筹集建设各类人才住房；加大共有产权住房建设力度，推动住房租赁市场壮大发展，探索开展住房租赁券计划，鼓励各类人才群体通过住房租赁市场实现安居。

参考文献

孙锐、孙雨洁：《青年科技人才引进政策评价体系构建及政策内容评估》，《中国科技论坛》2020年第11期。

朱峰：《"新一线城市"青年友好型城市政策创新研究》，《中国青年研究》2018年第6期。

廖中举：《青年科技人才创新环境调查分析与对策建议——基于1662份问卷的实证研究》，《中国青年研究》2013年第8期。

B.7
广州大学生创新创业机制研究
——以"挑战杯"项目为分析视角

广州市团校课题组*

摘　要： 本报告主要基于2021年开展的广州大学生参与"挑战杯"现状调研数据，对广州大学生参与"挑战杯"基本情况、参赛目的、获奖因素、参赛收获、项目成果及转化情况等进行分析。研究发现，广州大学生创新意愿较强，男性、本科院校学生创新意愿更高；参赛动机多元化，提升创新能力为最主要目的；团队协作、老师指导、学校支持和政策环境是团队获奖的主要因素；参赛后，学生创新思维能力等全方位提升，团队协作能力提升尤为明显。但也同时发现存在以下问题，大学生创新意识不强，价值引领机制有待提升；创新培育体系不完善，协同育人机制有待构建；创新保障机制不健全，外部支持机制有待创新；经费运作有待优化，成果转化机制不通畅；配套政策宣传力度不够，政策输送机制有待完善等。为进一步优化大学生创新广州需要从以下五个方面加以改进，完善价值引领机制，强化培养教师与学生创新创业意识和创新能力；强化战略规划，构建创新创业协同育人机制；盘活资源，建立健全创新创业外部支持机制；完善成果转化机制，助推创新创业成果转化落地；完善政策输送机制，营造促

---

* 课题组成员：涂敏霞，广州市团校校长、教授，主要研究方向为青年与青年工作；胡勇，广州市团校研究中心主任、高级讲师，主要研究方向为党史党建；谢素军，广州市团校融媒体中心主任、副研究员，主要研究方向为青少年发展；孙慧，广州市团校助理研究员，主要研究方向为青年就业创业；冯英子，广州市团校助理研究员，主要研究方向为青年政策；邵振刚，广州市团校助理研究员，主要研究方向为志愿服务基础理论；陈柳茵，广州市团校研究实习员，主要研究方向为社会工作。

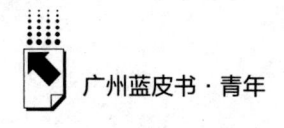

进创新创业舆论氛围。

关键词： 广州　大学生　创新创业机制　"挑战杯"

一　研究背景

习近平总书记曾说："创新是社会进步的灵魂，创业是推动经济社会发展、改善民生的重要途径。青年学生富有想象力和创造力，是创新创业的有生力量。"[①]

（一）青年是创新创业社会未来发展的主力军

青年是社会上最富活力、最具创造性的群体，理应走在创新创造前列。2021年，青年（14~35周岁）总数约占全国人口总数的30%，他们是创新创业社会未来发展的主力军。2020年全国普通本专科共有在校生3285.29万人。大学生是青年中最主要的群体，是最具创新活力的群体。自1989年首届竞赛举办以来，"挑战杯"系列竞赛在培养大学生创新意识和创新能力、促进创新人才成长方面发挥了积极作用，被誉为当代中国大学生科技创新创业的"奥林匹克"盛会。

（二）广州"十四五"规划提出"建设青年创新型城市"

2021年4月，《广州市国民经济和社会发展第十四个五年规划和2035年远景目标纲要》明确提出，建设创新之城，将广州打造成为具有全球影响力的科技创新高地。在推动城市创新发展问题上，广州青年创新力量当仁不让。团广州市委积极推动将"建设青年创新型城市"写入广州"十四五"规划纲要，并在纲要中专条体现"促进青年加快成长成才"重要项目。

[①] 中共中央文献研究室编《习近平关于青少年和共青团工作论述摘编》，中央文献出版社，2017，第4页。

(三）广州大学生"挑战杯"项目发展与广州建设创新之城、青年创新型城市要求不相匹配

青年学生的创新创业能力和潜力能否有效激发，创新创业环境是否足够友好，创新创业支持能否满足现实需求，直接关系到广州创新之城、青年创新型城市建设。

加强创新创业教育，将创新创业教育贯穿人才培养全过程，是推进高等教育综合改革、提高人才培养质量的重要举措，其中，借助"竞赛"形式激励青年学生进行创新研究、成果转化、创业尝试等，是一种有效方式。这些年，广州大学生在参与"挑战杯"系列竞赛时取得了一些成绩。从 2012 年到 2015 年，大学生创业团队共计在赛事中获得 376 项奖励，并推动了 235 项成果转化为创业项目并创办公司，为 2000 余人提供了就业岗位，这有效缓解了政府面临的就业压力，凸显了广州大学生创新创业对经济社会发展的推动作用。2017 年十五届"挑战杯"系列竞赛中获得 61 项奖励（其中特等奖 2 项、一等奖 8 项、二等奖 21 项、三等奖 30 项），2019 年第十六届"挑战杯"系列竞赛中共获得 59 项奖励（其中一等奖 13 项、二等奖 23 项、三等奖 23 项），但是仍然存在大学生整体参与率不高、创新成果水平不高、成果转化不好等问题，在某种程度上影响了广州创新人才的培养，影响了广州创新之城和青年创新型城市建设。为此，课题组通过在广州高校参加过"挑战杯"系列竞赛并获奖的青年学生群体中开展实地调研，收集一手素材，探索当前大学生创新能力培养机制发展的现状，存在的问题、痛点、难点，以及影响机制有效发挥的要素，并提出改善性建议。

二 研究设计

为深入了解广州大学生创新机制发展现状，课题组于 2021 年 10 月走访了广州多所本科院校、高等职业教育院校，以"挑战杯"系列竞赛为切入点，通过了解广州青年参与"挑战杯"系列竞赛的基本情况、获奖团队创新创业能力情况、获奖的项目成果转化及发展现状、获奖项目背后的青年群体（团

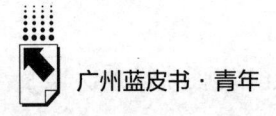

队）发展现状，进而探讨广州在青年创新型城市构建中实现对大学生的扶持政策优化及制度创新的对策与建议。

（一）研究对象

本报告的研究对象为近三年参与"挑战杯"系列竞赛并获奖的广州项目团队成员、指导老师以及学校、学院团委书记、团委老师。

（二）资料收集方法

根据广东省高等教育学会于2021年7月发布的首个《广东省高等院校大学生群众性创新创业活动活跃度研究报告（2021）》，华南理工大学、广东工业大学、华南师范大学、广州大学、暨南大学大学生群众性创新创业活动活跃度位居前五。

1. 问卷调研法

结合调研目标，课题组围绕"挑战杯"系列竞赛获奖项目特征、是否落地并创造价值、创业青年群体发展、项目是否持续获得政府及社会的支持等多个维度，设计了《广州青年创新创业机制调查问卷》。

根据共青团广东省委员会提供的近三年"挑战杯"系列竞赛各院校获奖情况，结合《广东省高等院校大学生群众性创新创业活动活跃度研究报告（2021）》院校创新创业活动活跃度具体排名以及学校性质，课题组制定了抽样方案，最终选取了活跃度排名前20的9所本科院校以及6所高等职业教育院校进行问卷派发。通过定点联系学校和学院团委，于2021年10月下旬向近三年曾参与"挑战杯"系列竞赛的学生发放线上问卷，共回收问卷2025份，剔除没有参加过"挑战杯"系列竞赛的样本数据，共回收有效问卷717份。

2. 访谈法

本报告资料收集方法为访谈法，并采取半结构性访谈的方式。2021年10月，课题组通过实地调研的方式，前往5所本科院校及3所高等职业教育院校进行深度访谈。课题组对校（院）团委书记、团委老师以及参加省赛、国赛的20多个获奖团队，将近100名参赛学生进行个案访谈及小组访谈，围绕学校的"挑战杯"系列竞赛工作推进情况、获奖情况、资源投入、希望获得的帮助，学生的项目团队及情况、参赛动机、创新能力提升、遇到的困难等方面进行深入访谈。

（三）样本基本情况

本报告共回收717份有效问卷，其中本科院校572份，占79.8%，高等职业教育院校145份，占20.2%。样本基本情况见表1。

表1 样本基本情况（$N=717$）

项目	类别	频数（份）	比例（%）
性别	男	319	44.5
	女	398	55.5
就读年级	大一	12	1.7
	大二	91	12.7
	大三	256	35.7
	大四	235	32.8
	硕士研究生	97	13.5
	博士研究生	5	0.7
	本科毕业3年以内	18	2.5
	研究生已毕业	3	0.4
政治面貌	中共党员（含预备党员）	237	33.1
	共青团员	454	63.3
	民主党派人士	0	0.0
	群众	26	3.6
专业类别	理工类	379	52.9
	哲、法、文、历史、教育、艺术学类	169	23.6
	经济学、管理学类	129	18.0
	农学、医学、军事学类	23	3.2
	其他类（珠宝设计、纺织等）	17	2.4
竞赛项目类别	大学生课外学术科技作品竞赛	562	78.4
	大学生创业计划竞赛	143	19.9
	其他	12	1.7
初始参赛年级	大一	128	17.9
	大二	303	42.3
	大三	201	28.0
	大四	26	3.6
	研究生	59	8.2

续表

项目	类别	频数(份)	比例(%)
参赛最高级别	国赛	113	15.8
	省赛	391	54.5
	校赛	170	23.7
	院赛	43	6.0
参赛角色	项目负责人	256	35.7
	主持人外的前三名骨干	258	36.0
	第三名之后的参与者	203	28.3
学校类别	本科院校	572	79.8
	高等职业教育院校	145	20.2

三 广州大学生参与"挑战杯"竞赛的现状

（一）参赛主体基本情况

1. 从男女比例看：男女比例较为均衡，女性参赛者更多

此次调研中，"挑战杯"参赛者的性别比例较为均衡，女性参赛者相对较多。具体来看，男性有319人，占总数的44.5%；女性有398人，占总数的55.5%（见图1）。

2. 从参赛者初始参赛年级看：参赛者以大二、大三学生为主

从参加"挑战杯"系列竞赛时初始参赛年级来看，大一参赛的有128人，占17.9%；大二参赛的有303人，占42.3%；大三参赛的有201人，占28.0%；大四参赛的有26人，占3.6%；研究生参赛的有59人，占8.2%。由此可知，参加"挑战杯"系列竞赛的广州大学生主要为大二、大三学生，二者共计70.3%（见图2）。

3. 从参赛者专业类别看：参赛者主要为理工类学生

从专业类别来看，理工类学生最多，为379人，占比为52.9%；其次为哲、法、文、历史、教育、艺术学类学生，有169人，占比为23.6%；经济

图1 性别

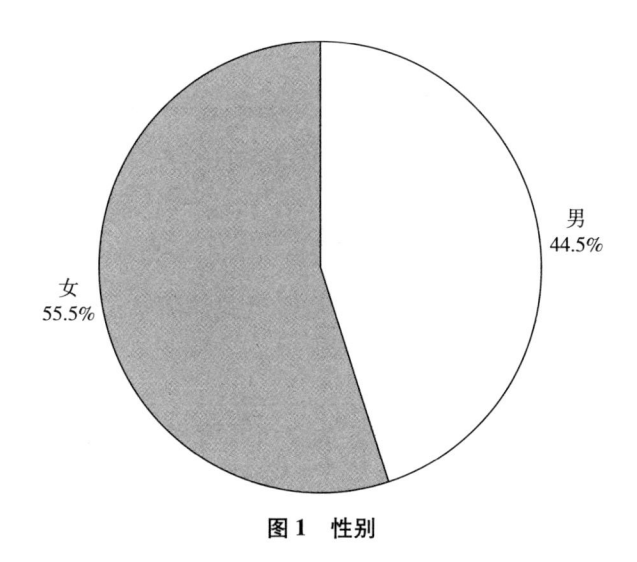

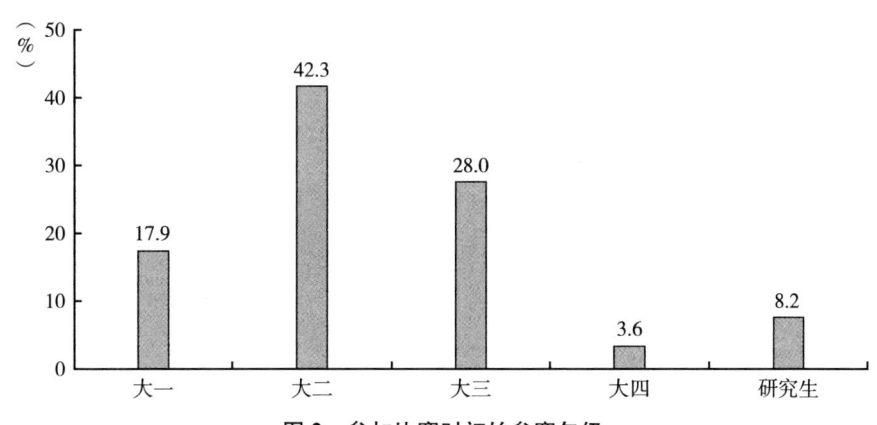

图2 参加比赛时初始参赛年级

学、管理学类学生有129人，占比为18.0%；农学、医学、军事学类学生有23人，占比为3.2%；其他类（珠宝设计、纺织等）学生有17人，占比为2.4%（见图3）。

4. 从参赛者所在学校类别看：参赛学生主要来自本科院校

从学校类别来看，此次调研中本科院校学生572人，占79.8%；高等职业教育院校学生145人，占20.2%。从调研数据来看，"挑战杯"参赛者本科院校学生占绝大多数，占比近八成（见图4）。

```
理工类                            52.9
哲、法、文、历史、教育、艺术学类    23.6
经济学、管理学类                  18.0
农学、医学、军事学类              3.2
其他类（珠宝设计、纺织等）        2.4
        0    10   20   30   40   50   60 (%)
```

图3 专业类别

高等职业教育院校
20.2%

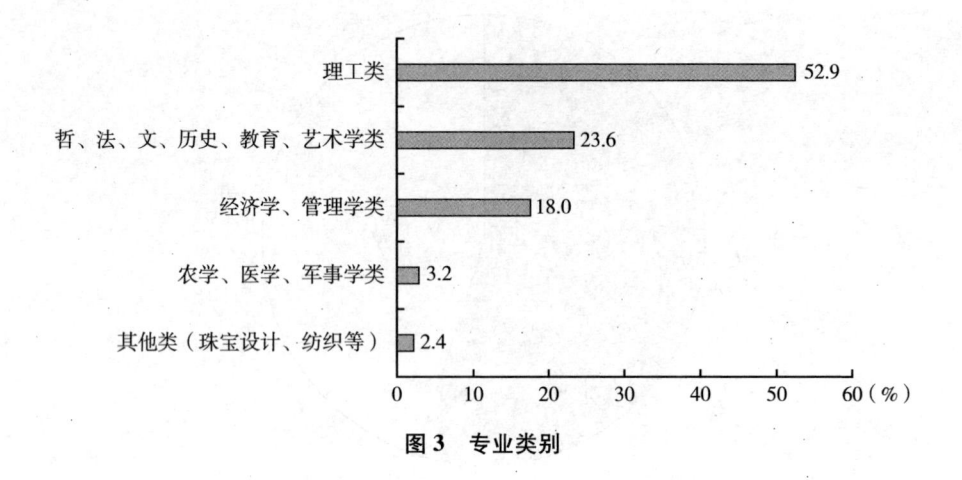

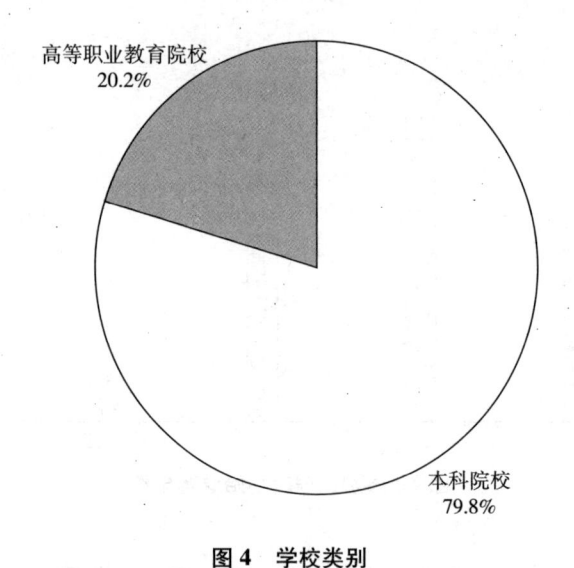

本科院校
79.8%

图4 学校类别

5. 从参赛最高级别看：参赛者参加过的最高级别竞赛集中于省赛

从参加过的最高级别的"挑战杯"系列竞赛项目来看，此次调研中参加省赛的学生最多，为391人，占比为54.5%；其次为参加校赛的学生，有170人，占比为23.7%；参加国赛的有113人，占15.8%；参加院赛的有43人，占6.0%（见图5）。

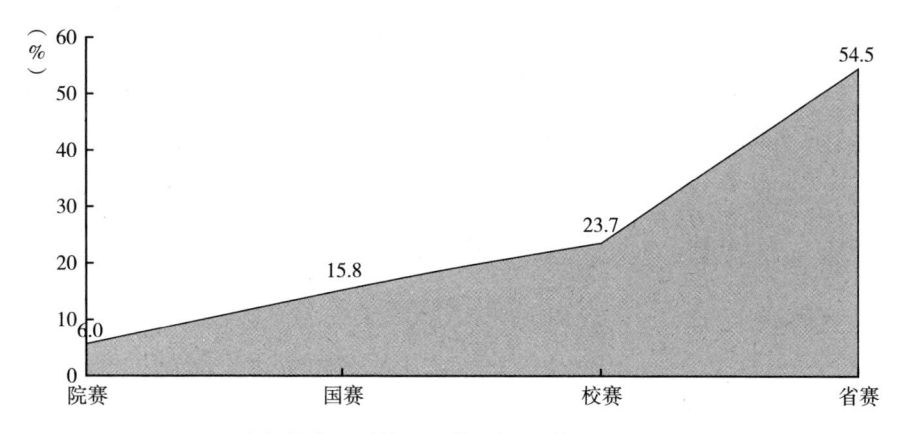

图 5　参加最高级别的"挑战杯"竞赛项目的学生分布

6. 从竞赛项目类别看：以参加大学生课外学术科技作品竞赛为主

从竞赛项目类别来看，大学生主要参加大学生课外学术科技作品竞赛，参赛学生人数为 562 人，占总数的 78.4%；参加大学生创业计划竞赛的有 143 人，占总数的 19.9%；参加其他竞赛的有 12 人，占 1.7%（见图 6）。

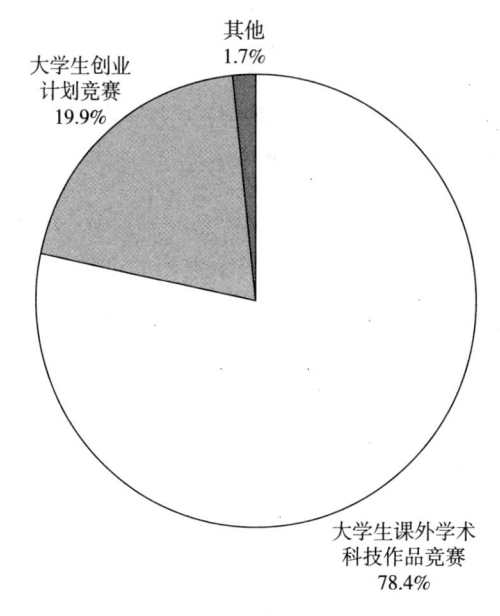

图 6　竞赛项目类别

7. 从参赛角色看：团队成员深度参与竞赛项目

从参赛角色来看，此次调研中，项目负责人有 256 人，占比为 35.7%；除主持人外的前三名骨干有 258 人，占比为 36.0%；第三名之后的参与者有 203 人，占比为 28.3%。由此可知，参赛队伍团队成员项目参与度较高，充分发挥了各自在团队中的作用（见图 7）。

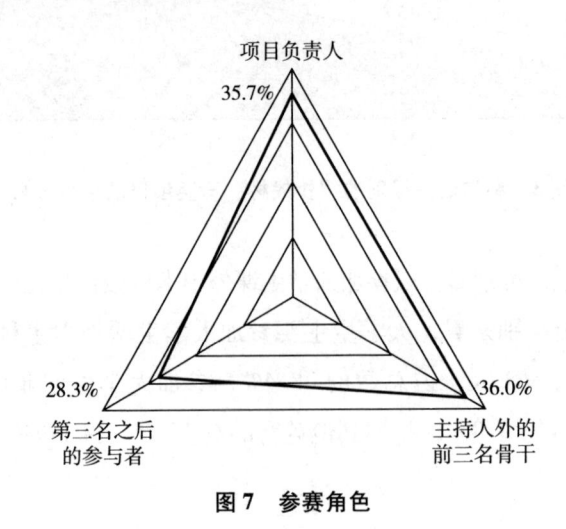

图 7　参赛角色

8. 从创新意愿看：受访者创新意愿较强，男性、本科院校学生创新意愿更高

调研发现，受访大学生的创新意愿较强，其中 14.7% 的受访者有很强烈的创新意愿，52.7% 的受访者创新意愿比较强烈，二者共计 67.4%；创新意愿一般的占比为 30.1%；不太强烈或不强烈的占比为 2.5%（见图 8）。经分析发现，参赛学生的创新意愿存在显著的性别差异。男性具有很强烈和比较强烈创新意愿的比例为 72.5%，女性中对应比例为 63.3%。不同学校类型学生创新意愿也存在一定差异，本科院校学生有很强烈或比较强烈创新意愿的比例为 68.9%；高等职业教育院校学生中这一比例为 61.3%。

（二）参赛目的

1. 从参赛目的看：参赛目的的多元化，提升创新能力为最主要目的

数据显示，广州大学生参加"挑战杯"系列竞赛的最主要目的是提升

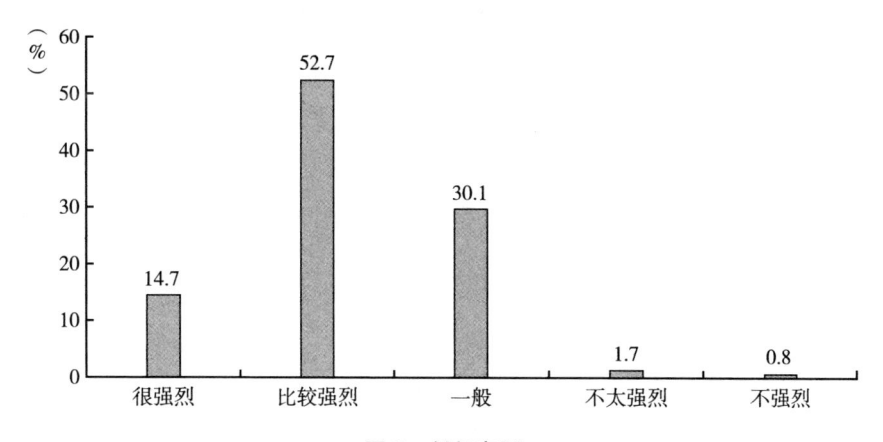

图8 创新意愿

创新能力,所占比例为63.7%;第二为开拓个人视野、拓宽人际圈,占比为57.3%;第三为学业加分,获得学校相关政策奖励,占比48.4%;让"挑战杯"经历成为自己求职简历上的加分项、丰富课余生活、有助于毕业论文的撰写、积累创业资本、展示自我等也占据一定比例。由此可知,广州大学生参加"挑战杯"竞赛的目的呈现多元化特征(见图9)。

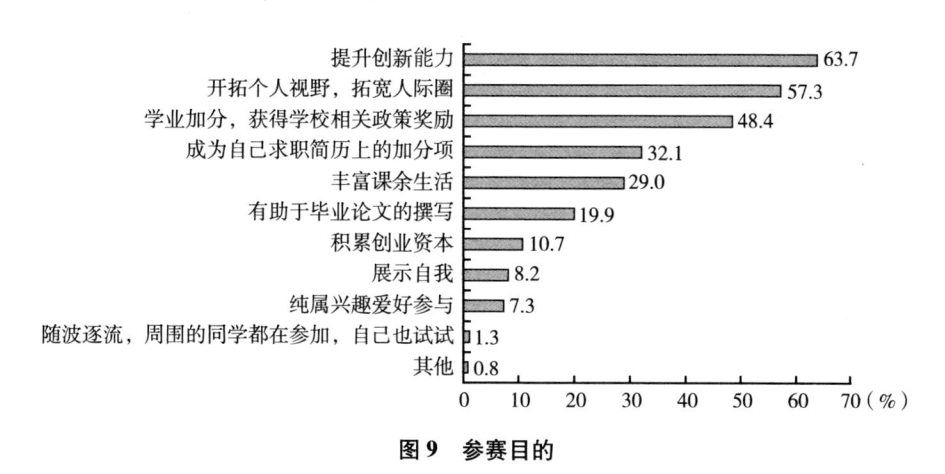

图9 参赛目的

2. 从群体差异看:男性、高等职业教育院校学生更注重创业资本的积累

群体差异分析发现,男性、高等职业教育院校学生更注重创业资本的积累,

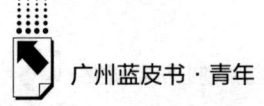

女性、本科院校学生更关注学业加分。具体而言,男性为了积累创业资本的比例为15.7%,比女性高9.8个百分点;女性选择学业加分、获得学校相关政策奖励的比例为51.5%,显著高于男性的44.5%。学校类型方面,高等职业教育院校学生为了积累创业资本的比例为16.6%,高于本科院校的9.3%;本科院校学生选择学业加分、获得学校相关政策奖励的比例为50.7%,比高等职业教育院校高10.7个百分点。

(三)获奖因素

1. 从获奖因素看:获奖的主要因素依次为团队协作、老师指导、学校支持和政策环境

调研发现,89.1%的受访者认为"团队协作"为获奖的最主要因素,访谈中,许多学生也表示明确合理的分工、积极融洽的氛围是他们能取得较好成绩的保障。排在第二位的获奖因素为"老师指导",占比为86.6%,在座谈交流中,受访者们均表示一名优秀的、有责任心的指导老师对一个参赛项目的成绩优劣至关重要。排在第三位的获奖因素为"学校支持",占比为67.9%;另有33.9%的受访者认为"政策环境"也是重要的获奖因素(见图10)。

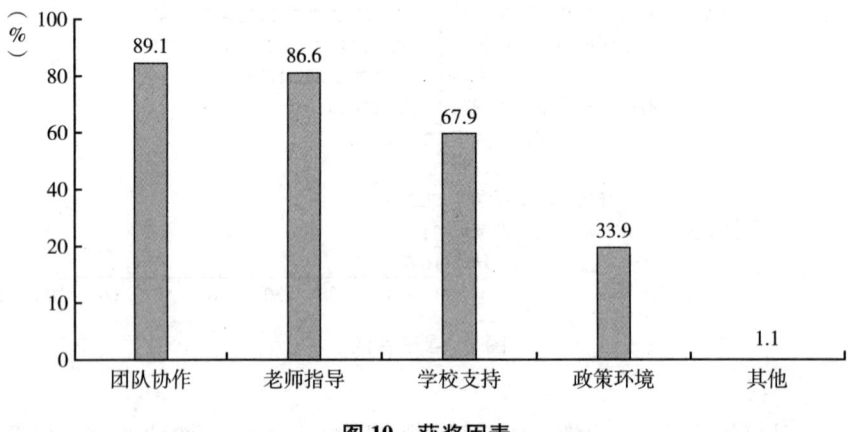

图10 获奖因素

2. 从群体交叉分析看：理工类学生更需要学校和资金、政策支持，老师指导对参加大学生课外学术科技作品竞赛者作用更大

群体交叉分析发现，理工类，农学、医学、军事学类学生将"学校支持"视为获奖最主要因素的比例分别为72.6%、69.6%，高于哲、法、文、历史、教育、艺术学类与经济学、管理学类学生的62.1%、64.3%。由此可知，相比较而言，理工类，农学、医学、军事学类学生更看重学校支持，也表明此类学生更需要学校资金、场地等资源的支持。在竞赛类别方面，参加大学生课外学术科技作品竞赛的学生中89.5%的人将"老师指导"视为获奖最主要因素，参加大学生创业计划竞赛者中这一比例为74.1%。

（四）参赛收获

1. 参赛后学生能力全方位提升，团队协作能力提升尤为明显

调查显示，大学生参加"挑战杯"竞赛后各项能力均得到显著提升，只有2.8%的受访者表示没太多收获。具体来看，83.5%的受访大学生表示自己通过参与"挑战杯"系列竞赛提升了团队协作能力；第二是协调沟通能力，占比为74.8%；第三是资料查询能力，占比为70.2%；分别有五成左右的受访者提升了创新思维能力、专业设计能力、应对困难能力以及实际操作能力；提高了撰写论文能力、演说展示能力分别占四成以上（见图11）。

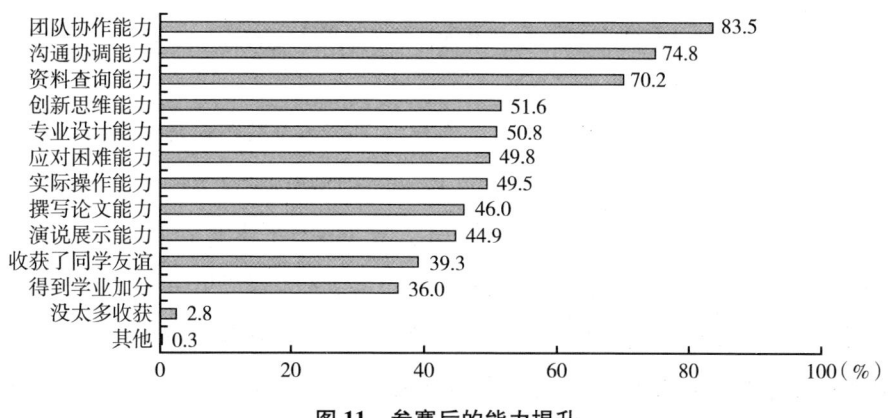

能力	百分比(%)
团队协作能力	83.5
沟通协调能力	74.8
资料查询能力	70.2
创新思维能力	51.6
专业设计能力	50.8
应对困难能力	49.8
实际操作能力	49.5
撰写论文能力	46.0
演说展示能力	44.9
收获了同学友谊	39.3
得到学业加分	36.0
没太多收获	2.8
其他	0.3

图11 参赛后的能力提升

2. 大学生创业计划竞赛更有助于创新思维能力的提升

将相关变量与参赛收获进行交叉分析后发现，参加大学生创业计划竞赛者提升了创新思维能力的比例比参加大学生课外学术科技作品竞赛者高9.4个百分点；参加大学生课外学术科技作品竞赛的学生提升论文撰写能力的比例则比参加大学生创业计划竞赛者高13.5%。由此可知，参加大学生创业计划竞赛更有助于创新思维能力的提升，参加大学生课外学术科技作品竞赛则对提升论文撰写能力作用更大。在项目角色方面，项目负责人提升演说展示能力的比例为57.4%，高于项目骨干的48.1%与一般参与者的25.1%。由此可知，参与程度越深，演说展示能力提升得越快。

（五）项目成果及转化情况

1. 总体情况：仅超过两成的获奖项目成功转化为创业项目

此次调查中，20.9%的受访者表示自己参加的"挑战杯"系列竞赛获奖项目成功转化为了创业项目，66.8%的受访者表示未转化为创业项目，还有12.3%的受访者表示不太清楚（见图12）。不少学校团委老师表示，学生创新成果虽然在比赛中获得了不少荣誉，但成功转化为创业项目的数量还十分稀少，成功转化的项目的影响力也较小。在项目转化后的发展方面，49.3%的受访者表示发展良好，31.3%的受访者表示发展一般，认为发展不太理想的占比为7.3%，11.4%的受访者对项目发展情况不清楚。

2. 成果形式：以形成文字类成果为主，申请专利者超过三成，大学生创业计划竞赛项目注册企业者较多

此次调研中，项目成果形式以文字类成果为主，其中形成调研报告的比例为53.3%；形成论文发表的比例为49.8%；18.3%的成果形成工作参考报告，提供给政府部门咨政或采纳。此外，有34.0%的参赛成果申请了专利，4.6%的参赛成果注册转化为了企业，还有3.6%的参赛成果进行了技术转让（见图13）。群体交叉分析发现，参加大学生创业计划竞赛的有13.3%注册了企业；参加大学生课外学术科技作品竞赛者中这一比例仅为2.5%。而在形成文字类成果方面，参加大学生课外学术科技作品竞赛的，有56.9%的形成论文

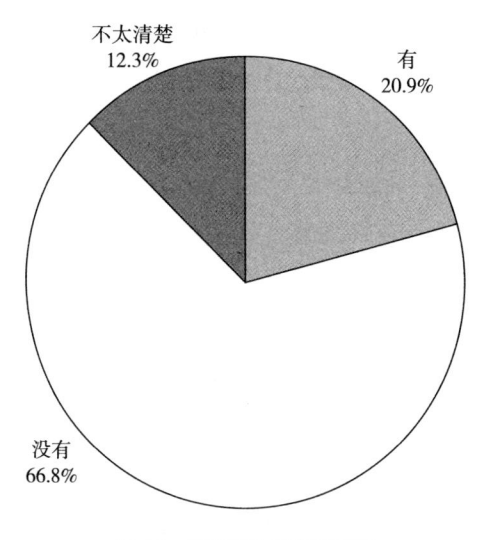

图 12 获奖项目转化情况

发表，55.2%的形成调研报告；参加大学生创业计划竞赛的只有22.4%的形成论文发表，形成调研报告的占比为45.5%。由此可知，参加大学生课外学术科技作品竞赛者形成文字类成果的更多，参加大学生创业计划竞赛的注册企业更多。

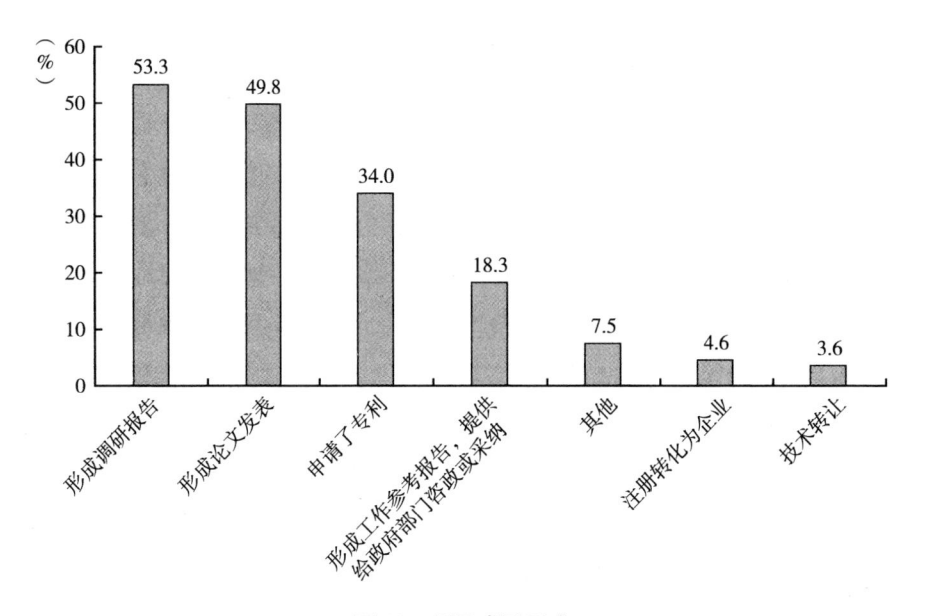

图 13 项目成果形式

3. 院校类别：本科院校参赛项目更易形成文字类成果，高等职业教育院校申请专利者更多，高等职业教育院校项目、大学生创业计划竞赛项目转化为创业项目的比例更高

将学校类型与成果形式进行交叉分析后发现，高等职业教育院校参赛者申请专利的比例为35.5%，本科院校参赛者申请专利的比例为28.3%，高等职业教育院校比本科院校高7.2个百分点；本科院校参赛成果形成论文发表的比例为52.1%，比高等职业教育院校高11.5个百分点。可知高等职业教育院校参赛项目更易申请专利，本科院校则以文字类成果为主。群体差异分析发现，高等职业教育院校参赛项目转化为创业项目的比例为31%，比本科院校高12.6个百分点。在竞赛项目维度，参加大学生创业计划竞赛的项目转化为创业项目的比例为33.6%，显著高于参加大学生课外学术科技作品竞赛的17.8%。在专业类别维度，理工类学生获奖项目转化为创业项目的比例最高，为23.2%；哲、法、文、历史、教育、艺术学类，经济学、管理学类，农学、医学、军事学类学生获奖项目转化为创业项目的比例则分别为21.3%、16.3%与13.0%。

4. 成果延续性：项目成果的传承性和延续性较好，高等职业教育院校、理工类项目更优

升学或就业后对自己项目的处理，58.9%的人表示会交给师弟师妹累计创新；49.9%的人表示会推动成果转化，创造价值（见图14）。访谈中，很多受访者表示自己参加的"挑战杯"竞赛项目就是在师兄师姐们之前的基础上进一步深化的成果；也有部分参赛者表示，组建团队时会有意识地吸纳低年级的师弟师妹参与，"如果到时候我去其他城市读研或者工作，就可以把项目交接给他们"。由此可知，整体上看，广州青年参与"挑战杯"竞赛项目具有较好的传承性和延续性。在群体差异方面，高等职业教育院校、理工类"挑战杯"竞赛项目的传承性和延续性均更好，高等职业教育院校选择交给师弟师妹累计创新、推动成果转化、创造价值的比例分别为65.5%、57.2%，比本科院校分别高出8.3个与9.1个百分点；理工类学生升学或就业后将项目交给师弟师妹累计创新、推动成果转化、创造价值的比例分别为63.1%、51.2%，均高于其他专业学生。

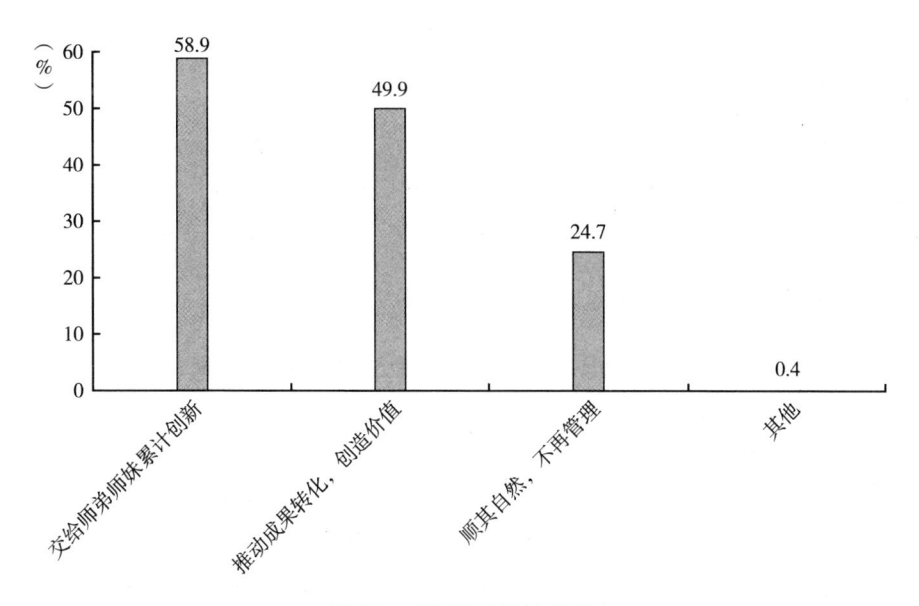

图 14　对项目成果的处理

四　广州大学生创新机制存在的主要问题

"挑战杯"系列竞赛在前端培育、中端实践、后端孵化、持续跟踪等方面，一定程度上形成了大学生创新创业类大赛的赛训全链条体系，但此体系中还存在阻滞环节；在学生参与、教师指导、学院协调、学校激励、社会及政府支持的协同育人机制搭建方面取得了显著成效，但还存在机制不顺畅、主体作用错位的情况。

（一）大学生创新意识不强，价值引领机制有待提升

在参赛的价值取向方面，存在一定比例的大学生主动创新的意识不足、对参赛目的的定位不明等问题；部分学生参与"挑战杯"系列竞赛仅仅是追求个人利益，偏离了"挑战杯"系列竞赛的宗旨和科学创新的本质。数据显示，有56.07%受访者认为大学生创新意识不足，具体表现在参赛过程

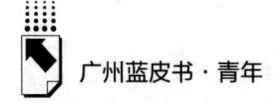

中对提升综合能力素质的主观能动性不强；有48.4%的受访学生表示自己参赛是为了学业加分，获得学校相关政策奖励；有32.1%的受访学生是为了"美化"自己的求职简历，展现"功利性"参赛动机。访谈时部分学生表示自己在参赛过程中往往是"老师指导怎么做就怎么做，没太多想法"；还有同学表示"参加'挑战杯'的过程确实提升了个人素质，但随着比赛结束，对创新创业的关注与思考也随之结束了"。

（二）创新培育体系不完善，协同育人机制有待构建

政府、社会和高校等多元主体尚未形成统一、有效的促进大学生创新创业协作体系，未能对大学生参与创新创业形成充分有效的推动、催化和支撑作用。一方面，高校对创新创业培育机制建设还不完善，资源投入不足。41.4%的受访者认为学校内部资源支持不足，社会外部支持不足、缺少专业导师引导、学生相关意见反馈渠道不畅的比例分别为39.9%、37.9%、25.2%，39.9%的受访者认为培育体系覆盖面不足。另一方面，政府主管部门职能分散，不能形成合力。例如同大学生创新创业密切相关的人力资源和社会保障主管部门与教育主管部门工作界限划分明显；税务、科工商信、市场监管等均有权出台关于大学生创业相关政策，还未形成法定的、有效的协调机制，存在各部门各自为政、工作内容交叉重复的现象，资源的整合、职能的衔接、工作的有机配合等还存在一些不足，没有建立"由内到外、由外促内"的系统性、延续性培养机制，致使创业者申请流程复杂，重重关卡，效率较低。

（三）创新保障机制不健全，外部支持机制有待创新

当前大学生对创新外部环境支持的总体评价中等偏上，感到非常满意或比较满意的占比为54%，感到一般的占比为38.9%。具体表现在以下三个方面。

一是市级激励措施相对薄弱，数据显示有44.8%的受访者认为"政策激励措施不够健全"。根据走访和查阅资料，当前"挑战杯"系列竞赛全国

大赛和广东省赛均有相关政策激励，华南理工大学、华南师范大学、广州大学、广东轻工职业技术学院等高校还分别出台了"挑战杯"系列竞赛奖励办法以及相关政策文件，对参赛学生综合测评、考研加分、指导教师工作认定等方面进行激励。但在市级层面，因广州市并无相应的市赛以及相关政策出台，过往都由各高校自行申报广东省赛。

二是学校支持力度有待加大，有42.12%的受访学生认为学校提供参加"挑战杯"系列竞赛的资源存在不足，各高校的基层学院对资金资源、技术资源、专家指导的重视程度不一，不一定愿意投入时间和精力。访谈时多个高等职业教育院校提出，高等职业教育院校学生与综合性大学学生应该划分为不同的参赛组别，毕竟前者侧重大学生创业计划竞赛（俗称"小挑"）的创业实践，后者更侧重大学生课外学术科技作品竞赛（俗称"大挑"）的创新意识培育，两者应该有所细分；学校自身建立的创新创业导师库专家资源有限，不足以支持学生在"挑战杯"系列竞赛以及创新创业方面的全部需求。

三是社会资源尚未充分激活。受访者对市场支持感到满意的占比为47.4%；对资金支持满意度最低（45.1%），不少学生表示，不论是参加"挑战杯"系列竞赛还是其他创新创业项目探索，除了个别参赛项目得到企业基于自身产品研发资金投入外，其余项目主要是依托高校资源和指导老师的资源支撑，整体而言，较少联动社会资本等外部资源支持和整合协作。

（四）经费运作有待优化，成果转化机制不通畅

调查显示，高达66.8%的获奖项目"没有转化为创业项目"，究其原因，固然有哲、法、文、历史、教育、艺术学类等学科项目属性使然，正如部分受访者表示，"我们参加的是学术论文类的比赛，唯一的转化就是撰写了一些咨政报告，但采纳率也不高"；也存在着理工类和农学、医学、军事学类项目与行业产业对接机制、企业推广应用等成果转化要求错位的问题。当前参赛者反映最多的困难是资金问题，有的受访者表示"我们的成果转化的话是需要资金的，产品研发、生产、宣传推广等都需要'砸钱'"，有

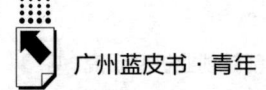

的受访者表示"我们都是学生，做项目的钱都是导师的科研经费在支撑，如果要进一步转化，需要去融资"。大学生最需要资金资源（79.33%）、政策指引（65.33%）和团队人员专业技术提升（62%）来帮助他们进行创新成果转化，如何解决创新创业成果转化过程的痛点、难点，将决定广州大学生创新创业机制的发展程度。

（五）配套政策宣传不够，政策输送机制有待完善

当前不少高校虽然设立创新创业学院并出台了"挑战杯"配套政策，但是由于政策宣传解读不足，导致学生和指导老师无法有效获取相关信息。有44.8%的受访学生表示政策激励措施不够健全，其中认为是政策宣传不到位的高达31.4%。结合走访调研，有接受调研访谈的学生表示不太清楚税费减免、企业登记等政策信息；还有指导老师也表示不了解学校具体的对各类大赛的激励措施，从而导致项目开展存在困难等情况出现。究其原因，主要是部分高校对促进大学生创新创业必要性、重要性认识还不到位，尤其是对政策宣传重视不够、办法不多、渠道单一、形式简单，难以吸引大学生的广泛参与；省市级众创空间、孵化器、加速器、产业园面向大学生创新创业团队开放的优惠政策推广宣传不够，导致大学生对相关扶持大学生创新创业的政策知晓度不高，对申报渠道和申报额度等配套政策和申报机制不熟悉。

五 进一步优化广州大学生创新创业机制的对策建议

2021年9月，国务院办公厅出台《关于进一步支持大学生创新创业的指导意见》。该意见将大众创业、万众创新纳入国家创新驱动发展战略，强调大学生是大众创业、万众创新的生力军，社会各界要支持大学生创新创业。这些意见的提出，为我们进一步优化广州大学生创新创业机制提供了基本遵循和根本指南。

（一）完善价值引领机制，强化培养教师与大学生创新创业意识和创新能力

1. 加强高校教师创新创业教育教学素养和能力提升

高校要改革考核方式，创新教学方法，在课堂教学中融入国际视野、学术前沿、最新研究成果和实践经验；实施高校创新创业导师专项人才计划，推动实施创新创业指导教师到相关企业挂职锻炼，实现高校与企业的互通互动，创新创业项目与企业市场需求对接，课题研学与解决企业实际问题对接，不断提升创新创业的针对性和时效性。

2. 在高校开设创新创业课程，提升大学生创新创业基本素养

推进高校教育改革，将创新创业纳入高校课程体系，构建以创新创业为导向的新型人才培养模式、以问题需求为导向的创新创业教育培训体系、以互动互通为导向的校校、校企、校地、校所协同育人机制，不断提升大学生创新精神、创业意识和创新创业能力。

3. 加强实验实习实训活动，着力培养大学生的创新能力

高校要按规定开齐开足实验课程，打造一批高校创新创业培训活动品牌；建立校外实习实训基地，增加实习实训时间。推动企业创新创业导师进高校开展大学生创新创业课题指导、经验分享和实践指导等活动。

（二）强化战略规划，构建创新创业协同育人机制

1. 建立促进大学生创新创业联席会议制度和工作议事协调机构

做好鼓励支持大学生创新创业的"顶层设计"，并监督政策的有效执行。由市政府领导担任牵头人，成员由人社、税务、市场监督和科工商信局等各行政主管部门、群团组织、科研机构和部分代表性高校代表组成，定期研究解决大学生创新创业过程中遇到的问题，并形成规范的管理流程和运作机制。

2. 建立健全大学生创新创业多方育人机制

教育主管部门要切实担负起统筹规划高校创新创业教育体系的职责，将

其列入教学改革内容和考核要求，并优化工作制度和操作规程。高校要将创新创业课程作为学分管理的重要内容，并在教育教学活动中贯穿始终。支持高校创设创新教育学院、创新教研室或相应的研究机构。高校要建立促进大学生创新创业的校内激励机制，在工作量认定、薪酬待遇以及评优评先等方面给予创新创业导师更多的激励。

3. 建立健全大学生创新创业社会力量参与机制

推动建立大学生创新创业社会导师制度，鼓励有条件的企业和研发机构设立大学生创新创业导师，企业导师提前介入，将企业亟须解决的阻点、痛点、难点问题列为大学生创新创业选题内容；建立大学生创新创业实习制度，推动大学生创新创业人才到各类企业、研发机构实习见习，规范大学生创新创业实习管理；建立大学生创新创业孵化基地制度，鼓励支持各类开发区、产业园区、创意园设立大学生创新创业孵化基地，在政策、资金和租金等方面给予扶持和优惠。

（三）盘活资源，建立健全创新创业外部支持机制

1. 发挥政府主导作用，强化对大学生创新创业的政策激励和资源支持

设立大学生创新创业引导基金，用以资助大学生创新创业项目、为大学生创新创业提供资金扶持的机构或项目。建立覆盖创新链的多元化投入机制，探索通过直接融资、天使投资、贷款贴息等方式，引导引流社会资本支持大学生创新创业。综合运用政府购买服务等方式，支持公共服务平台和机构建设。以高校为单元，校政企联合，建设一批面向大学生创新创业的"青创空间"和孵化平台，为大学生创新创业提供有力支撑。聚焦国家紧缺和高精尖行业，创建一批战略性新兴产业实验室、检测中心、试制中心，为大学生创新创业提供技术服务。

2. 激活高校资源，用规范的制度支撑大学生创新创业

优化完善"挑战杯"等大学生创新创业赛事组织和管理制度，分设高校和高职两个赛道，引导不同类别、不同年龄段大学生参与创新创业竞赛，通过竞赛促进学习，促进创新创业，学创互动互促，不断强化"挑战杯"

等赛事的创新育人功能。支持以中小微科技企业前孵化器的标准建设大学科技园。通过政策扶持、建设用地支持、租金优惠等方式，打造政府扶持政策的传播平台、创新人才的服务平台、创新技术的链接平台、资源服务的综合平台。推动建立科技特派员制度，加强高校与属地互通共建，定期组织高校科技人才带领大学生开展科技创新服务到基层下乡活动，推动教科研能力转化为社会生产效益。

3. 撬动社会资源，建设大学生创新创业综合金融服务平台

搭建平台，培育全孵化链条大学生创新创业生态圈。用好中国青年创业社区、"青创板"等资源平台，推动出台支持平台发展的政策意见，探索建立社会资本支持大学生创新创业的合作机制。建立健全促进大学生创新创业的金融扶持政策，创办青年创业小额贷款公司，鼓励上市公司、战略性新兴产业企业、"专精特新"小巨人企业参与青创板项目培育和产业并购等，在税收、债权融资等方面给予优惠和支持。

（四）完善成果转化机制，助推创新创业成果转化落地

1. 以高校为主体，加强服务管理，创建大学生创新成果转化服务体系

在高校设立"大学生创新创业基金"，用以资助开展创新创业实践和参与相关竞赛的大学生，奖励在相关竞赛中获奖的学生、指导老师和相关院系。建立大学生创新创业实训中心，着力构建众创空间、专业孵化器等全覆盖、多层次的空间承载体系，推动大学生创新创业成果尽早向市场转移，加速孵化转化和产业化。主动对接市场，加强与企业合作，拓宽成果转化渠道。鼓励国有大中型企业和产学研一体化企业利用孵化器、产业园等平台，瞄准市场，链接资源，支持大学生创新创业成果转化，促进高校大学生创新创业项目落地。

2. 以政府为引领，加强财政支持，完善大学生创新成果转化机制

建立鼓励学生创新创业大赛项目成果落地的相关支持性政策和财政支持体系。出台固定资产建设投资、房屋租赁等支持科技成果转化的一揽子政策。设立成果转化引导资金，联合国有资本，带动社会资本，打造深度支持

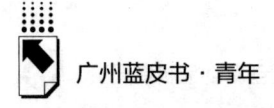

成果转化的金融体系。培育和引进一批技术转移服务机构，提供技术评估、知识产权转让、检验检测等科技服务，贯通科技成果转化服务全链条。建立大学生创新技术转让、成果转化奖励机制。强化制度激励，建立健全创新技术转移与成果转化机制，落实大学生创新成果转化奖励和收益分配办法，扎实推进大学生创新项目知识产权确权、保护等工作，推动创新成果转化。强化大学生创新成果转化的示范带动效应。加强对在创新创业大赛中获奖项目的持续跟踪支持，推动一批大赛优秀项目落地，形成大学生创新创业示范效应。

3. 以市场为导向，加强校企合作，搭建大学生创新成果转化平台

鼓励打造创新联合体。支持产业龙头优势企业围绕高精尖产业链联合科研院所、高等院校，共同组建创新实验室、创新研发中心、产业技术研究院等新型组织。建立市场引导机制。对在创新创业中的优秀项目，通过现有成果转移转化或技术攻关揭榜挂帅，引导创新资源要素融入高精尖产业发展之中，使符合市场需要的技术供给得到充分释放。在最大程度上有效贯彻落实技术转让税收的相关优惠政策，积极探索和实行股权奖励、股权出售等重要举措，让创新创造的劳动成果见成效、有收益、有收获，激发创新动力、活力，调动创新成果转化和应用的积极性、主动性。

（五）完善政策输送机制，营造促进创新创业舆论氛围

1. 做好政策宣传，提升创新创业知晓度

高校共青团要充分利用海报宣传栏、微信公众平台、官方微博、会议、系统培训等线上线下渠道为新生宣传解读"挑战杯"系列竞赛相关详细情况。各二级学院不定时举办专业性的创新创业讲座与培训，宣讲省市级众创空间、孵化器、加速器、产业园面向大学生创新创业团队开放的优惠政策，团委通过"叹茶"、小沙龙等方式做好"挑战杯"系列竞赛及创新创业政策解读和宣讲工作。

2. 用好现代信息技术，建立大学生创新创业信息服务平台

运用现代互联网信息技术，为大学生精准推送行业需求和市场动向等信

息。加强信息资源整合，做好国家和地方的大学生创新创业帮扶政策、产业激励政策和创新创业教育资源发布、传播和重点解读，支持举办大学生创新创业项目需求与投融资对接会。

3.营造有利于大学生创新创业的良好社会舆论环境

充分利用移动互联网、短视频、校园广播等大学生易接收、易接受的媒介广泛宣传大学生创新创业的经典故事，特别是大学生身边创新创业的典型成功案例。发挥好创新创业实践综合服务（孵化）平台的作用，邀请优秀校友、优秀企业家来校讲座，把创客文化、企业文化融入校园文化。

专题报告
Special Report

B.8
广州市"帮扶失业青年再就业"研究

李荣新　林国康　曾群杰　宋文集　宋婧*

摘　要： 本报告在广州市内开展的适龄失业青年专项抽样调研基础上，对失业青年的群体类别、工作履历、失业原因、心理状态、就业意向等方面情况进行了分析，进而发现失业青年工作稳定性不足；批发和零售与制造业为失业主要行业；摩擦性失业与周期性失业是最主要的失业原因；总体失业时间较短，形势较为乐观；失业带来显著的消费水平下降和负面消极心态；超半数失业青年有再就业意愿；"重学历，轻技能"现象凸显；失业青年就业期望与市场实际不相符合；就业信息或就业推荐是失业青年再就业的最大需求；资金支持、场租补贴等经济因素是主要的创业援助诉求；女性、大龄、低学历失业青年群体需重

---

* 李荣新，广州市青年就业创业服务中心主任，主要研究方向为青年就业创业政策；林国康，广州市青年就业创业服务中心副主任，主要研究方向为青年就业创业政策；曾群杰，广州市青年就业创业服务中心八级职员，主要研究方向为青年就业政策；宋文集，广州市青年就业创业服务中心综合部副部长，主要研究方向为青年就业创业政策；宋婧，广州市青年就业创业服务中心九级职员，主要研究方向为青年就业政策。

点关注。围绕失业青年存在的问题和困难，本报告分别从加强组织领导、建立监测机制、开展关爱行动、精准就业服务、做好托底帮扶五个方面研提工作建议，全面帮扶失业青年实现再就业和高质量就业。

关键词： 失业青年　再就业　就业帮扶

一　前言

（一）研究意义

就业是最大的民生工程、民心工程、根基工程，是社会稳定的重要保障，必须抓紧抓实抓好。青年失业问题是大多数国家面临的共性问题，这主要与青年缺乏职业技能、工作经验和社会人脉资源等有关。人力资源和社会保障部于2019年出台了《人力资源社会保障部　共青团中央关于实施青年就业启航计划的通知》（人社部函〔2019〕36号）。通知要求全国各省区市人力资源和社会保障厅（局）及团委以习近平新时代中国特色社会主义思想为指导，贯彻落实党中央、国务院关于稳定和扩大就业的决策部署，聚焦长期失业青年群体，坚持市场主导与政府引导相结合，综合运用指导服务和政策激励，着力激发青年就业内生动力，提升就业创业能力，帮助他们更好地适应和融入就业市场，提高人力资源配置效率，保持就业局势平稳和社会和谐稳定。

（二）研究对象概念界定

1. 调研对象

广州市人力资源和社会保障局于2021年10月提供的广州市户籍的15243名登记在册的16~34岁失业青年。

2. 调研内容

（1）适龄失业青年基本情况调研。一是个人统计学特征采集：性别、年龄、文化程度、职业技能水平等。二是家庭统计学特征采集：家庭成员数量、家庭主要经济来源、家庭收入及支出水平等。

（2）适龄失业青年失业及失业前情况调研。一是失业前工作履历信息采集：工作更换频次、每份工作持续时间、工作更换原因、间隔失业时间、工作信息获取途径、工作行业及类型、工资待遇变化等。二是失业情况信息采集：失业类型（周期性失业、结构性失业、摩擦性失业）、具体的失业原因、失业带来的生活和心理上的影响、对失业的态度及看法等。

（3）适龄失业青年再就业调研。一是再就业意愿及意向信息采集：再就业状态、再就业意愿、对再就业的态度及看法、再就业过程中面临的困扰和问题等。二是再就业需求信息采集：获取再就业信息的渠道、对再就业指导及培训的需求、对创业就业帮扶政策和服务的需求等。

3. 调研方法设计

在文献研究的基础上，结合本次研究的目的和内容，形成《广州市"帮扶失业青年再就业"专题调研问卷》。采用网络调研和定量电话访问的方式，获得有效样本2392个，并进行数据的收集和汇总，为问题的量化提供数据支撑。同时，项目组在数据分析的基础上，采用专家座谈、访谈的方法，通过头脑风暴的方式，形成失业青年再就业帮扶的针对性对策建议。

（1）网络调研。项目组通过短信群发的方式，将电子问卷推送给广州市人力资源和社会保障局提供的15243名登记在册的失业青年，共回收问卷1478份，有效问卷1359份[1]，有效率为91.9%。

（2）电话访问。根据掌握的15243名登记在册的失业青年名单，在剔除网络问卷回收样本的基础上，项目组采取随机抽样的方式进行电话访问，接触数3973次，成功访问1033个样本，成功率为26.0%。

（3）专家座谈。形成数据及数据报告后，通过内部专家意见交流会及

---

[1] 剔除了119份（8.1%）年龄在16岁以下及34岁以上，或中途退出的无效问卷。

头脑风暴的输出,为对策建议的形成提供理论及实战的指导和支撑;在形成初稿后,与广州市人力资源和社会保障局、共青团广州市委员会相关专家进行座谈或者访谈,补充和完善相关建议意见。

4. 受访青年特征

本次研究受访失业青年群体具有以下六个基本特征(见表1)。

(1)回收的2392份样本中,男性为983人,女性为1409人。女性调查对象占近六成,男性调查对象仅超四成,女性占比较高。

(2)从年龄来看,16~20岁的有34人,21~25岁的有428人,26~30岁的有822人,31~34岁的有1108人。失业青年年龄分布以31~34岁为主,占46.3%,其次是26~30岁,占34.4%,失业青年的占比随着年龄增长而升高。

(3)从学历来看,初中及以下的有254人,高中(含中职)的有467人,大专的有955人,本科的有688人,硕士及以上的有28人。占比最高的学历是大专,占39.9%,其次是本科学历,占28.8%,总体学历程度偏高。

(4)从家庭结构来看,失业青年的家庭人口构成以3口之家或者4口之家为主,分别有754人和635人,占比分别为31.5%和26.5%。

(5)受访青年的家庭经济来源以家庭成员的工资收入为主,有1840人,占76.9%。

(6)受访青年的家庭月均税后收入大部分在10000元以下,其中5001~10000元和5000元及以下的分别有968人和862人,占比分别为40.5%和36.0%。

表1 样本基本情况($N=2392$)

项目	类别	频数(份)	百分比(%)
性别	男	983	41.1
	女	1409	58.9
年龄	16~20岁	34	1.4
	21~25岁	428	17.9
	26~30岁	822	34.4
	31~34岁	1108	46.3

续表

项目	类别	频数(份)	百分比(%)
文化程度	初中及以下	254	10.6
	高中(含中职)	467	19.5
	大专	955	39.9
	本科	688	28.8
	硕士及以上	28	1.2
职业资格等级	初级工	442	18.5
	中级工	310	13.0
	高级工	118	4.9
	技师	31	1.3
	高级技师	20	0.8
	没有	1471	61.5
家庭人口构成	1人	68	2.8
	2人	219	9.2
	3人	754	31.5
	4人	635	26.5
	5人	385	16.1
	6人	216	9.0
	7人	55	2.3
	8人	33	1.4
	9人	11	0.5
	10人	8	0.3
	11人	4	0.2
	13人	1	0.0
家庭主要经济来源	家庭成员务农收入	174	7.3
	家庭成员工资收入	1840	76.9
	家庭成员经商收入	106	4.4
	家庭财产收入(如田地、房产出租)	98	4.1
	社会救助金、低保金等财政救助	93	3.9
	亲友接济	67	2.8
	无收入	5	0.2
	其他	9	0.4

续表

项目	类别	频数(份)	百分比(%)
家庭平均税后月收入	5000 元及以下	862	36.0
	5001~10000 元	968	40.5
	10001~20000 元	413	17.3
	20001~30000 元	85	3.6
	30001~50000 元	39	1.6
	50001~70000 元	11	0.5
	70001~100000 元	3	0.1
	100000 元以上	11	0.5

二 研究主要结论

本次研究主要从失业青年的过往从业情况、失业情况、再就业意愿及再就业过程中遇到的困难、就业及创业的需求和期望四个方面进行，项目组在综合网络调研和电话访问数据分析的基础上，提出本次研究的主要结论。

（一）失业青年的过往从业情况

1. 失业青年工作稳定性不足

31.1%的失业青年最近一份工作维系不到一年（见图1），56.4%的失业青年已经有过3段及以上的工作经历（见图2），工作更换频率较高，每份工作维持时间较短，工作稳定性不足。

数据显示，低年龄（16~20岁、21~25岁）青年最近一份工作的维系时间较其他年龄段明显更短一些（见表2）。本报告认为，一方面这与低年龄段青年稳定性不足有关；另一方面，不排除近两年的疫情以及政策变化给失业青年工作的稳定性也带来了一定的影响。

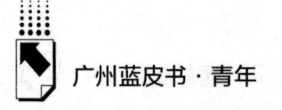

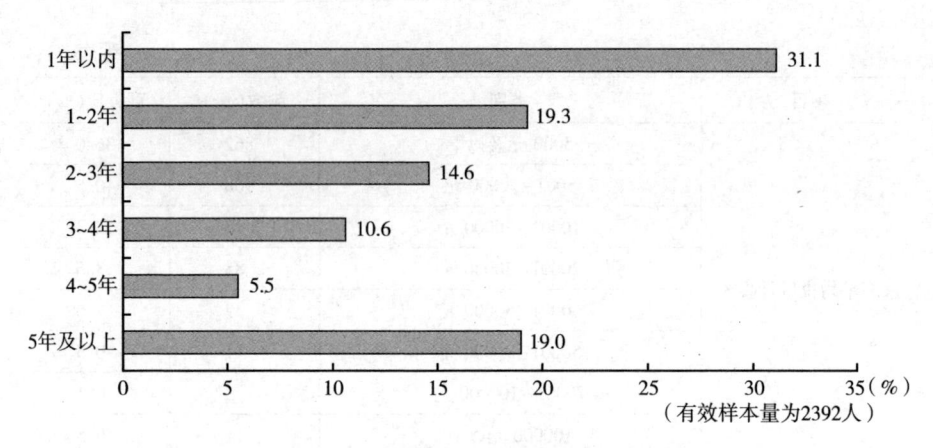

图 1 失业青年最近一份工作的时间（有效样本量为2392人）

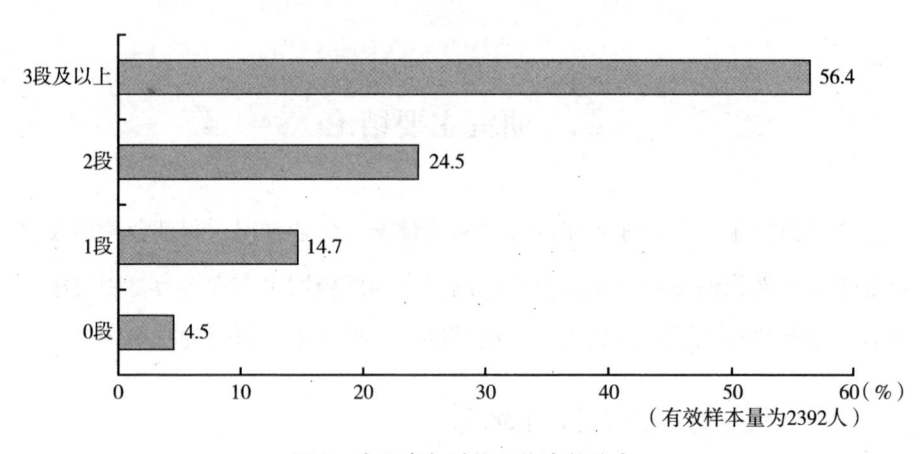

- 1年以内：31.1
- 1~2年：19.3
- 2~3年：14.6
- 3~4年：10.6
- 4~5年：5.5
- 5年及以上：19.0

图 2 失业青年过往工作次数分布（有效样本量为2392人）

- 3段及以上：56.4
- 2段：24.5
- 1段：14.7
- 0段：4.5

表2 最近一份工作的工作时间年龄差异分布

单位：人，%

时间	16~20岁 计数	占比	21~25岁 计数	占比	26~30岁 计数	占比	31~34岁 计数	占比	总计 计数	占比
1年以内	9	1.3	153	22.4	224	32.8	297	43.5	683	100.0
1~2年	6	1.4	68	16.0	164	38.7	186	43.9	424	100.0
2~3年	2	0.6	66	20.6	116	36.3	136	42.5	320	100.0
3~4年	1	0.4	41	17.5	81	34.6	111	47.4	234	100.0
4~5年	1	0.8	12	10.0	47	39.2	60	50.0	120	100.0
5年及以上	3	0.7	32	7.7	137	32.9	245	58.8	417	100.0
总计	22	1.0	372	16.9	769	35.0	1035	47.1	2198	100.0

2. 批发和零售与制造业为失业主要行业

研究显示，现有失业青年主要集中在批发和零售与制造业，两者占比达到31%（见图3）。其次，租赁和商务服务，住宿和餐饮业以及交通运输、仓储和邮政也是提及较多的行业，由此可以看出这些也是受新冠肺炎疫情和政策变化影响较为显著的行业。进一步的数据显示，最近一份工作从事批发和零售与制造业的失业青年中，年龄偏高（26~30岁和31~34岁）青年的占比分别为85.9%、84.9%（见表3），学历偏低［高中（中职）］青年的占比分别为20.1%、26.9%（见表4），占比相对较高，本报告认为，下一

行业	百分比(%)
批发和零售	16.5
制造业	14.5
租赁和商务服务	7.8
住宿和餐饮业	7.2
交通运输、仓储和邮政	7.2
居民服务和其他服务	6.4
金融业	6.2
信息传输、计算机服务和软件业（不是游戏设计及推广行业）	5.3
文化、体育和娱乐业	4.7
公共管理和社会组织	3.8
建筑业	3.5
教育（是教育培训机构）	3.4
房地产业	3.4
教育（不是教育培训机构）	2.9
卫生、社会保障和社会福利	2.6
信息传输、计算机服务和软件业（是游戏设计及推广行业）	1.3
科学研究、技术服务和地质勘查	0.8
电力、燃气及水的生产和供应	0.8
农、林、牧、渔业	0.7
水利、环境和公共设施管理	0.5
采矿业	0.1
其他	0.3

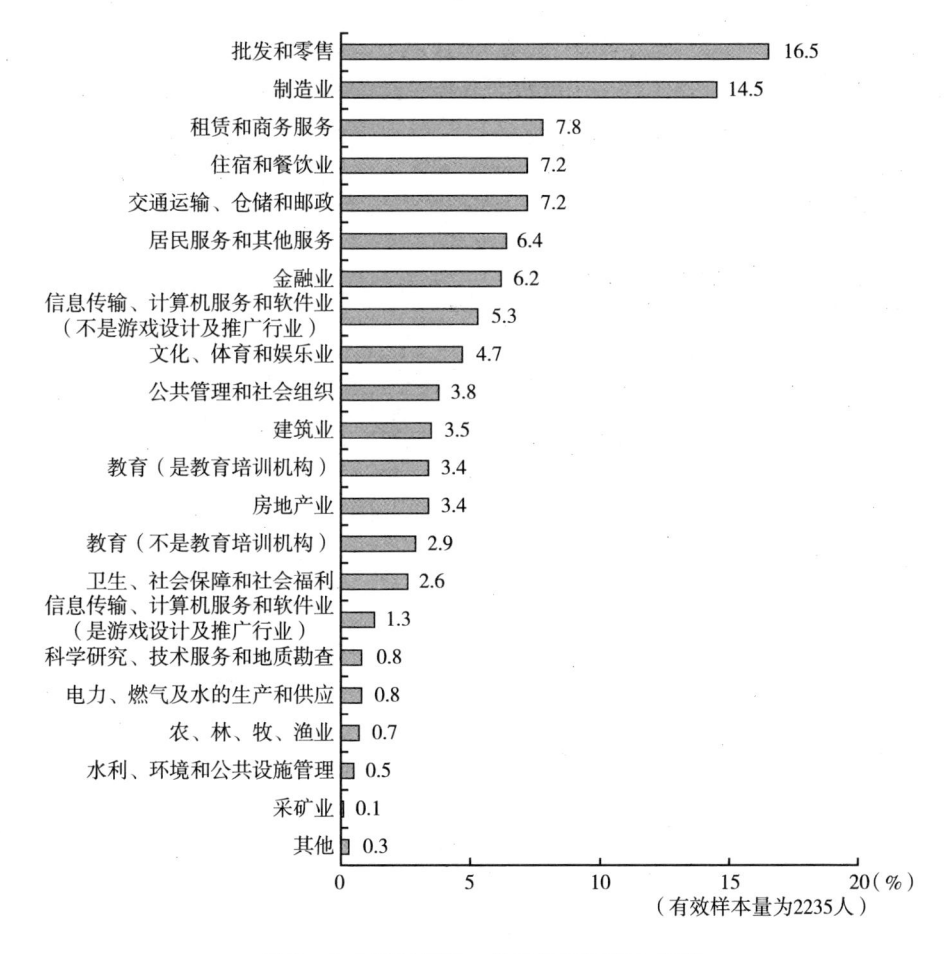

（有效样本量为2235人）

图3 失业青年最近一份工作所属行业类型

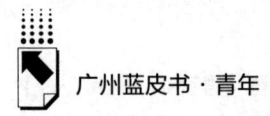

步工作中，如何帮助这部分抵御风险能力较弱、择业技能有限的青年更好地应对疫情和政策变化带来的影响，是相关部门需要重点关注的一个问题。

表3　最近一份工作行业年龄差异分布

单位：人，%

行业类别	16~20岁 计数	16~20岁 占比	21~25岁 计数	21~25岁 占比	26~30岁 计数	26~30岁 占比	31~34岁 计数	31~34岁 占比	总计 计数	总计 占比
农、林、牧、渔业	0	0.0	2	12.5	6	37.5	8	50.0	16	100.0
采矿业	0	0.0	1	50.0	1	50.0	0	0.0	2	100.0
制造业	1	0.3	48	14.8	102	31.5	173	53.4	324	100.0
电力、燃气及水的生产和供应	0	0.0	2	11.8	5	29.4	10	58.8	17	100.0
建筑业	1	1.3	12	15.2	34	43.0	32	40.5	79	100.0
交通运输、仓储和邮政	1	0.6	28	17.3	52	32.1	81	50.0	162	100.0
信息传输、计算机服务和软件业	0	0.0	23	15.5	53	35.8	72	48.6	148	100.0
批发和零售	1	0.3	51	13.9	138	37.5	178	48.4	368	100.0
住宿和餐饮业	9	5.6	35	21.6	56	34.6	62	38.3	162	100.0
金融业	0	0.0	19	13.7	51	36.7	69	49.6	139	100.0
房地产业	0	0.0	11	14.7	28	37.3	36	48.0	75	100.0
租赁和商务服务	4	2.3	39	22.4	61	35.1	70	40.2	174	100.0
科学研究、技术服务和地质勘查	0	0.0	7	38.9	3	16.7	8	44.4	18	100.0
水利、环境和公共设施管理	0	0.0	2	18.2	1	9.1	8	72.7	11	100.0
居民服务和其他服务	1	0.7	28	19.4	53	36.8	62	43.1	144	100.0
教育	2	1.4	26	18.4	52	36.9	61	43.3	141	100.0
卫生、社会保障和社会福利	0	0.0	7	12.3	16	28.1	34	59.6	57	100.0
文化、体育和娱乐业	0	0.0	16	15.2	42	40.0	47	44.8	105	100.0
公共管理和社会组织	1	1.2	25	29.4	24	28.2	35	41.2	85	100.0
国际组织	0	0.0	1	100.0	0	0.0	0	0.0	1	100.0
其他	0	0.0	1	14.3	2	28.6	4	57.1	7	100.0
总计	21	0.9	384	17.2	780	34.9	1050	47.0	2235	100.0

表4 最近一份工作行业文化程度差异分布

单位：人，%

行业类别	初中及以下 计数	初中及以下 占比	高中(中职) 计数	高中(中职) 占比	大专 计数	大专 占比	本科 计数	本科 占比	硕士及以上 计数	硕士及以上 占比	总计 计数	总计 占比
农、林、牧、渔业	5	31.3	2	12.5	4	25.0	5	31.3	0	0.0	16	100.0
采矿业	0	0.0	0	0.0	1	50.0	1	50.0	0	0.0	2	100.0
制造业	57	17.6	87	26.9	130	40.1	49	15.1	1	0.3	324	100.0
电力、燃气及水的生产和供应	1	5.9	4	23.5	8	47.1	4	23.5	0	0.0	17	100.0
建筑业	9	11.4	15	19.0	32	40.5	22	27.8	1	1.3	79	100.0
交通运输、仓储和邮政	24	14.8	46	28.4	68	42.0	22	13.6	2	1.2	162	100.0
信息传输、计算机服务和软件业	1	0.7	18	12.2	55	37.2	70	47.3	4	2.7	148	100.0
批发和零售	44	12.0	74	20.1	146	39.7	101	27.4	3	0.8	368	100.0
住宿和餐饮业	41	25.3	39	24.1	66	40.7	15	9.3	1	0.6	162	100.0
金融业	4	2.9	15	10.8	42	30.2	72	51.8	6	4.3	139	100.0
房地产业	4	5.3	15	20.0	28	37.3	28	37.3	0	0.0	75	100.0
租赁和商务服务	5	2.9	38	21.8	77	44.3	52	29.9	2	1.1	174	100.0
科学研究、技术服务和地质勘查	2	11.1	0	0.0	6	33.3	9	50.0	1	5.6	18	100.0
水利、环境和公共设施管理	0	0.0	1	9.1	6	54.5	4	36.4	0	0.0	11	100.0
居民服务和其他服务	13	9.0	33	22.9	59	41.0	38	26.4	1	0.7	144	100.0
教育	1	0.7	8	5.7	61	43.3	66	46.8	5	3.5	141	100.0
卫生、社会保障和社会福利	3	5.3	8	14.0	23	40.4	23	40.4	0	0.0	57	100.0
文化、体育和娱乐业	3	2.9	18	17.1	44	41.9	40	38.1	0	0.0	105	100.0
公共管理和社会组织	2	2.4	18	21.2	34	40.0	31	36.5	0	0.0	85	100.0
国际组织	0	0.0	1	100.0	0	0.0	0	0.0	0	0.0	1	100.0
其他	1	14.3	1	14.3	3	42.9	2	28.6	0	0.0	7	100.0
总计	220	9.8	441	19.7	893	40.0	654	29.3	27	1.2	2235	100.0

广州蓝皮书·青年

（二）失业青年的失业情况

1. 摩擦性失业①与周期性失业②是最主要的失业原因

绝大部分失业青年的失业原因是摩擦性失业和周期性失业，分别占到47.0%和43.7%，结构性失业③占比较低，只有7.3%（见图4）。本报告认为，结构性失业与失业青年对个人的客观认知不足和期望偏高，同时缺少相应的职业等级认证有一定的关系。

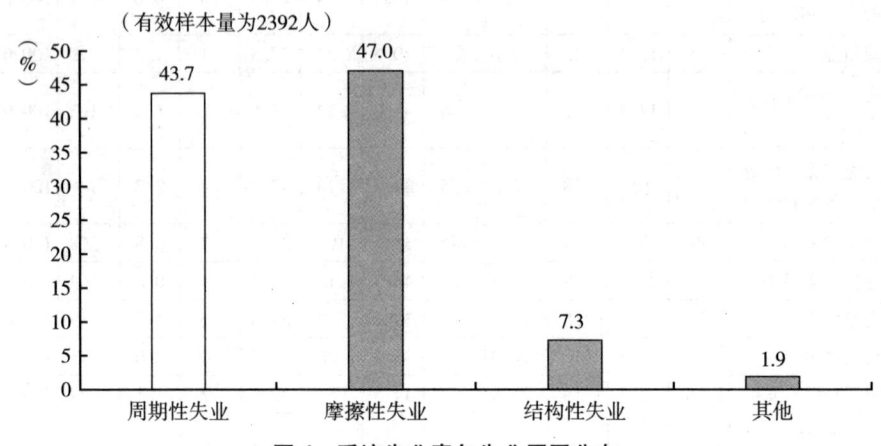

（有效样本量为2392人）

图4 受访失业青年失业原因分布

本次研究中，项目组对周期性失业青年进行了进一步的原因分析。数据显示，由于新冠肺炎疫情导致的企业倒闭或大规模裁员而失业的青年占了周期性失业的84.9%，国家政策变化导致公司减少用人规模而失业的青年占了周期性失业的14.1%（见图5）。

---

① 摩擦性失业：因季节性或技术性原因而引起的失业，即由于经济在调整过程中，或者由于资源配置比例失调等原因，使一些人需要在不同的工作中转移，使一些人等待转业而产生的失业现象。
② 周期性失业：由于整体经济的支出和产出水平下降，即总需求不足而引起的短期失业，它一般出现在经济周期的萧条阶段。
③ 结构性失业：由于经济结构（包括产业结构、产品结构、地区结构等）发生了变化，现有劳动力的知识、技能、观念、区域分布等不适应这种变化，与市场需求不匹配而引发的失业。

广州市"帮扶失业青年再就业"研究

由于新冠肺炎疫情导致的企业倒闭或大规模裁员 84.9

国家政策变化导致公司减少用人规模 14.1

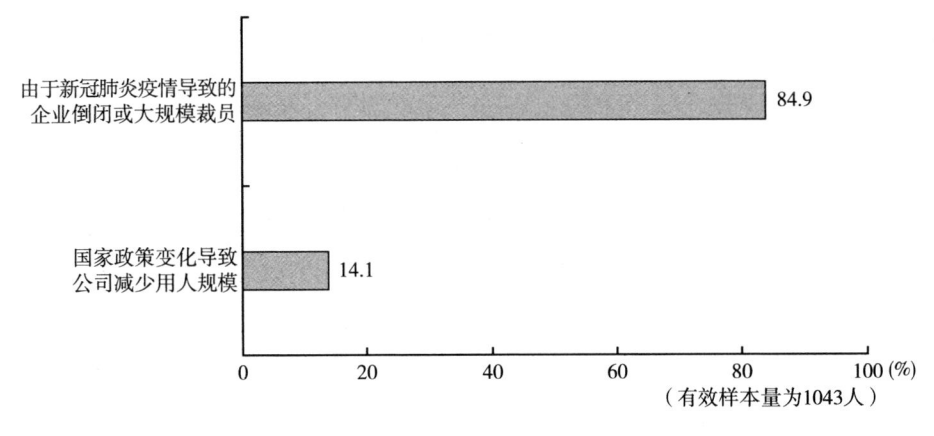

（有效样本量为1043人）

图5 周期性失业青年中失业原因分布

2.总体失业时间较短，形势较为乐观

失业时间在1年以内的失业青年占到73.4%（见图6），其中，女性占比比男性占比略高（见表5），大专学历青年占比较其他学历的青年占比略高（见表6），31~34岁青年占比明显高于21~25岁青年占比（见表7）。总体失业时间较短，这与新冠肺炎疫情有比较大的关系，本报告认为，相关部门做好疫情防控常态化时期的就业援助工作，可以更好地安抚失业青年并助其顺利度过失业期。

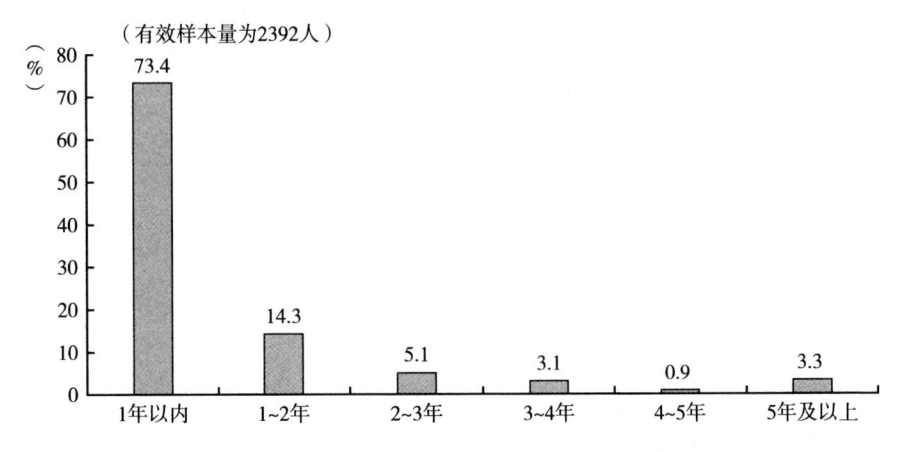

（有效样本量为2392人）

1年以内	1~2年	2~3年	3~4年	4~5年	5年及以上
73.4	14.3	5.1	3.1	0.9	3.3

图6 失业青年最近一次失业持续时间分布

211

表 5　失业时间性别差异分布

单位：人，%

时间	性别 男 计数	男 占比	女 计数	女 占比	总计 计数	总计 占比
1 年以内	760	43.3	995	56.7	1755	100.0
1~2 年	122	35.7	220	64.3	342	100.0
2~3 年	48	39.7	73	60.3	121	100.0
3~4 年	29	39.7	44	60.3	73	100.0
4~5 年	9	40.9	13	59.1	22	100.0
5 年及以上	15	19.0	64	81.0	79	100.0
总计	983	41.1	1409	58.9	2392	100.0

表 6　失业时间文化程度差异分布

单位：人，%

时间	初中及以下 计数	初中及以下 占比	高中(中职) 计数	高中(中职) 占比	大专 计数	大专 占比	本科 计数	本科 占比	硕士及以上 计数	硕士及以上 占比	总计 计数	总计 占比
1 年以内	158	9.0	331	18.9	714	40.7	532	30.3	20	1.1	1755	100.0
1~2 年	35	10.2	68	19.9	150	43.9	83	24.3	6	1.8	342	100.0
2~3 年	15	12.4	23	19.0	42	34.7	40	33.1	1	0.8	121	100.0
3~4 年	17	23.3	16	21.9	26	35.6	13	17.8	1	1.4	73	100.0
4~5 年	6	27.3	5	22.7	4	18.2	7	31.8	0	0.0	22	100.0
5 年及以上	23	29.1	24	30.4	19	24.1	13	16.5	0	0.0	79	100.0
总计	254	10.6	467	19.5	955	39.9	688	28.8	28	1.2	2392	100.0

表 7　失业时间年龄差异分布

单位：人，%

时间	16~20 岁 计数	16~20 岁 占比	21~25 岁 计数	21~25 岁 占比	26~30 岁 计数	26~30 岁 占比	31~34 岁 计数	31~34 岁 占比	总计 计数	总计 占比
1 年以内	32	1.8	353	20.1	599	34.1	771	43.9	1755	100.0
1~2 年	2	0.6	50	14.6	124	36.3	166	48.5	342	100.0
2~3 年	0	0.0	15	12.4	41	33.9	65	53.7	121	100.0
3~4 年	0	0.0	6	8.2	24	32.9	43	58.9	73	100.0
4~5 年	0	0.0	3	13.6	6	27.3	13	59.1	22	100.0
5 年及以上	0	0.0	1	1.3	28	35.4	50	63.3	79	100.0
总计	34	1.4	428	17.9	822	34.4	1108	46.3	2392	100.0

3. 失业带来显著的消费水平下降和负面消极心态

失业后，失业青年最主要的经济来源以过去的积蓄为主，占 41.3%，其次是失业金，占比为 28.1%。17.5%的失业青年最主要的经济来源是父母亲友的接济（见图 7）。失业后"减少部分非必要的支出，但总体影响不大"及"需要节衣缩食，消费水平下降幅度较大"的失业青年分别占 32.9%和 32.7%，两者占失业青年的近 2/3，可见失业对个人消费水平负面影响较为显著（见图 8）。

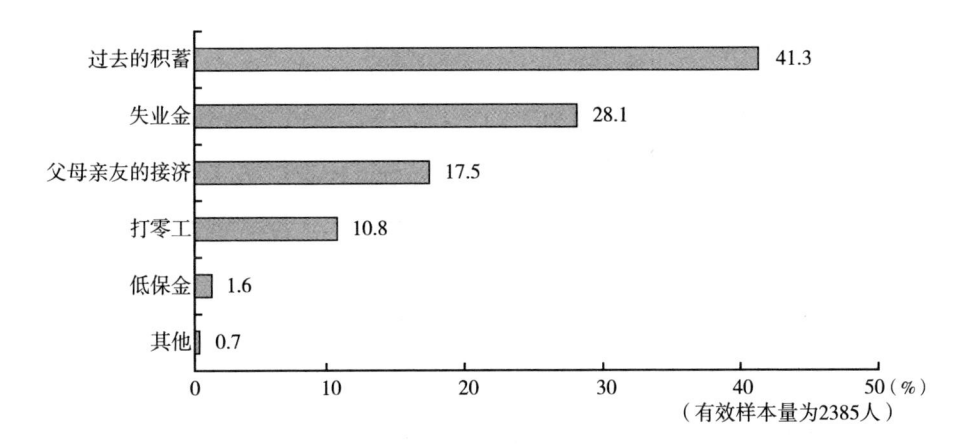

经济来源	占比(%)
过去的积蓄	41.3
失业金	28.1
父母亲友的接济	17.5
打零工	10.8
低保金	1.6
其他	0.7

（有效样本量为2385人）

图 7　失业青年失业后最主要的经济来源

影响程度	占比(%)
影响很大，生活难以为继	11.7
需要节衣缩食，消费水平下降幅度较大	32.7
减少部分非必要的支出，但总体影响不大	32.9
与在岗工作时基本持平	12.5
比在岗工作时支出更多	10.1

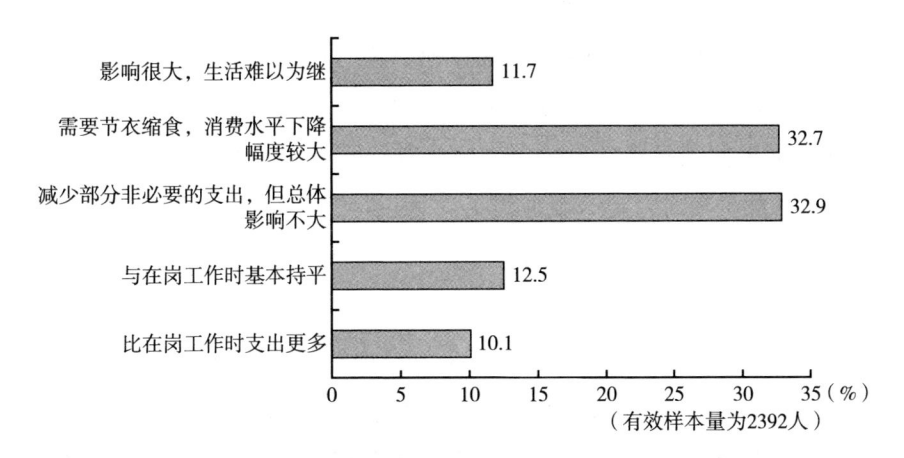

（有效样本量为2392人）

图 8　失业对失业青年消费水平的影响

失业后，"有焦虑、紧张感，经常失眠，但未对正常生活造成严重影响"的失业人群占比为54.4%，但也有31.0%的失业青年心态与之前没什么变化（见图9）。失业的经济影响大于心理影响，持续的经济影响和心理影响有可能会导致一定的社会问题。

心理状态	比例(%)
心态很不好，严重影响正常生活，需要专业心理干预和介入	5.0
有焦虑、紧张感，经常失眠，但未对正常生活造成严重影响	54.4
与之前没什么变化	31.0
轻松愉快，享受当下	8.6
其他	1.0

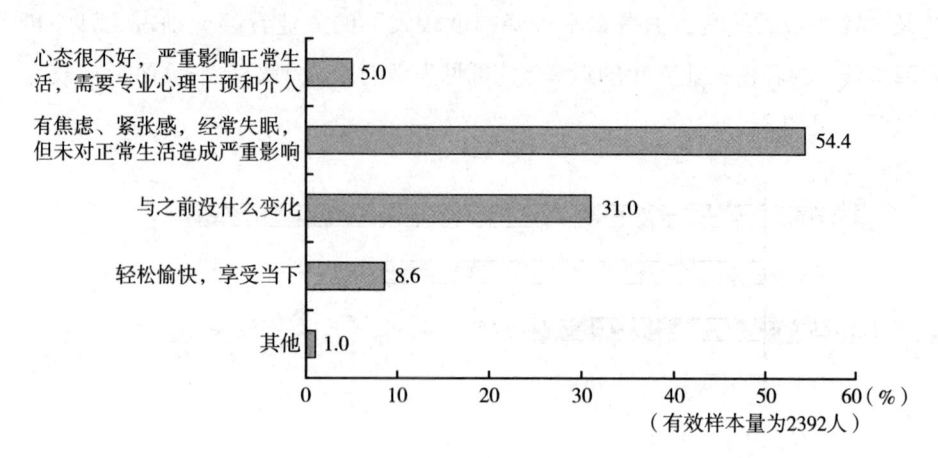

（有效样本量为2392人）

图9 失业对失业青年心理状态的影响

（三）失业青年再就业意愿及面临的困难

1. 超半数失业青年有再就业意愿

目前，25.6%的失业青年已经再就业或者创业，还有52.8%的失业青年正处在找工作或者打算创业的过程中（见图10）。

在失业期间的日常活动中，"搜集查找相关工作信息"有50.9%的提及率；"自主学习，提升就业能力"也有45.3%的提及率（见图11）。这说明大部分失业青年在失业期间做出了再就业的积极尝试，提升了再就业能力。

14.0%的失业青年在失业期间会通过参加技能培训的方式提升自己的就业能力，技能培训的类型以信息技术类为主，占到25.9%的提及率，其他类别相对较为分散，主要包括企业管理、创业创新、家庭服务、餐饮服务等类别（见图12）。

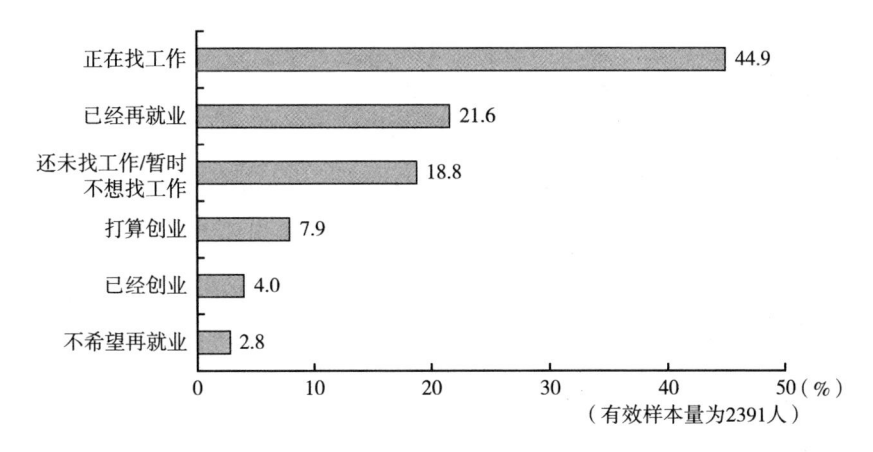

图10 失业青年目前的工作状态

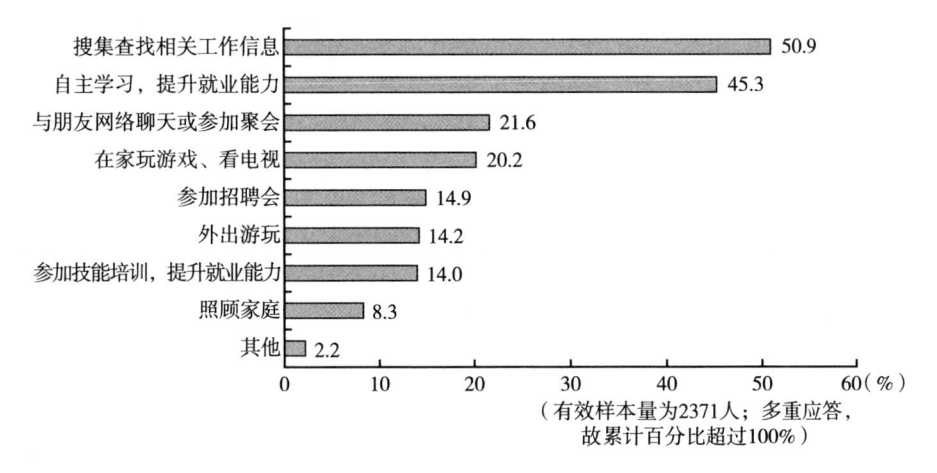

图11 失业青年失业期间经常做的事情

进一步的数据分析显示，正在找工作或者打算创业的青年当中，年龄在31~34岁（见表8）、学历为大专（见表9）的青年所占的比重较其他青年明显更高。本报告认为，这与这个青年群体面临一定的生活压力有关系，相关部门对这个群体需要给以更多的关注，关注他们的就业及创业需求。

广州蓝皮书·青年

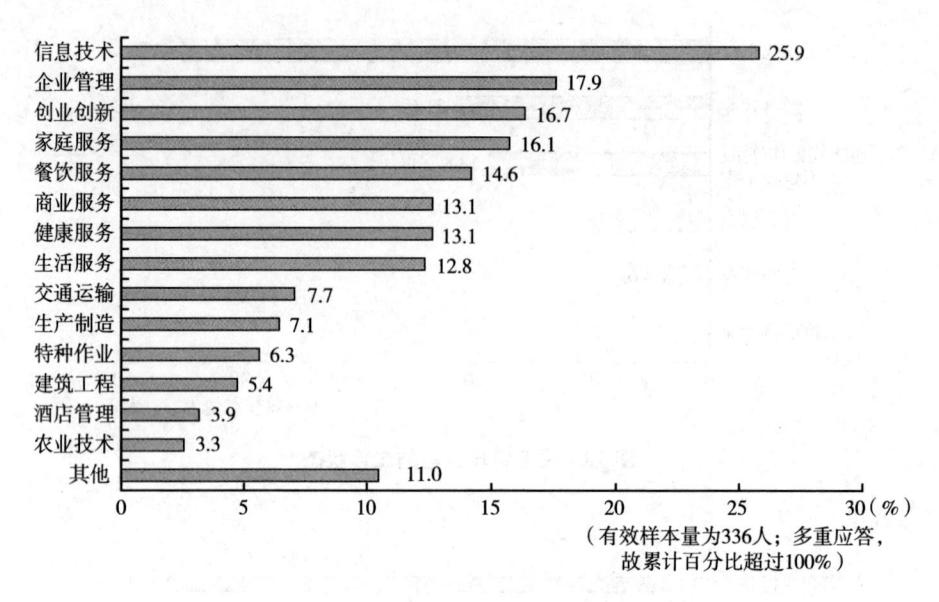

信息技术　25.9
企业管理　17.9
创业创新　16.7
家庭服务　16.1
餐饮服务　14.6
商业服务　13.1
健康服务　13.1
生活服务　12.8
交通运输　7.7
生产制造　7.1
特种作业　6.3
建筑工程　5.4
酒店管理　3.9
农业技术　3.3
其他　11.0

（有效样本量为336人；多重应答，故累计百分比超过100%）

图12　失业青年失业期间参加的培训类型

表8　工作状态年龄差异分布

单位：人，%

选项	年龄									
	16~20岁		21~25岁		26~30岁		31~34岁		总计	
	计数	占比	计数	占比	计数	占比	计数	占比	计数	占比
已经再就业	12	2.3	157	30.4	191	37.0	156	30.2	516	100.0
已经创业	1	1.1	16	16.8	36	37.9	42	44.2	95	100.0
正在找工作	11	1.0	154	14.3	363	33.8	546	50.8	1074	100.0
打算创业	2	1.1	12	6.3	62	32.8	113	59.8	189	100.0
还未找工作/暂时不想找工作	6	1.3	80	17.8	150	33.3	214	47.6	450	100.0
不希望再就业	2	3.0	9	13.4	20	29.9	36	53.7	67	100.0
总计	34	1.4	428	17.9	822	34.4	1107	46.3	2391	100.0

表9　工作状态文化程度差异分布

单位：人，%

选项	文化程度									
	初中及以下		高中(中职)		大专		本科		硕士及以上		总计
	计数	占比	计数	占比	计数	占比	计数	占比	计数	占比	计数	占比
已经再就业	31	6.0	92	17.8	225	43.6	164	31.8	4	0.8	516	100.0
已经创业	17	17.9	23	24.2	32	33.7	22	23.2	1	1.1	95	100.0
正在找工作	110	10.2	218	20.3	438	40.8	296	27.6	12	1.1	1074	100.0
打算创业	28	14.8	51	27.0	62	32.8	43	22.8	5	2.6	189	100.0
还未找工作/暂时不想找工作	47	10.4	79	17.6	168	37.3	150	33.3	6	1.3	450	100.0
不希望再就业	21	31.3	3	4.5	30	44.8	13	19.4	0	0.0	67	100.0
总计	254	10.6	466	19.5	955	39.9	688	28.8	28	1.2	2391	100.0

学历为大专的青年在失业期间"搜集查找相关工作信息"的提及率较其他群体略高；学历偏高的青年（大专及本科）对失业期间"自主学习，提升就业能力"和"参加技能培训，提升就业能力"的提及率相对较高（见表10）。

表10　失业期间日常活动文化程度差异分布

单位：人，%

选项	计数/占比	文化程度					总计
		初中及以下	高中(中职)	大专	本科	硕士及以上	
参加技能培训，提升就业能力	计数	25	53	139	108	7	332
	占比	7.5	16.0	41.9	32.5	2.1	100.0
自主学习，提升就业能力	计数	52	163	415	421	23	1074
	占比	4.8	15.2	38.6	39.2	2.1	100.0
搜集查找相关工作信息	计数	94	250	509	341	14	1208
	占比	7.8	20.7	42.1	28.2	1.2	100.0
参加招聘会	计数	33	74	163	80	4	354
	占比	9.3	20.9	46.0	22.6	1.1	100.0
在家玩游戏、看电视	计数	62	90	187	133	6	478
	占比	13.0	18.8	39.1	27.8	1.3	100.0
与朋友网络聊天或参加聚会	计数	48	83	224	150	7	512
	占比	9.4	16.2	43.8	29.3	1.4	100.0

续表

选项	计数/占比	文化程度					总计
		初中及以下	高中(中职)	大专	本科	硕士及以上	
外出游玩	计数	15	60	152	104	6	337
	占比	4.5	17.8	45.1	30.9	1.8	100.0
照顾家庭	计数	30	44	72	51	0	197
	占比	15.2	22.3	36.5	25.9	0.0	100.0
其他	计数	16	25	29	29	1	100
	占比	16.0	25.0	29.0	29.0	1.0	100.0
总计	计数	252	463	946	683	27	2371
	占比	10.6	19.5	39.9	28.8	1.1	100.0

2."重学历，轻技能"现象凸显

失业青年群体以31~34岁群体为主（见图13），学历以大专和本科为主，学历较高（见图14），但有61.5%的失业青年不具备职业资格等级（职业技能），反映出青年普遍缺乏获取职业资格证书的意识，以及高校在职业规划指导方面的缺位。教育和市场需求的偏差在一定程度上造成了目前的就业矛盾。

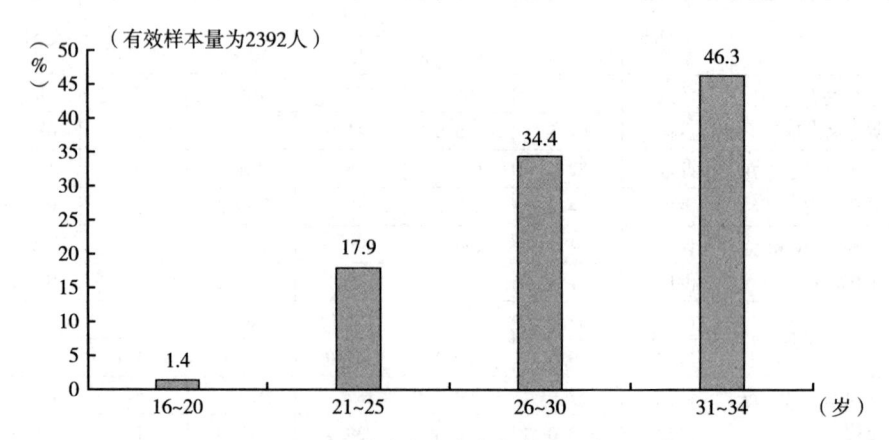

图13 受访失业青年年龄段分布

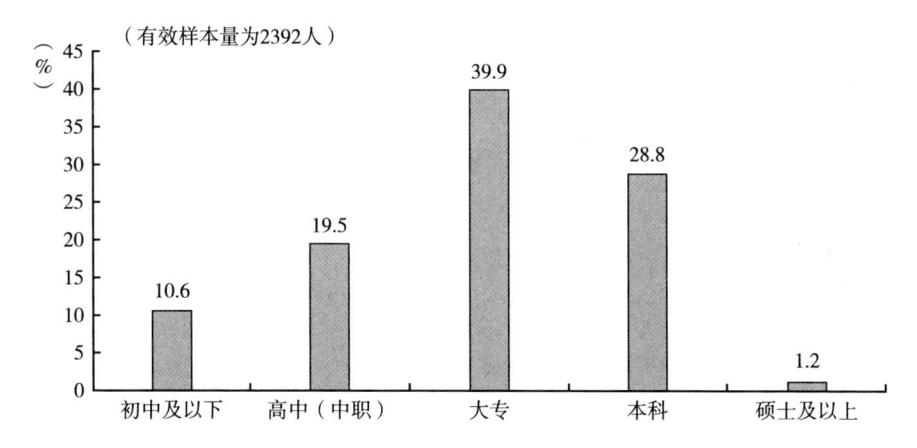

图 14 受访失业青年学历分布

（有效样本量为2392人）

初中及以下 10.6
高中（中职）19.5
大专 39.9
本科 28.8
硕士及以上 1.2

3. 失业青年就业期望与市场实际不相符合

失业青年理想的工作单位类型主要是国有企业和事业单位，分别占到了 58.7% 和 52.9% 的提及率（见图 15）。在找工作时的主要考虑因素是工资福利待遇（75.8%），其后依次是工作的稳定性（47.9%）和上班路程的远近（46.6%）等"生活性"因素，而对能实现个人价值（5.8%）以及能力获得提升（5.6%）等"增值性"因素的提及较少（见图 16）。

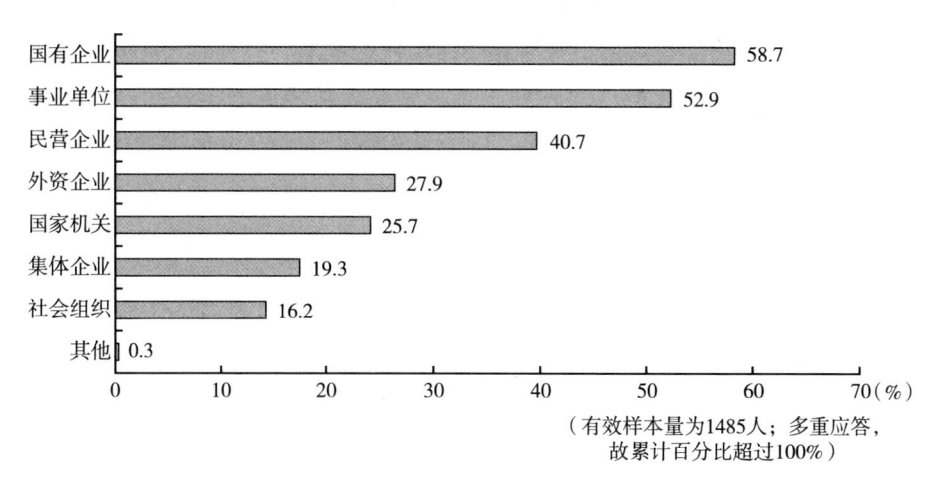

国有企业 58.7
事业单位 52.9
民营企业 40.7
外资企业 27.9
国家机关 25.7
集体企业 19.3
社会组织 16.2
其他 0.3

（有效样本量为1485人；多重应答，故累计百分比超过100%）

图 15 失业青年理想的工作单位类型

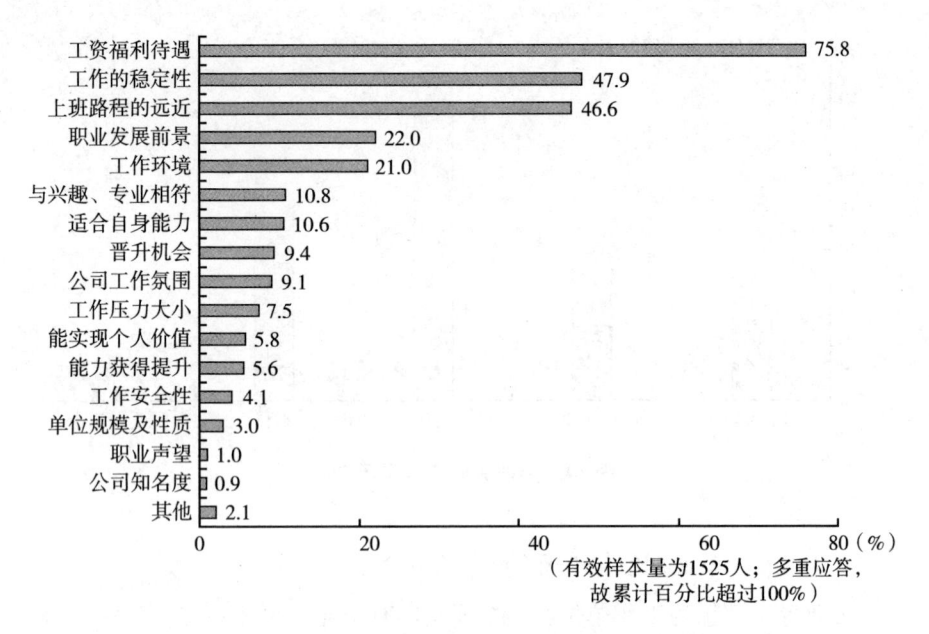

考虑因素	百分比
工资福利待遇	75.8
工作的稳定性	47.9
上班路程的远近	46.6
职业发展前景	22.0
工作环境	21.0
与兴趣、专业相符	10.8
适合自身能力	10.6
晋升机会	9.4
公司工作氛围	9.1
工作压力大小	7.5
能实现个人价值	5.8
能力获得提升	5.6
工作安全性	4.1
单位规模及性质	3.0
职业声望	1.0
公司知名度	0.9
其他	2.1

（有效样本量为1525人；多重应答，故累计百分比超过100%）

图 16　失业青年找工作时的主要考虑因素

对工资福利待遇的高期望成了他们在寻找再就业机会时遇到的最大的困难（52.4%），缺乏专业技能（37.7%）、不知道什么工作适合自己（32.0%）的较高提及率与前文中提到的结构性失业的较低占比（7.3%）也形成了一定的对应，说明失业青年对自身职业能力的评价偏高，对自身失业原因的评价不够客观。另外，我们还注意到，对照顾家人造成影响占到了34.8%的提及率，这说明失业青年在家庭与工作平衡方面有一定的追求，与这一年龄群体"更好的工作是为了更好的生活，只有生活好了，工作才能更好"的思维是一致的（见图17）。

本报告认为，首先，再就业过程中，失业青年对"生活性"因素的关注明显高于"增值性"因素的考虑；其次，失业青年对家庭与工作平衡意识的增强；最后，失业青年对再就业工作选择的类型和主要考虑因素，与目前人力资源市场上私营企业才是吸纳劳动力的主体之间存在一定的不对称性，这些是导致失业青年再就业困难的原因，也造成了摩擦性失业成为失业的主要原因。

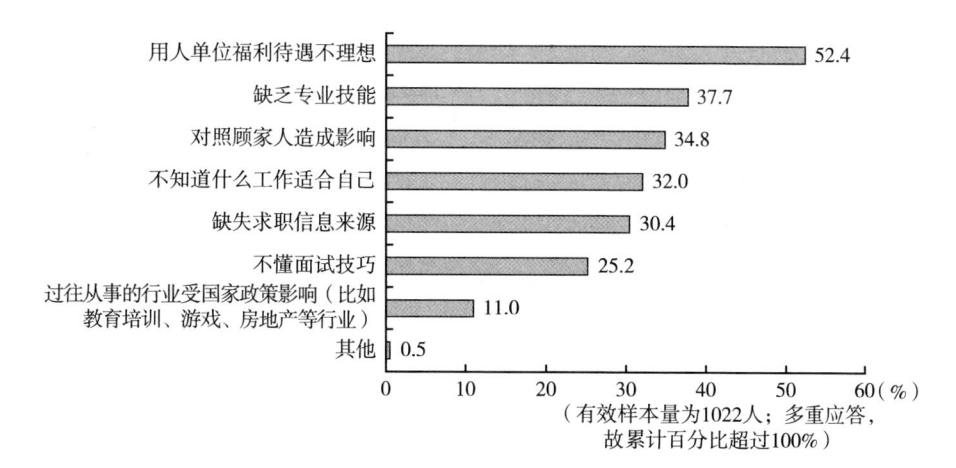

用人单位福利待遇不理想　　　　　　　　　　　52.4
缺乏专业技能　　　　　　　37.7
对照顾家人造成影响　　　　　34.8
不知道什么工作适合自己　　　32.0
缺失求职信息来源　　　　　30.4
不懂面试技巧　　　　25.2
过往从事的行业受国家政策影响（比如
教育培训、游戏、房地产等行业）　11.0
其他　0.5

（有效样本量为1022人；多重应答，故累计百分比超过100%）

图17　失业青年找工作时遇到的困难

（四）失业青年的就业及创业需求

1. 就业信息或就业推荐是失业青年再就业的最大需求

在有就业需求的失业青年中，就业信息或就业推荐是最高提及率的就业援助需求，占到60.9%，其次是技能培训，提及率为47.0%，另外学历提升及就业指导的提及率也分别达到32.8%和32.5%（见图18）。

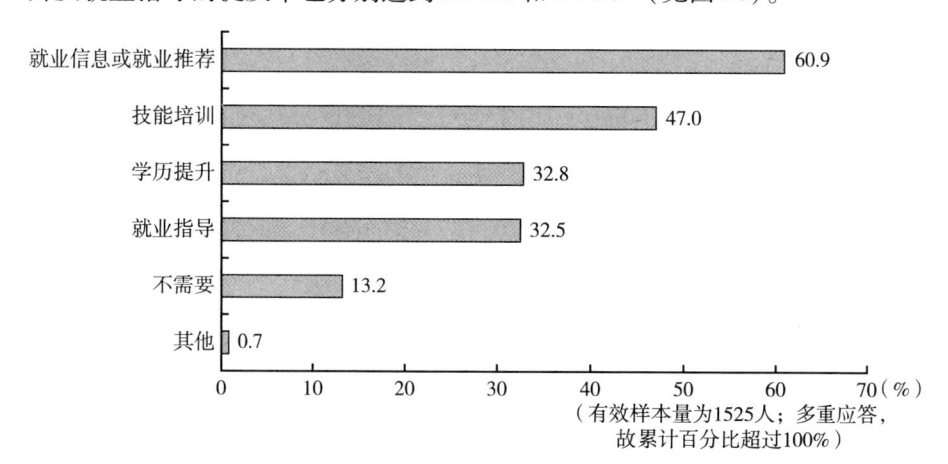

就业信息或就业推荐　　　　　　　　　60.9
技能培训　　　　　　　　47.0
学历提升　　　　　32.8
就业指导　　　　　32.5
不需要　13.2
其他　0.7

（有效样本量为1525人；多重应答，故累计百分比超过100%）

图18　失业青年需要的就业援助

221

目前，这部分失业青年最常用的找工作的途径是网络求职（79.7%）（见图19），其中，31~34岁青年（见表11）、较高学历（大专及本科）青年（见表12）、女性青年（见表13）对这一途径的使用率较高，其次是熟人朋友介绍（60.0%），其中女性青年对这一途径的使用率较男性青年高（见表13）。

值得注意的是，公共就业服务机构［22.3%，其中，31~34岁青年（见表11）、较高学历青年（见表12）对这一途径的使用率较其他青年高］、现场招聘会［22.1%，其中大专学历青年（见表12）对这一途径的使用率较其他青年高］等方式的提及率相对较低（见图19）。

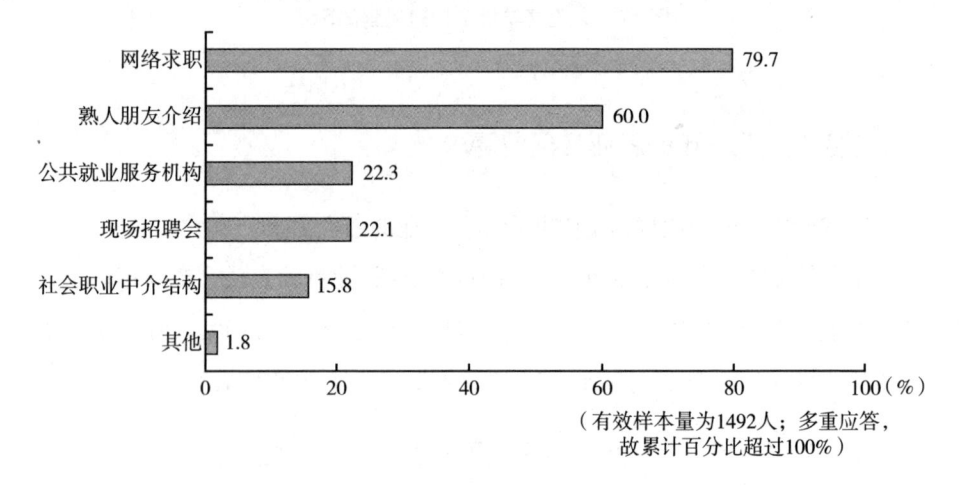

图19 失业青年找工作的途径

（有效样本量为1492人；多重应答，故累计百分比超过100%）

- 网络求职 79.7
- 熟人朋友介绍 60.0
- 公共就业服务机构 22.3
- 现场招聘会 22.1
- 社会职业中介结构 15.8
- 其他 1.8

表11 获取再就业信息的渠道年龄差异分布

单位：人，%

选项	计数/占比	16~20岁	21~25岁	26~30岁	31~34岁	总计
现场招聘会	计数	1	66	104	158	329
	占比	0.3	20.1	31.6	48.0	100.0
网络求职	计数	13	178	417	581	1189
	占比	1.1	15.0	35.1	48.9	100.0

续表

选项	计数/占比	年龄 16~20岁	21~25岁	26~30岁	31~34岁	总计
熟人朋友介绍	计数	8	143	281	463	895
	占比	0.9	16.0	31.4	51.7	100.0
公共就业服务机构	计数	2	57	107	166	332
	占比	0.6	17.2	32.2	50.0	100.0
社会职业中介机构	计数	1	41	71	122	235
	占比	0.4	17.4	30.2	51.9	100.0
其他	计数	1	4	9	13	27
	占比	3.7	14.8	33.3	48.1	100.0
总计	计数	17	230	502	743	1492
	占总额的百分比	1.1	15.4	33.6	49.8	100.0

表12 获取再就业信息的渠道文化程度差异分布

单位：人，%

选项	计数/占比	初中及以下	高中	大专	本科	硕士及以上	总计
现场招聘会	计数	45	77	127	77	3	329
	占比	13.7	23.4	38.6	23.4	0.9	100.0
网络求职	计数	81	212	502	378	16	1189
	占比	6.8	17.8	42.2	31.8	1.3	100.0
熟人朋友介绍	计数	107	176	360	241	11	895
	占比	12.0	19.7	40.2	26.9	1.2	100.0
公共就业服务机构	计数	33	64	128	100	7	332
	占比	9.9	19.3	38.6	30.1	2.1	100.0
社会职业中介机构	计数	24	57	78	71	5	235
	占比	10.2	24.3	33.2	30.2	2.1	100.0
其他	计数	5	7	5	10	0	27
	占比	18.5	25.9	18.5	37.0	0.0	100.0
总计	计数	155	286	590	443	18	1492
	占总额的百分比	10.4	19.2	39.5	29.7	1.2	100.0

表13　获取再就业信息的渠道性别差异分布

单位：人，%

选项	计数/占比	性别 男	性别 女	总计
现场招聘会	计数	124	205	329
	占比	37.7	62.3	100.0
网络求职	计数	395	794	1189
	占比	33.2	66.8	100.0
熟人朋友介绍	计数	342	553	895
	占比	38.2	61.8	100.0
公共就业服务机构	计数	127	205	332
	占比	38.3	61.7	100.0
社会职业中介机构	计数	96	139	235
	占比	40.9	59.1	100.0
其他	计数	8	19	27
	占比	29.6	70.4	100.0
总计	计数	542	950	1492
	占总额的百分比	36.3	63.7	100.0

本报告认为，充分关注失业青年再就业过程中的就业需求，针对这个群体量身定做针对性的宣传推介方式，可以更好地为他们提供就业援助，缓解其就业压力。

对希望得到技能培训就业援助的失业青年的数据进一步分析发现，最受欢迎的技能培训类型是信息技术（54.1%），这是伴随互联网成长的一代人的生活日常，也是他们工作、生活、娱乐的主要方式之一；其后依次是企业管理（28.8%）、创业创新（26.0%）及商业服务（25.1%）等（见图20）。

值得注意的是，有过几年工作经历的较高年龄（26~30岁、31~34岁）的失业青年群体对技能培训的需求较其他群体高（见表14）。

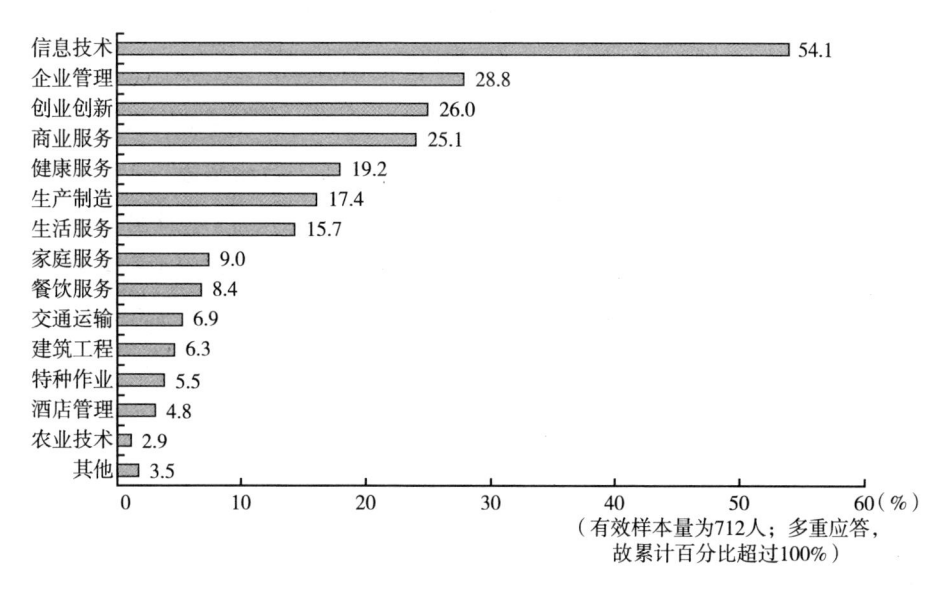

```
信息技术                                              54.1
企业管理                  28.8
创业创新                25.1... 26.0
商业服务                25.1
健康服务             19.2
生产制造            17.4
生活服务           15.7
家庭服务      9.0
餐饮服务      8.4
交通运输     6.9
建筑工程     6.3
特种作业    5.5
酒店管理    4.8
农业技术   2.9
  其他    3.5
       0    10   20   30   40   50   60(%)
                      (有效样本量为712人；多重应答，
                       故累计百分比超过100%)
```

图 20　失业青年需要的技能培训类型

表 14　再就业援助的需求年龄差异分布

单位：人，%

选项	计数/占比	年龄 16~20 岁	21~25 岁	26~30 岁	31~34 岁	总计
就业信息或就业推荐	计数	7	138	316	467	928
	占比	0.8	14.9	34.1	50.3	100.0
就业指导	计数	4	87	166	238	495
	占比	0.8	17.6	33.5	48.1	100.0
技能培训	计数	8	120	227	361	716
	占比	1.1	16.8	31.7	50.4	100.0
学历提升	计数	11	102	167	220	500
	占比	2.2	20.4	33.4	44.0	100.0
不需要	计数	2	25	66	109	202
	占比	1.0	12.4	32.7	54.0	100.0
其他	计数	1	1	2	7	11
	占比	9.1	9.1	18.2	63.6	100.0
总计	计数	17	234	514	760	1525
	占总额的百分比	1.1	15.3	33.7	49.8	100.0

2. 资金支持、场租补贴等经济因素是主要的创业援助诉求

在创业或将创业的失业青年群体创业援助需求中，多种形式的经济援助是最主要的诉求。资金支持的需求度最高，占到了 74.5% 的提及率，其次是场租补贴（57.7%），除此之外，他们对创业、开业指导（42.0%），财税政策（41.6%，事实上也是经济援助的一种形式）以及项目支持（36.1%）也有较高的需求。这显示出资金、场地是创业青年迫切需要的援助（见图21）。

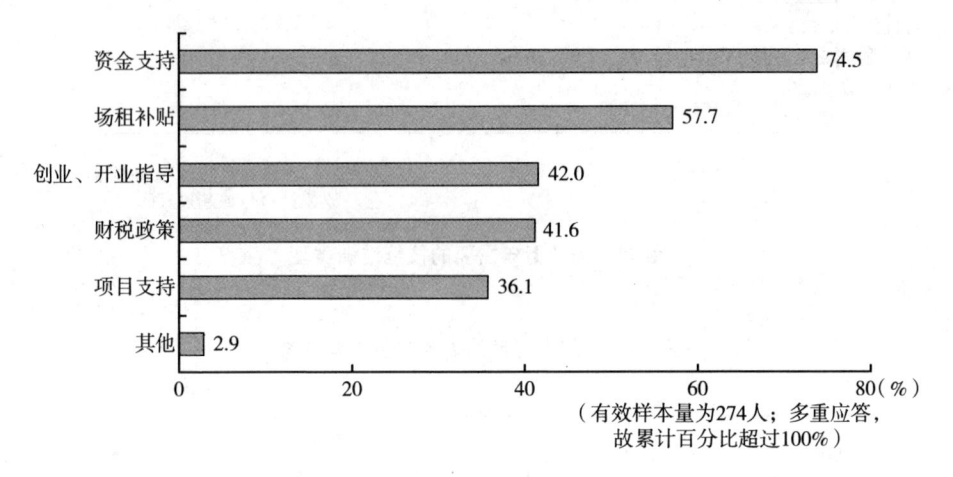

图21 创业或将创业的失业青年对政府或社会创业援助的需求

创业或将创业的失业青年群体以形式灵活的个体户创业为主，占到 52.5% 的提及率，其次是网络创业（19.4%）（见图22）。创业形式决定创业需求，个体户线下创业离不开启动资金和门店作为基本条件，而网络创业离不开信息技术的专业技能。由此可知，创业类型的提及率与创业青年的援助需求是相互对应的，也是政府相关部门在提供创业援助时可考虑的方向。

创业或将创业的失业青年群体对创业区域的选择以从化（24.6%）等郊区区域为主（见图23），主要是考虑办公场所租金较低（46.3%），交通便利程度（38.9%）也是一个较大的考虑因素（见图24）。

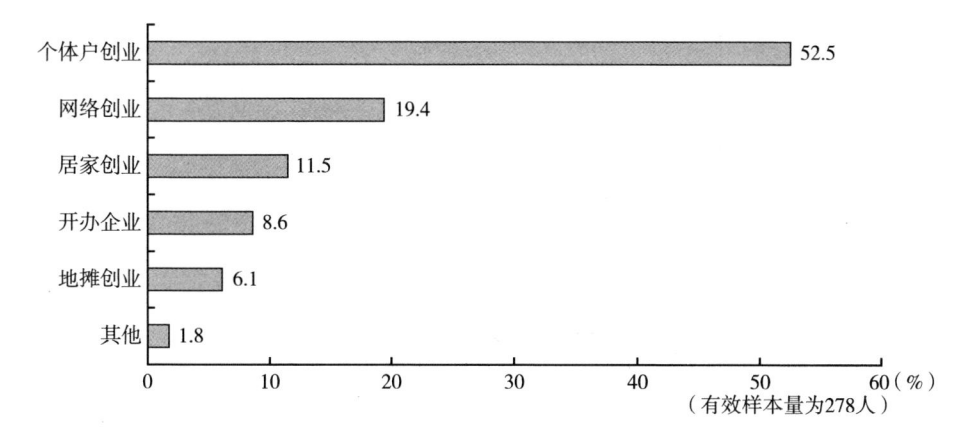

图 22 创业或将创业的失业青年的创业类型

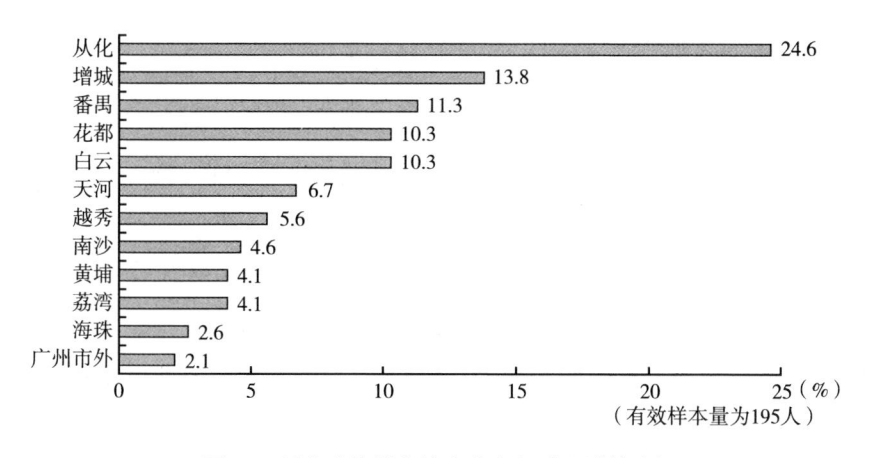

图 23 创业或将创业的失业青年对区域的选择

3. 女性、大龄、低学历失业青年群体需重点关注

（1）女性青年。由于女性生育、照顾家庭等因素，女性青年失业占比较大，失业时间较长，摩擦性失业的比例较高，目前的就业意愿比例较低，再就业难度相对较大。女性更多地承担了照顾家庭的责任，女性失业青年在再就业的主要考虑因素中，选择上班路程远近的比例高于男性。同时，在找工作时遇到的困难方面，更多女性面临的是再就业与照

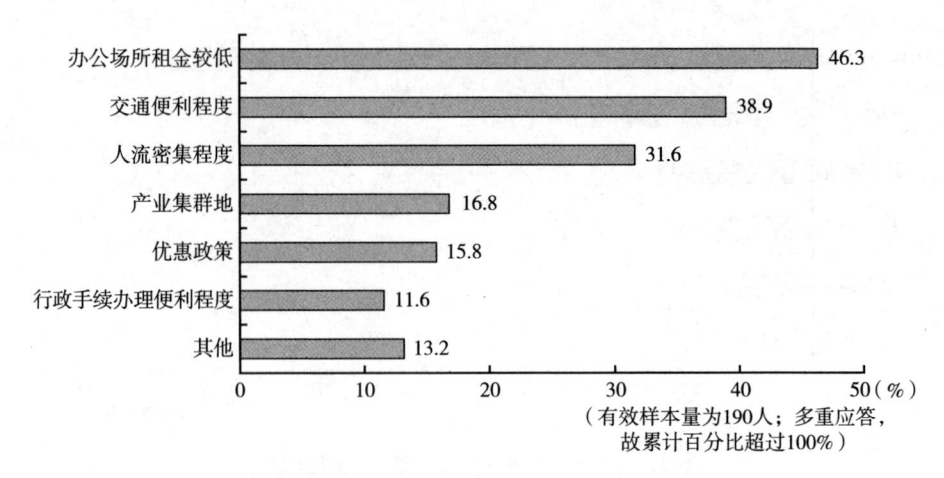

区域选择因素	百分比
办公场所租金较低	46.3
交通便利程度	38.9
人流密集程度	31.6
产业集群地	16.8
优惠政策	15.8
行政手续办理便利程度	11.6
其他	13.2

（有效样本量为190人；多重应答，故累计百分比超过100%）

图24 创业或将创业的失业青年对区域选择的考虑因素

顾家人两难的抉择，也有部分女性失业青年提及职场性别歧视，即"已婚未育"和"生育后难就业"问题。为了兼顾家庭，相对于男性，创业女性更倾向于居家创业、网络创业和地摊创业等低门槛、低风险的创业类型。

（2）大龄失业青年。大龄失业青年群体工作经历段数较多，工作经验丰富，工作稳定性较高，但是受经济环境影响，大龄失业青年多为周期性失业，失业时间较长，就业难度大。由于大龄失业青年更多地承担养家糊口的责任，失业对大龄失业青年个人消费水平影响程度较深，且心理状态受失业影响较大。再就业过程中，大龄失业青年也比其他年龄段的失业青年遇到更多"对照顾家人造成影响"的难题，因此，大龄失业青年创业意愿较高，希望通过灵活就业、自主创业解决就业问题。

（3）低学历失业青年。低学历（大专及以下学历）失业青年群体集中在制造业、批发和零售、住宿和餐饮业等受疫情冲击较大的行业，失业人数较多。由于缺乏足够的职业技能，低学历失业青年失业时间较长，就业难度大。失业对低学历失业青年消费水平和心理状态的负面影响较为显著，低学历失业青年抗风险能力较弱。

三 失业青年就业援助工作推进意见及建议

（一）加强组织领导，形成工作合力

一是贯彻落实《国务院关于印发"十四五"就业促进规划的通知》中关于"实施青年就业启航计划，对城镇长期失业青年开展实践引导、分类指导和跟踪帮扶"的工作要求，推动将帮扶失业青年再就业工作纳入广州市十项民生实事，加大就业服务供给，帮助失业青年实现再就业和高质量就业。

二是完善市区两级的中长期青年发展规划，实施联席会议机制，将"帮扶失业青年再就业"工作纳入广州市青年中长期发展规划内容并实施，有利于明确工作任务和工作指标，形成工作合力，协同推进各项帮扶举措，确保工作取得实效。

（二）建立监测机制，掌握工作底数

一是依托各大中专院校、市区相关就业主管部门等渠道，每年对各校、各区失业青年相关情况进行摸查，依托"青年地带"阵地及政策宣讲等线下活动，摸查隐性失业青年群体，按照学历、地域、性别、政治面貌和失业原因等因素对失业青年进行分类造册，对失业青年重点人群进行专案跟踪，依托市和区公共就业服务机构、青年地带等服务阵地，广泛开展青年就业服务活动。

二是依托广州市失业登记系统，建立和完善失业青年统计指标体系，建立动态监测机制，将后续跟踪管理落实到基层，由社区网格员或社工定期对辖区内的失业青年进行"一对一"动态跟踪，制订贴合失业青年个人需求的再就业帮扶方案，提供个性化的帮扶服务，建立就业帮扶台账。

（三）开展关爱行动，树立积极观念

一是定期梳理省市就业政策，形成就业政策信息库，利用有关单位的官

网、政务平台、新媒体等宣传阵地，创新利用微信公众号、微信小程序、微博、抖音等青年喜闻乐见的网络社交媒体，通过短视频、直播等形式，同时通过12355青少年服务热线，做好政策发布、政策解读、服务指引、答疑解惑等工作，使有关政策及帮扶举措更加有效地传达到目标群体，有效提升就业政策、就业举措的知晓度和应用率。

二是开设12355青少年服务关爱专线，以失业青年名册为基础，通过主动呼出、主动接听方式，了解失业青年群体心理需求，通过专案跟踪、线上辅导、专家面对面等方式，帮助失业青年排解因失业所带来的心理问题和情绪困扰。

三是组建"同伴教育"支援团，组织青年志愿者尤其是有创业就业成功经验的优秀代表与失业青年进行一对一、沙龙或讲座式分享交流，形成朋辈影响，帮助失业青年重建就业信心。

（四）精准就业服务，提升就业质量

一是高校加强职业生涯规划引导和职业观念培养，各大中专院校组建就业指引规划导师团，开展在校学生职业规划指导和职场能力培养工作，引导高校毕业生做好职业生涯规划，依托"展翅计划""职得你来""大学生实习见习基地"等项目和平台，帮助学生主动适应就业市场变化，树立正确的就业观念。市、区、街（镇）公共就业服务机构主动提供就业辅导服务，开设就业指导课程和咨询热线，促进失业青年顺利实现再就业。

二是鼓励创业带动就业，落实各类创业补贴政策，发挥创业担保贷款作用，依托市区两级公共就业服务机构，进一步畅通就业创业补贴申报路径，通过政策聚焦，汇聚社会资源，整合创业补贴、创业贴息贷款、场地保障、创业培训、创业指导、项目推介等全链条创业扶持服务，发挥各类创业孵化基地作用，为创业青年提供良好的配套设施和创业环境，支持初创企业和小微企业，提升青年创业成功率。

三是依托全市公益性就业服务机构和社会性招聘平台，打造便捷高效的"互联网+就业服务"模式，采取"云招聘"、"直播带岗"、线下专场

招聘会、定向推介等形式,及时发布劳动力市场需求和岗位招聘信息,依法加强有就业意愿失业青年就业信息采集和引导工作,搭建用人单位和求职青年直接高效的双向沟通桥梁,进行精准岗位对接,促进就业市场供需匹配。

四是根据市场需求和失业青年需求,公共就业服务机构开办公益性基础技能培训班,以培训补贴等多种形式鼓励社会培训机构开办职业资格技能培训班,多渠道、多形式鼓励和引导失业青年参加职业技能培训。各类高校、职业院校(含技工院校)加强职业技能等级认定工作的宣传普及工作,引导在校学生参加职业技能等级认定。通过推荐就读职业院校、技工学校和鼓励参加自学考试等方式进行技能和学历提升,拓宽再就业渠道。

五是推动"互联网+就业"新就业形态发展。在疫情和互联网时代双重影响下,互联网不仅催生了一些就业新需求,还提升了一些就业群体的就业质量,优化了社会人力资源的配置效率。通过加强相关法律法规的制定,完善行业、企业和消费者多方参与的互联网治理机制,优化市场竞争,实施差别化和适度监管,推动"互联网+就业"的新就业形态发展。

六是鼓励高校采用校企合作模式,大力促进学科专业与产业需求精准对接,有利于提高人才培养与社会发展、岗位需求的适配度。通过现代学徒制、订单式培养、校企共建等产教深度融合方式促进毕业生就业。鼓励大中型企业联合职业院校、技工院校全面推行现代学徒制和企业新型学徒制,按规定给予企业补贴。

(五)聚焦权益保护,做好托底帮扶

一是加大就业权益保护宣传,增强劳动者风险防范意识和权益保护意识。健全多元化劳动争议调解组织体系,推行多元化劳动争议调解方式,全面推广争议线上调处,依法维护劳动者合法权益。加大执法检查力度,加强劳动保障监察执法,切实维护劳动者合法权益。

二是依托市、区两级公共就业服务机构,对女性、大龄、低学历等失

业青年予以重点关注，加大针对性帮扶服务供给；对登记失业一年以上且符合城乡低保家庭、零就业家庭和残疾人家庭等认定条件的重点援助对象，按照"一人一策"进行精准帮扶，综合运用多种措施，帮助融入市场就业。对通过市场渠道难以实现就业的，按规定通过公益性岗位予以托底安置。

后　记

　　本书是在共青团广州市委员会指导下，由广州市团校、广州市穗港澳青少年研究所组织完成的。课题组根据课题研究方案，于2022年上半年开展调查研究，完成了问卷设计、数据收集、数据分析与各章节报告撰写等工作。本书是关于广州青年发展研究的第11本蓝皮书，全书由一个总报告、六个分报告和一个专题报告组成，全面、系统、深入探讨了高技能人才、高校青年教师、非遗传承人、科技领域青年、大学生、失业青年等青年群体的发展现状以及广州青年人口发展变化新特征。

　　本课题由涂敏霞负责统筹，问卷发放工作由各子课题负责人负责；问卷数据录入由陈柳茵统筹负责；数据分析由陈柳茵及各报告的执笔人负责；本书的编辑是罗飞宁、孙慧、陈柳茵。

　　本课题在实施过程中，得到了社会各界的大力支持。首先，本课题在开展的过程中获得了学界专家的建议和指导，课题研究严谨科学。其次，本课题涉及多个子课题，调查样本数量较大，覆盖面较广，在问卷发放过程中，研究人员得到了相关职能部门、高校、行业协会、社会组织等的大力支持和帮助，在此不一一列举。对给予我们支持和帮助的组织和个人，我们表示衷心的感谢！

　　由于时间仓促及研究人员的水平有限，本书存在错误之处在所难免。欢迎广大读者提出意见和建议，以便我们今后更好地改进研究工作。

广州青年发展状况研究课题组
2022年7月

Abstract

    Annual Report on Youth Development of Guangzhou (2022) is composed of one general report, six sub-reports and one special report. The general report points out A City for Youth Development adheres to the concept of giving priority to the development of youth, takes the needs of youth development as the starting point, and is committed to promoting urban development through youth work. Based on the in-depth analysis of the connotation, core features and index system of the City for Youth Development, Guangzhou should improve the organization and leadership system of the City for Youth Development, establish a diversified investment mechanism, polish the policy system of the whole cycle of youth development, and promote a better integration of young people in Hong Kong, Macao and internationality. The sub-reports carry out scientific sampling survey and in-depth case interviews, this study conducts empirical research on the development status of youth groups in different realms and the innovation mechanism of college students in accordance with the requirements of various tasks and objectives in the *Opinions on the Pilot Project of Developing Cities for Youth Development*. At the same time, this study also presents the new characteristics of the development and change of the youth population on the whole by making use of the data of the "Seventh Census". The special report focuses on the Guangzhou "Helping Unemp-loyed Youth to Find Jobs Again".

    The study found that, first of all, the number of youth population in Guangzhou has reached a new high, the growth rate has picked up, the imbalance of youth population distribution, density of population in some urban areas has changed significantly, the imbalance of the gender structure of the youth population has intensified; youth population has high-level education, the trend

Abstract

of late marriage is obvious, the rate of second pregnancy has increased significantly. the migrant population of young people has increased sharply, the reasons for the migration of young people are increasingly different among different ages and genders. Survey from the youth group, we can find that the training of highly skilled personnel does not match the actual enterprise demand and technological iterative development, resulting in the degree of integration of industry and education to be improved, there is insufficient effective connection between the qualification of highly skilled talents. Youth teachers have a strong sense of national identity, pride and social responsibility, they recognize the innovation ability, also face with heavy psychological pressure and a high rate of talent loss in some schools. Interest and sense of responsibility are the main motivation of the youth group engaged in the inheritance of intangible cultural heritage, their work income is affected by external environment, while the rent expenses and product sales pressure are the main challenges to them, young people in this field have relatively high educational background; they generally share a positive political tendency, have a strong need for self-improvement. Guangzhou's college students have a strong willingness to innovate, their innovative thinking ability has been improved in an all-round way. But their awareness of innovation intention is not obvious, the value leading mechanism needs to be built. Unemployed youth have unstable jobs, retail and manufacturing are the main industries with frequent unemployment, frictional unemployment and cyclical unemployment are the main reasons for unemployment. Generally speaking, the unemployment duration is short and the overall situation is promising. Employment information or employment recommendation is the biggest demand of unemployed youth for re-employment, while economic factors such as capital and rent subsidies are their main appeals for entrepreneurship assistance. Among the unemployed youth group, female, older and less educated unemployed young people should be paid more attention to.

Overall, it is found that the development opportunities and development environment of Guangzhou young people are increasingly improving, and the development conditions and security mechanism are becoming more and more perfect. Under such circumstances, Guangzhouyoung people are full of confidence in the future development planning and vision of the city. In the next stage, the construction of the city will focus on the goal of building a youth-oriented city that is "more friendly to the youth and more promising to the youth", and will be oriented by the needs of the youth in order to attract, retain and make good use of the youth, so as to realize the mutual promotion of youth development and urban development.

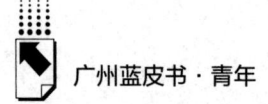

Keywords: Guangzhou; Youth; Employment

Contents

I General Report

B.1 Guangzhou's Exploration of Building a High-Quality Youth Development City: Connotation, Indicators and Path
  Research Group of Guangzhou Communist Youth League School / 001

Abstract: A City for Youth Development adheres to the concept of giving priority to the development of youth, takes the needs of youth development as the starting point, and is committed to promoting urban development through youth works. This kind of City for Youth Development is a strategic choice to promote the high-quality development of both youth and city in the new era. Based on the in-depth analysis of the connotation, core features and index system of the City for Youth Development, this report points out that the City for Youth Development contains a three-dimensional development system of friendliness, innovation and openness. In order to build a high-quality City for Youth Development, Guangzhou should improve the organization and leadership system of the City for Youth Development, establish a diversified investment mechanism, polish the policy system of the whole cycle of youth development, and promote a better integration of young people in Hong Kong, Macao and internationality.

Keywords: Youth; City for Youth Development; Guangzhou

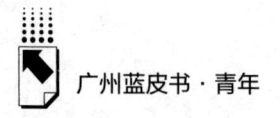

Ⅱ Sub-Reports

B.2 The Development Status and Changing New
Characteristics of the Youth Population in Guangzhou

Yan Zhiqiang, Zhong Yinglian / 043

Abstract: Based on the data of the four national population censuses from 1990 to 2020, this report uses quantitative analysis and comparative method to analyze the number growth and regional distribution, gender and age structure, educational quality, marriage and fertility, and the characteristics of population migration and mobility of youth in Guangzhou in 2020, as well as the new characteristics of development and change of youth in the 30 years from 1990 to 2020, especially the 10 years from 2010 to 2020. Aimed at the problems including gender ratio of youth population development increase is unusually higher, the unmarried status among older young people especially young men is unfavorably common, and the fertility level of young urban women is low, etc., the report puts forward of four measures to realize long-term equilibrium and sustainable high-quality development of youth population: strengthening the protection of the rights and interests of women, and supervising, monitoring, guiding and adjusting the change of area ratio; speeding up the development of a new culture of marriageability and child-bearing among young people; encouraging the development of maternity service industries and family maternal and child care; carrying out mid-and long-term forecast and planning research on youth population development in Guangzhou.

Keywords: Youth Population; Youth Development; Guangzhou

Contents

B.3 Research on Development Status and Training Path of Guangzhou Young Highly Skilled Talents

Feng Yingzi, Xie Bixia and Chen Liuyin / 080

Abstract: Based on the empirical survey conducted in Guangzhou from April to May 2022, this report analyzed the current development status of Guangzhou young high-skilled talents from the aspects of basic work conditions, skills, social recognition and realistic needs, finding that the problems existing in the career growth and training of young talents mainly include the following: First of all, the comparison between the relatively free working atmosphere of the new economic form and the relatively traditional working mode of the manufacturing industry has formed an obvious "push and pull effect" on young people's career choice. Secondly, the training of highly skilled personnel does not match the actual enterprise demand and technological iterative development, resulting in the degree of integration of industry and education to be improved. Thirdly, there is insufficient effective connection between the qualification of highly skilled talents. Thus, in the future, it is necessary to accelerate the construction of the whole chain of young highly skilled personnel training system by improving the social recognition of highly skilled personnel, constructing the integration of production, education, research and application, exploring diversified talent orientation, and increasing the supply of public services.

Keywords: Youth; Highly Skilled Talents; Training Path

B.4 Research on the Development of Youth Teachers in Guangzhou Colleges

Sun Hui, Luo Feining, Li Xiaona and Yuan Shan / 112

Abstract: This report analyzes the development status of Guangzhou youth teachers in colleges and universities from the aspects of ideology, working status and career development needs, living status and social support, innovation environment and innovation ability. It is found that "imparting knowledge and educating people" is the most important career motivation for youth teachers in colleges and universities. Youth teachers tend to pay attention to the cultivation of ideals and beliefs, and have a strong sense of national identity, pride and social responsibility. They generally believe that salary and career development opportunities are the key factors for universities to attract talents, pointing out that the most urgent needs of youth teachers are to increase salary and benefits, increase in-service academic degrees, and strengthen research support. The social support of college youth teachers mainly comes from friends, relatives and colleagues. In addition, youth teachers in colleges and universities have a good innovation environment, and they recognize the innovation ability. At the same time, Guangzhou youth teachers in colleges and universities also face with problems including heavy psychological pressure, weakened educating function of some teachers, and a high rate of talent loss in some schools. Based on the findings above, this report puts forward countermeasures and suggestions to promote the development of youth teachers in colleges and universities; these suggestions include paying attention to the mental health of youth teachers, improving the development environment for young teachers, and strengthening the guidance of ideological values.

Keywords: Guangzhou; Colleges; Youth Teachers

B.5 Research on Guangzhou Youth Group Engaged in the Inheritance of Intangible Cultural Heritage

Shao Zhengang, Wu Donghua, Chen Liuyin and He Simin / 139

Abstract: This study takes the Guangzhou youth group engaged in the inheritance of intangible cultural heritage as the research object, and conducts an empirical analysis and investigation on their work status, group characteristics, realistic needs and other development conditions. The research finds that their work income mainly comes from product sales and teaching activity, while the rent expenses and product sales pressure are the main challenges to them. They have the common needs of improving their professional level and the subsidy. However, the reality of narrow employment prospects and unstable start-up income leads to the "squeeze syndrome" in this field due to the small scale of employment, the urgent need to expand the social audience, insufficient social resources support, and less inclined industrial policies, etc. Therefore, it is necessary to take a variety of measures in the future development, including broadening the employment channels and accurately supporting youth entrepreneurship, promoting the knowledge of intangible cultural heritage inheritance into the overall education system and strengthening the social audience and inheriting youth population, attaching great importance to the intangible cultural heritage resources integration and improving the safeguard mechanism, promoting the exchange of intangible cultural heritage and cultural identity among youth in the Greater Bay Area, etc., so as to promote the sustainable development of the youth group engaged in the inheritance of intangible cultural heritage.

Keywords: Guangzhou; Inheritance of Intangible Cultural Heritage; Youth

B.6 Research on the Development of Guangzhou Youth Group in the Field of Science and Technology

Wu Changlin, Sun Hui, Feng Yingzi and Chen Liuyin / 157

Abstract: This study focuses on the Guangzhou youth group in the field of science and technology, and analyzes their demographic characteristics, working conditions, scientific and technological innovation conditions, political participation, physical and mental health, as well as housing conditions by means of questionnaire survey and interview, so as to understand the anxiety of young people engaging in science and technology enterprises. The study found that young people in this field have relatively high educational background; they generally share a positive political tendency and pay close attention to social issues such as social livelihood, current political events, and scientific innovation. They have above-average job satisfaction and a strong need for self-improvement. On the basis of analyzing their problems in aspects of scientific and technological innovation, job difficulty and housing problem, this study puts forward relevant countermeasures and suggestions.

Keywords: Scientific and Technological Development; Youth; Scientific and Technological Talents

B.7 Research on the Innovation and Entrepreneurship Mechanism of Guangzhou College Students

—Take the "Challenge Cup" Project as Perspective

Research Group of Guangzhou Communist Youth League School / 175

Abstract: On the one hand, college students, especially male and undergraduate students, have a strong willingness to innovate. The motivation of college students is diversified, and the main purpose is to enhance innovation ability. Team work, teacher guidance, school support and policy environment are the main factors of the team award; after participating in the "Challenge Cup" project, students' innovative thinking ability, especially their teamwork ability, has been improved in an all-round way. But on the other hand, there are also some problems, such as the inconspicuous innovation consciousness of college students, the value leading mechanism to be improved, the imperfect innovation cultivation system, and the collaborative education mechanism to be constructed, etc. To further optimize the innovation and entrepreneurship of college students, Guangzhou needs to make improvements from five aspects, including improving the value leading mechanism and strengthening the cultivation of teachers' and students' innovation and entrepreneurship consciousness and ability, strengthening the strategic planning and constructing the collaborative education mechanism for innovation and entre-preneurship, revitalizing resources and establishing and improving the external support mechanism for innovation and entrepreneurship, improving the mechanism for achievement transformation and promoting the implementation of innovation and entrepreneurship achievement transformation, as well as improving the policy delivery mechanism and creating a public atmosphere to promote innovation and entrepreneurship.

Keywords: Guangzhou; College Students; Innovation and Entrepreneurship Mechanism; "Challenge Cup"

Ⅲ Special Report

B.8 Research on Guangzhou "Helping Unemployed Youth to Find Jobs Again"

Li Rongxin, Lin Guokang, Zeng Qunjie, Song Wenji and Song Jing / 200

Abstract: This report conducts special sample survey on category, work experience, unemployment reasons, psychological state, employment intentions and other aspects of the unemployed youth group. The study has the following findings: First of all, unemployed youth have unstable jobs, and wholesale, retail and manufacturing are the main industries with frequent unemployment. Secondly, frictional unemployment and cyclical unemployment are the main reasons for unemployment. Generally speaking, the unemployment duration is short and the overall situation is promising, but unemployment has brought about a significant decline in consumption level and negative mentality. Thirdly, more than half of the unemployed youth have the intention of re-employment, but nowadays the phenomenon of "valuing education over skill" is prominent, resulting in the employment expectation of unemployed youth not consistent with the actual market reality. Fourthly, employment information or employment recommendation is the biggest demand of unemployed youth for re-employment, while economic factors such as capital and rent subsidies are their main appeals for entrepreneurship assistance. Among the unemployed youth group, female, older and less educated unemployed young people should be paid more attention to. In this context, with regard to the problems and difficulties of unemployed youth, it is necessary to put forward suggestions from the following five aspects: strengthening organizational leadership, establishing monitoring mechanisms, carrying out caring actions, providing targeted employment services, and offering basic support, so as to comprehensively help unemployed youth to achieve re-employment and high-quality employment.

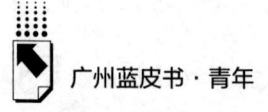

Keywords: Unemployed Youth; Re-Employment; Employment Support

社会科学文献出版社

皮 书
智库成果出版与传播平台

❖ 皮书定义 ❖

皮书是对中国与世界发展状况和热点问题进行年度监测,以专业的角度、专家的视野和实证研究方法,针对某一领域或区域现状与发展态势展开分析和预测,具备前沿性、原创性、实证性、连续性、时效性等特点的公开出版物,由一系列权威研究报告组成。

❖ 皮书作者 ❖

皮书系列报告作者以国内外一流研究机构、知名高校等重点智库的研究人员为主,多为相关领域一流专家学者,他们的观点代表了当下学界对中国与世界的现实和未来最高水平的解读与分析。截至2021年底,皮书研创机构逾千家,报告作者累计超过10万人。

❖ 皮书荣誉 ❖

皮书作为中国社会科学院基础理论研究与应用对策研究融合发展的代表性成果,不仅是哲学社会科学工作者服务中国特色社会主义现代化建设的重要成果,更是助力中国特色新型智库建设、构建中国特色哲学社会科学"三大体系"的重要平台。皮书系列先后被列入"十二五""十三五""十四五"时期国家重点出版物出版专项规划项目;2013~2022年,重点皮书列入中国社会科学院国家哲学社会科学创新工程项目。

皮书网

（网址：www.pishu.cn）

发布皮书研创资讯，传播皮书精彩内容
引领皮书出版潮流，打造皮书服务平台

栏目设置

◆ 关于皮书
何谓皮书、皮书分类、皮书大事记、
皮书荣誉、皮书出版第一人、皮书编辑部

◆ 最新资讯
通知公告、新闻动态、媒体聚焦、
网站专题、视频直播、下载专区

◆ 皮书研创
皮书规范、皮书选题、皮书出版、
皮书研究、研创团队

◆ 皮书评奖评价
指标体系、皮书评价、皮书评奖

◆ 皮书研究院理事会
理事会章程、理事单位、个人理事、高级
研究员、理事会秘书处、入会指南

所获荣誉

◆ 2008年、2011年、2014年，皮书网均在全国新闻出版业网站荣誉评选中获得"最具商业价值网站"称号；

◆ 2012年，获得"出版业网站百强"称号。

网库合一

2014年，皮书网与皮书数据库端口合一，实现资源共享，搭建智库成果融合创新平台。

皮书网　　"皮书说"　　皮书微博
　　　　微信公众号

权威报告·连续出版·独家资源

皮书数据库
ANNUAL REPORT(YEARBOOK) DATABASE

分析解读当下中国发展变迁的高端智库平台

所获荣誉

- 2020年，入选全国新闻出版深度融合发展创新案例
- 2019年，入选国家新闻出版署数字出版精品遴选推荐计划
- 2016年，入选"十三五"国家重点电子出版物出版规划骨干工程
- 2013年，荣获"中国出版政府奖·网络出版物奖"提名奖
- 连续多年荣获中国数字出版博览会"数字出版·优秀品牌"奖

皮书数据库　　"社科数托邦"微信公众号

成为会员

登录网址www.pishu.com.cn访问皮书数据库网站或下载皮书数据库APP，通过手机号码验证或邮箱验证即可成为皮书数据库会员。

会员福利

- 已注册用户购书后可免费获赠100元皮书数据库充值卡。刮开充值卡涂层获取充值密码，登录并进入"会员中心"—"在线充值"—"充值卡充值"，充值成功即可购买和查看数据库内容。
- 会员福利最终解释权归社会科学文献出版社所有。

数据库服务热线：400-008-6695
数据库服务QQ：2475522410
数据库服务邮箱：database@ssap.cn
图书销售热线：010-59367070/7028
图书服务QQ：1265056568
图书服务邮箱：duzhe@ssap.cn

卡号：266259323629
密码：

S 基本子库
SUB DATABASE

中国社会发展数据库（下设12个专题子库）

紧扣人口、政治、外交、法律、教育、医疗卫生、资源环境等12个社会发展领域的前沿和热点，全面整合专业著作、智库报告、学术资讯、调研数据等类型资源，帮助用户追踪中国社会发展动态、研究社会发展战略与政策、了解社会热点问题、分析社会发展趋势。

中国经济发展数据库（下设12专题子库）

内容涵盖宏观经济、产业经济、工业经济、农业经济、财政金融、房地产经济、城市经济、商业贸易等12个重点经济领域，为把握经济运行态势、洞察经济发展规律、研判经济发展趋势、进行经济调控决策提供参考和依据。

中国行业发展数据库（下设17个专题子库）

以中国国民经济行业分类为依据，覆盖金融业、旅游业、交通运输业、能源矿产业、制造业等100多个行业，跟踪分析国民经济相关行业市场运行状况和政策导向，汇集行业发展前沿资讯，为投资、从业及各种经济决策提供理论支撑和实践指导。

中国区域发展数据库（下设4个专题子库）

对中国特定区域内的经济、社会、文化等领域现状与发展情况进行深度分析和预测，涉及省级行政区、城市群、城市、农村等不同维度，研究层级至县及县以下行政区，为学者研究地方经济社会宏观态势、经验模式、发展案例提供支撑，为地方政府决策提供参考。

中国文化传媒数据库（下设18个专题子库）

内容覆盖文化产业、新闻传播、电影娱乐、文学艺术、群众文化、图书情报等18个重点研究领域，聚焦文化传媒领域发展前沿、热点话题、行业实践，服务用户的教学科研、文化投资、企业规划等需要。

世界经济与国际关系数据库（下设6个专题子库）

整合世界经济、国际政治、世界文化与科技、全球性问题、国际组织与国际法、区域研究6大领域研究成果，对世界经济形势、国际形势进行连续性深度分析，对年度热点问题进行专题解读，为研判全球发展趋势提供事实和数据支持。

法律声明

"皮书系列"（含蓝皮书、绿皮书、黄皮书）之品牌由社会科学文献出版社最早使用并持续至今，现已被中国图书行业所熟知。"皮书系列"的相关商标已在国家商标管理部门商标局注册，包括但不限于LOGO（ ）、皮书、Pishu、经济蓝皮书、社会蓝皮书等。"皮书系列"图书的注册商标专用权及封面设计、版式设计的著作权均为社会科学文献出版社所有。未经社会科学文献出版社书面授权许可，任何使用与"皮书系列"图书注册商标、封面设计、版式设计相同或者近似的文字、图形或其组合的行为均系侵权行为。

经作者授权，本书的专有出版权及信息网络传播权等为社会科学文献出版社享有。未经社会科学文献出版社书面授权许可，任何就本书内容的复制、发行或以数字形式进行网络传播的行为均系侵权行为。

社会科学文献出版社将通过法律途径追究上述侵权行为的法律责任，维护自身合法权益。

欢迎社会各界人士对侵犯社会科学文献出版社上述权利的侵权行为进行举报。电话：010-59367121，电子邮箱：fawubu@ssap.cn。

社会科学文献出版社